시험장에 가져가는
핵심요약집
2차 공인중개사법령 및 실무

시험장에 가져가는 핵심요약집
2차 공인중개사법령 및 실무

초판 1쇄 발행 2025년 6월 30일

지은이 박충수
펴낸이 장길수
펴낸곳 지식과감성#
출판등록 제2012-000081호

교정 정은솔
디자인 윤혜성
편집 윤혜성, 이현
검수 정은솔, 윤혜성
마케팅 김윤길

주소 서울시 금천구 벚꽃로298 대륭포스트타워6차 1212호
전화 070-4651-3730~4
팩스 070-4325-7006
이메일 ksbookup@naver.com
홈페이지 www.knsbookup.com

ISBN 979-11-392-2684-3(13360)
값 16,800원

• 이 책의 판권은 지은이에게 있습니다.
• 이 책 내용의 전부 또는 일부를 재사용하려면 반드시 지은이의 서면 동의를 받아야 합니다.
• 잘못된 책은 구입하신 곳에서 바꾸어 드립니다.

지식과감성#
홈페이지 바로가기

시험장에 가져가는 핵심요약집

2차 공인중개사법령 및 실무

| 박충수 편저 |

부동산학 박사가 제안하는
3Go 학습법으로
공인중개사 합격Go!

이 책의 머리말

■ 이 책은 "**쉽Go · 웃기Go · 빠르Go**"라는 컨셉(Concept)에 초점을 두고 학습하도록 구성된 책입니다.

첫째, **쉽Go**라는 컨셉은 학습내용을 가능한 한 이해하기 쉽게 구성하였으며, 단원별 핵심 내용을 한 번에 비교·정리할 수 있도록 표로 정리하였습니다. 또한 핵심 내용 곳곳에 **보충·정리·오답노트** 코너를 배치하여 학습내용을 확실히 익힐 수 있도록 구성하였습니다.

둘째, **웃기Go**라는 컨셉은 학습내용을 재미있게 전하면서도 오래도록 기억될 수 있게 하기 위하여 핵심 포인트를 가능한 한 웃기는 문장으로 구성하였습니다. 이것은 유치한 말일수록, 때로는 어이가 없는 말일수록 귀에 쏙쏙 들어와 오래도록 기억에 남는다는 점에 착안하였습니다.
따라서 이 책의 **웃기Go**라는 컨셉은 핵심 포인트들이 웃기는 에피소드로 연상되는 학습효과를 기대할 수 있습니다.

셋째, **빠르Go**라는 컨셉은 학습내용을 빠르게 반복하여 학습할 수 있도록 핵심 내용을 위주로 구성하였습니다. 공인중개사 자격시험은 학습량이 방대하여 대부분의 수험생들에게는 학습시간이 부족합니다. 또한 학습량이 방대하면 1회독을 완성할 시점에는 앞서 공부한 내용들은 잘 기억나지 않게 됩니다.
따라서 이 책의 **빠르Go**라는 컨셉은 학습량을 줄이기 위한 최적화된 요약집으로 정리하여 짧은 시간에 반복하여 학습할 수 있도록 구성하였습니다.

■ 이 책은 중요한 학습내용을 핵심 키워드(Keyword)로 구성하여 **암기코드**를 만들었습니다

이 책은 학습내용 중 암기 해야 할 핵심 단어의 이니셜만을 단순히 나열하거나 핵심 포인트를 그냥 달달 외우려 하기보다는, 핵심 키워드를 유치하리만큼 웃기게(?) 구성하여 누구라도 쉽게 이해되고 잘 외워지도록 암기코드를 만들었습니다. 또한 암기코드는 암기 해야 할 핵심 키워드를 도표처럼 편집하여 연상 학습효과를 기대할 수 있습니다.

■ 이 책이 수험생 여러분이 **시험장에 가져가는** 마지막 **교재**가 되기를 기대합니다.

이 책은 부동산학 박사인 저자가 제안하는 「**3Go 학습법**(쉽Go · 웃기Go · 빠르Go)**으로 공인중개사 합격Go**」라는 모토로 핵심 내용을 요약집으로 정리하여 쉽게 · 웃기게 · 빠르게 학습할 수 있도록 구성하였습니다.
이 요약집은 짧은 시간에 여러 번 반복 학습 하는 데 적합한 교재로서 수험생 여러분이 시험 대비 마지막 정리 교재로 활용한다면 공인중개사 합격의 기쁨을 누릴 수 있을 것으로 기대됩니다.

이 책이 부족하나마 수험생 여러분이 공인중개사가 되는 데에 보탬이 되기를 바랍니다.

2025년 6월
편저자 씀

차례

이 책의 머리말 ········ 4   약어 및 부호 표기 해설 ········ 10

제1편 공인중개사법령

제1장 공인중개사법령 총칙 ········ 12
1. 공인중개사법령 ········ 12
2. 용어의 정의 ········ 13
3. 중개대상물 ········ 14

제2장 공인중개사제도 ········ 17
1. 공인중개사 정책심의위원회 ········ 17
2. 공인중개사시험 및 자격증 관련 주요사항 ········ 18

제3장 중개사무소 개설등록 및 결격사유 ········ 19
1. 중개사무소 개설등록 ········ 19
2. 등록 등의 결격사유 ········ 24

제4장 중개사무소 운영 ········ 27
1. 중개사무소 ········ 27
2. 중개사무소 명칭 및 옥외광고물 ········ 30
3. 중개대상물의 표시·광고 ········ 31
4. 개인공인중개사의 업무지역 및 겸업범위 ········ 33
5. 개업공인중개사의 고용인의 신고 등 ········ 34
6. 인장등록 ········ 36
7. 중개사무소 이전 ········ 37
8. 휴업 및 폐업 ········ 38

제5장 중개계약 및 부동산거래정보망 ········ 40
1. 중개계약 ········ 40
2. 부동산거래정보망 ········ 44

제6장	개업공인중개사의 의무 및 책임	46
	1 개업공인중개사 등의 기본 윤리	46
	2 중개대상물 확인·설명 등 의무	47
	3 중개대상물 확인·설명서의 작성	51
	4 거래계약서 작성의무	58
	5 손해배상책임과 보증설정의무	60
	6 계약금 등의 반환채무이행의 보장	62
	7 금지행위	63

제7장	개업공인중개사의 보수	67
	1 중개보수	67

제8장	공인중개사협회, 교육, 보칙	71
	1 공인중개사협회	71
	2 교육	76
	3 보칙	77

제9장	지도·감독 및 행정처분, 벌칙	83
	1 감독상 명령 등	83
	2 행정처분	84
	3 행정형벌	96
	4 행정질서벌	101

제 2 편 부동산 거래신고 등에 관한 법률

제1장	부동산 거래신고 등에 관한 법률	106
	1 「부동산 거래신고 등에 관한 법률」의 제정 목적 등	106
	2 부동산거래 신고제도	107
	3 부동산거래 신고의무 위반에 대한 제재	115
	4 과태료의 감경·면제	116

제2장	주택임대차계약의 신고 ··· 117
	① 주택임대차계약의 신고의무 ··· 117
	② 주택임대차계약의 변경·해제신고 및 신고내용의 정정 ··· 119

제3장	외국인 등의 부동산 취득 등에 관한 특례 ··· 120
	① 부동산 소유권 취득·보유 신고의무 ··· 120
	② 외국인 등의 토지취득 허가 ··· 122

제4장	토지거래허가제도 ··· 124
	① 토지거래허가구역의 지정 ··· 124
	② 토지거래계약에 대한 허가 ··· 126
	③ 토지거래 허가기준 ··· 128
	④ 토지이용의무 ··· 130
	⑤ 국가 등의 토지거래계약에 관한 특례 ··· 131
	⑥ 선매 ··· 132

제5장	벌칙 및 무허가 계약의 효력 ··· 134
	① 행정형벌 ··· 134
	② 무허가 계약의 효력 ··· 134

제6장	포상금 등 ··· 136
	① 포상금 ··· 136
	② 부동산 정보관리 ··· 138

제 3 편 　 중개실무

제1장	중개실무 개요 ··· 140
	① 중개실무 ··· 140
	② 중개계약의 종류 및 특징 ··· 141

제2장	중개대상물 조사 · 확인	142
	1 공부를 통한 조사 · 확인방법	142
	2 현장조사에 의한 조사 · 확인방법	143
	3 권리관계 조사 · 확인	144
	4 공법상 제한에 관한 사항의 조사 · 확인	148
	5 중개대상물 확인 · 설명서의 작성	157
제3장	중개활동	163
	1 AIDA의 원리(구매고객의 심리적 발전단계)	163
	2 부동산의 셀링포인트(Selling Point)	163
	3 클로징(Closing)	164
제4장	거래계약의 체결	165
	1 거래계약서 작성 시 주의사항	165
	2 거래계약서의 기재사항	166
	3 부동산거래 전자계약시스템	168
제5장	개별적 중개실무	169
	1 「부동산등기 특별조치법」	169
	2 「부동산 실권리자명의 등기에 관한 법률」	173
	3 「주택임대차보호법」	177
	4 「상가건물 임대차보호법」	191
제6장	법원경매	204
	1 법원경매의 종류	204
	2 경매절차	205
	3 경매참가 전의 권리분석	210
	4 매수신청대리인 등록	211
	5 매수신청대리 업무	213
	6 매수신청대리인의 의무	215
	7 매수신청대리인의 보수 및 지도 · 감독	217
	8 행정처분	218

약어 및 부호 표기 해설

약어 · 부호	해설
공사	**공**인중개**사**
공개공	**공**인중개사인 **개업공**인중개사
소공	**소속공**인중개사
법개공	**법**인인 **개업공**인중개사
부개공	**부**칙의 **개업공**인중개사
개업공인중개사등	개업공인중개사 · 소속공인중개사 · 중개보조원 · 법인의 임원 · 사원
국장	**국**토교통부**장**관
×	아니다. 없다. 해당하지 않는다.
○	해당한다.
↓	이하
可(가)	할 수 있다.
不可(불가)	할 수 없다.
要(요)	하여야 한다. 필요하다.
不要(불요)	불필요하다.
得要(득요)	받아야(얻어야) 한다.
內(내)	이내에
有(유)	있다.
無(무)	없다. …하지 않는다.
禁(금)	금지한다. 해서는 안된다.
前(전)	사전에, 미리
後(후)	사후에, 나중에

제 1 편
공인중개사법령

제 1 장		공인중개사법령 총칙
제 2 장		공인중개사제도
제 3 장		중개사무소 개설등록 및 결격사유
제 4 장		중개사무소 운영
제 5 장		중개계약 및 부동산거래정보망
제 6 장		개업공인중개사의 의무 및 책임
제 7 장		개업공인중개사의 보수
제 8 장		공인중개사협회, 교육, 보칙
제 9 장		지도·감독 및 행정처분, 벌칙

제1장 공인중개사법령 총칙

1 공인중개사법령

구분	내용
(1) 「공인중개사법」의 구성	① 공인중개사법 ② 공인중개사법 시행령(**대**통령령) 　: **등**록기준, **사**무소설치기준, **과**태료기준 ③ 공인중개사법 시행규칙(국토교통부령) 　: 업무정지기준, 자격정지기준, 자격증 및 등록증 교부, 　 거래정보사업자 지정기준 등
(2) 「공인중개사법」의 제정 목적	① **공**인중개**사**의 **업무** 등에 관한 사항을 정하여 ② **전문성**을 제고하고 ③ 부동산**중개업**을 건전하게 육성하여 ④ **국민경제**에 이바지함
(3) 「공인중개사법」의 성격	① 부동산중개(업)에 관한 기본법·일반법 ② 상법 및 민법에 대한 특별법 ③ 공법과 사법의 중간적인법

암 기 코 드

😊 공사법 제정 목적은 **경제 업무 전문 육성**

2 용어의 정의

구분	내용
(1) 중개	① 정의 : 법정중개대상물에 대하여 거래당사자 간의 매매·교환·임대차 그 밖의 권리의 득실변경에 관한 행위를 알선하는 것 ② 중개의 성격 : 보조적 사실행위, 독자적 행위(대리행위 ×) ③ 중개의 3요소 : 중개대상물, 중개의뢰인, 개업공인중개사
(2) 중개업	① 정의 : 다른 사람의 의뢰에 의하여 일정한 **보수를 받고 중개를 업**으로 행하는 것 ② 중개업 성립요건 : 의뢰성·영리성·계속성
(3) 공인중개사	「공인중개사법」에 의한 공인중개사**자격**을 **취득**한 자
(4) 개업공인중개사	「공인중개사법」에 의하여 중개사무소 **개설등록**을 한 자 ① **법**인인 **개업공**인중개사(중개법인인 개업공인중개사, 특수법인) ② **공**인중개사인 **개업공**인중개사 ③ **부**칙 규정에 의한 **개업공**인중개사
(5) 부칙공인중개사	① 법 제7638호 **부칙** 제6조 제2항에 규정된 **개업공**인중개사는 공인중개사 제도가 도입되기 전부터 중개업을 하던 자로서, 공인중개사자격 없이 중개업의 허가를 받아 지금까지 중개업을 하고 있는 자 ② 사무소 명칭에 '공인중개사사무소'라는 문자를 사용할 수 없고, '**부동산중개**'라는 문자를 사용 要 ③ 폐업한 경우에는 공인중개사자격을 취득하기 전에는 다시 중개사무소 개설등록을 할 수 없다. ④ 중개업무 지역의 범위가 중개사무소 소재 시·도로 제한된다(원칙). ⑤ 경매·공매 권리분석 및 취득알선과 매수신청대리를 할 수 없다.
(6) 소속공인중개사	개업공인중개사에 소속된 공인중개사(개업공인중개사인 법인의 사원 또는 임원으로서 공인중개사인 자 포함)로서 중개업무를 수행하거나 개업공인 중개사의 중개업무를 보조하는 자
(7) 중개보조원	**공인중개사가 아닌 자**로서 개업공인중개사에 소속되어 중개업과 관련된 단순한 업무를 보조하는 자(현장안내, 공적장부열람, 일반서무 등)

(8) 특수법인	① 「공인중개사법」이 아닌 **다른 법률의 규정에 따라 중개업을 할 수 있는 법인**으로 지역농협협동조합, 지역산림조합, 한국자산관리공사 등이 있다. ② 「공인중개사법」상 중개사무소 **개설등록 필요 ×**, **등록기준을 적용 ×** ③ 분사무소 책임자는 **공인중개사가 아니어도 된다.** ④ 중개업무 개시 전에 **2천만 원 이상**의 보증을 **설정**하여 등록관청에 신고하여야 한다. ⑤ 지역농협협동조합은 **농지**의 매매·교환·임대차의 중개를 할 수 있다. ⑥ 지역산림조합은 입목과 임야를 중개할 수 있다.

3 중개대상물 → * 개업공인중개사만 중개업을 할 수 있는 물건

1. 중개대상물의 범위

구분		내용
(1) 협의의 부동산	토지	토지 1필지의 일부, 사유지(도로 예정지, 사유 하천 포함), 공·사법상 제한 있는 토지, 공유수면매립지 중 사유지 등도 중개대상물이 될 수 있음
	건축물	① 토지에 정착하는 공작물 중 지붕과 기둥 또는 벽이 있는 건축물(미등기·무허가 건축물 포함) ② 장래 건축물(분양권 및 일부 입주권) * 입주자로 선정된 재개발·재건축 입주권은 중개대상물에 해당하지만, 입주자로 선정될 수 있는 (APT)청약상의 **입주권**은 중개대상물에 해당하지 않는다.
	그 밖의 토지의 정착물	명인방법을 갖춘 수목의 집단
(2) 준(의제) 부동산 (그 밖에 **대통령령**으로 정하는 재산권 및 물건)	「입목에 관한 법률」에 따른 입목	입목으로 등기를 받을 수 있는 수목의 집단
	「공장 및 광업재단 저당법」에 따른 공장재단·광업재단	소유권과 저당권의 목적이 되는 것으로 소유권보존등기가 된 것

2. 중개대상물이 되기 위한 요건

요건 \ 구분	중개대상물(○)	중개대상물(×)
(1) 법정중개**대상물**로서 **사적 거래**가 가능할 것	• 토지거래허가구역·개발제한구역 내의 토지 • 접도구역·도로예정지 내의 토지 • 군사시설보호구역 내의 토지 • 공유수면매립지(준공검사 득) • 경매개시결정등기 있는 부동산 • 상속·증여·경락받은 부동산 • 가압류·가처분·가등기된 부동산 • 유치권 행사 중인 건물	• 선박, 항공기, 자동차, 기계장비 • 미채굴광물, 지하수, 온천수 • 동산, 암석, 토사, 수목(집단), 토지로부터 분리된 수목 • 명인방법을 갖춘 농작물 • 하천, 포락지, 공원, 공도 • 문화재, 국·공유재산 중 행정재산 • 조립식 세차장 구조물, 견본주택, 간이건물 • 공장재단 및 광업재단에서 분리된 공업소유권·광업권
(2) 중개**대상권리**로 **이전성**이 있을 것	• 소유권, 지상권, 지역권 • 전세권, 부동산임차권 • 금전소비대차 부수 저당권 등 담보물권 • 유치권, 법정지상권, 법정저당권	• 동산질권, 분묘기지권 • 광업권, 어업권 • 입주자로 선정될 수 있는 지위인 입주권, 대토권 • 권리금, 금전채권
(3) 중개**대상행위**로 **개입**이 **가능**할 것	• 매매·교환·임대차·환매계약 • 지상권·지역권 등의 설정 및 이전 • 유치권 이전, 법정지상권 이전	• 증여·상속, 공용수용 • 경매·공매 • 환매권에 기한 환매 • 유치권의 성립, 법정지상권의 성립, 법정저당권의 성립

☺ **중개대상물**은 **사적**으로 **개입**하여 **이전 가능**해야 한다 ~
　　　　　　거래　　중개행위　　권리

암기코드	중개대상물	토	건	입	공	광
		지	축물	목	장재단	업재단

보충 | 중개대상(권리)에 해당되지 않는 것

① 하천, 포락지, 공원, 공도, 분묘기지권
② 입주자로 선정될 수 있는 지위인 입주권, 대토권
③ 권리금, 금전채권
④ 유치권의 성립, 법정지상권의 성립
⑤ 미채굴광물, 지하수, 온천수
⑥ 동산, 암석, 토사, 수목(집단), 토지로부터 분리된 수목
⑦ 명인방법을 갖춘 농작물
⑧ 선박, 항공기, 자동차, 기계장비
⑨ 조립식 세차장 구조물, 견본주택, 간이건물
⑩ 공장재단 및 광업재단에서 분리된 공업소유권·광업권

보충 | 중개대상(권리)에 해당되지 않는 이유

* 국유·공유재산(무주부동산, 포락지, 공도, 공원 등)은 사권을 행사하지 못하여 사적으로 거래가 불가능하므로 중개대상물이 될 수 없다.
* 바다, 호수 등은 토지가 아니라 물이므로 중개대상물이 될 수 없다.
* 경매절차상의 경매대상 부동산은 중개행위의 개입이 불가능하므로 중개대상물이 될 수 없다.
* 유치권의 성립, 법정지상권의 성립 등은 중개행위가 개입될 수 없으므로 중개대상물이 될 수 없다.

보충 | 중개대상(권리)에 해당되는 이유

* 공유수면매립지(준공검사 득)는 사적소유물이므로 중개대상물이 될 수 있다.
* 경매개시결정등기가 있는 부동산은 중개대상물이 될 수 있다.
* 상속·증여·경락받은 부동산은 중개대상물이 될 수 있다.
* 유치권 이전, 법정지상권 이전 등은 중개행위가 개입될 수 있는 중개대상인 권리이다.
* 금전소비대차 부수 저당권 등 담보물권은 중개대상 권리이다.

제2장 공인중개사제도

1 공인중개사 정책심의위원회
*국토교통부에 둘 수 있다(**임의기관**)

구분	내용
(1) 심의사항	① 공인중개사 시험·자격취득에 관한 사항 → 시·도지사의 준수(구속) 사항 ② 부동산 중개업의 육성에 관한 사항 ③ 중개보수 변경에 관한 사항 ④ 손해배상책임의 보장 등에 관한 사항
(2) 구성 및 운영	① 위원장 1명 포함한 7명 이상 11명 이내 위원 ② 위원장 : 국토교통부 제1차관 / 위원장 직무대행 : 미리 지명한 자(위원) ③ 위원 : 국토부장관이 임명 또는 위촉, 임기 2년 ④ 간사 : 위원장이 지명(국토교통부 소속 공무원) ⑤ 회의소집 : 개최 7일 전까지 통보, 단 긴급 시 개최 전날까지 통보 可 ⑥ 개의·의결 : 과반수 출석·과반수 찬성
(3) 심의·의결 제척 사유	① 위원 또는 그 배우자가 해당 안건의 당사자(공동권리/의무자)인 경우 ② 위원이 해당 안건의 당사자와 친족인 경우 ③ 위원이 해당 안건에 대하여 증언, 자문, 감정 등을 한 경우 ④ 위원이 해당 안건의 당사자의 대리인인 경우

[암기코드]

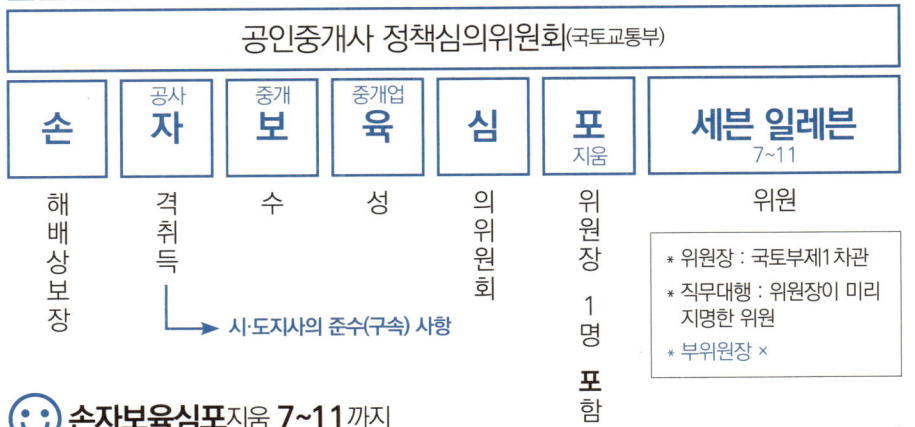

손자보육심포지움 7~11까지

2 공인중개사시험 및 자격증 관련 주요사항

(1) 시험시행 기관	① 원칙 : 시·도지사 ② 예외 : 국토교통부장관(심의위원회 의결 要) ③ 시험업무 위탁 ┌ 공기업, 준정부기관 또는 협회에 위탁 可 　　　　　　　　└ BUT 대학(교) 위탁 不可
(2) 응시자격	① 원칙 : 제한 無(국적·연령·등록 등 결격사유자 등) ② 예외(응시자격 제한) : 자격취소 후 3년 미경과자 ③ 시험부정행위자 : 해당시험 무효, 무효처분일로부터 5년간 응시자격 정지 ＊시험시행기관장 - 부정행위에 대한 처분사실을 지체 없이 다른 시험시행 기관장에게 통보 要
(3) 시험의 시행	① 시험의 시행 　: 매년 1회 이상 시행. 다만, 부득이한 사정이 있는 경우는 심의위원회 의결로 해당 연도의 시험을 시행하지 아니할 수 있음. ② 시험의 공고 ┌ 시험시행에 관한 개략적인 사항을 매년 2월 말까지 공고 要 　　　　　　　└ 시험시행에 필요한 세부사항을 시험시행일 90일 전까지 공고 要 ③ 자격증 교부 　: 시·도지사는 합격자 결정·공고일로부터 1개월 內 공인중개사자격증을 교부 要
(4) 금지사항	① 자격증 등 대여 금지 ┌ 양도·대여금지 - 자격취소 + 1년/1천만 원↓ 　　　　　　　　　　　└ 양수·사용금지 - 1년/1천만 원↓ ② 유사명칭의 사용 금지 　: 공인중개사 또는 이와 유사한 명칭 사용 금지 - 1년/1천만 원↓

> **판례**
>
> ### 자격증 대여(2006도9334)

1) '공인중개사자격증의 대여'란 다른 사람이 그 자격증을 이용하여 공인중개사로 행세하면서 공인중개사의 업무를 행하려는 것을 알면서도 그에게 자격증 자체를 빌려주는 것을 말한다.
2) 무자격자가 공인중개사의 업무를 수행하였는지 여부는 외관상 공인중개사가 직접 업무를 수행하는 형식을 취하였는지 여부에 구애됨이 없이 실질적으로 무자격자가 공인중개사의 명의를 사용하여 업무를 수행하였는지 여부에 따라 판단하여야 한다.
3) 공인중개사가 무자격자로 하여금 그 공인중개사 명의로 개설등록을 마친 중개사무소의 경영에 관여하거나 자금을 투자하고 이익을 분배받도록 하는 경우라도 공인중개사 자신이 부동산거래 중개행위를 수행하고 무자격자로 하여금 공인중개사의 업무를 수행하도록 하지 않는다면, 이를 가리켜 등록증·자격증의 대여를 한 것이라고 말할 수는 없다.
4) 공인중개사가 무자격자가 거래를 성사시켜 작성한 계약서에 자신의 인장을 날인하는 방법은 자신이 직접 공인중개사 업무를 수행하는 형식만 갖추었을 뿐, 실질적으로는 무자격자로 하여금 자기 명의로 공인중개사 업무를 수행하도록 한 것이므로 자격증의 대여에 해당한다.

제3장 중개사무소 개설등록 및 결격사유

1 중개사무소 개설등록

1. 등록신청자 및 등록관청

(1) 중개업 조건	등록관청에 중개사무소의 개설등록 要(적법요건 ○, 유효요건 ×)
(2) 등록신청자	① 공인중개사(외국인 포함, 소속공인중개사 제외), 법인·영리법인(조합) ② **소속공**인중개사는 중개사무소 개설등록 신청 **不可**(이중소속 금지에 해당되기 때문) ③ **부칙** 규정에 의한 **개업공**인중개사 : 신규등록 **不可**(공인중개사자격을 취득하기 전에는) ④ 법인 아닌 사단 : 등록신청 不可
(3) 등록관청	중개사무소(법인은 주된 중개사무소)를 두려는 **시**장(구 설치 ×, 행정시장)·**군**수·**구**청장
(4) 종별 변경	① 중개사무소 개설등록을 한 개업공인중개사가 종별을 달리(**공**인중개사인 **개업공**인중개사 ↔ **법**인인 **개업공**인중개사)하여 업무를 하고자 하는 경우에는 **등록신청서를 다시 제출** 要. 이 경우 종전에 제출한 서류 중 변동사항이 없는 서류는 제출하지 아니할 수 있으며, 종전의 **등록증은 반납** 要 ② **부칙** 규정에 의한 **개업공**인중개사가 공인중개사자격을 취득하여 그 등록관청의 관할구역 안에서 공인중개사인 개업공인중개사로서 업무를 계속하고자 하는 경우에는 기존 등록증과 변경사항을 증명하는 서류를 첨부하여 **등록증 재교부를 신청** 要

오답노트
❶ 구가 설치되지 아니한 시의 시장은 등록관청이다. (○)
❷ 중개사무소를 두려는 특별자치도의 행정시의 시장은 등록관청이다. (○)
❸ 구가 설치된 시의 시장은 등록관청이 아니다. (○)
❹ 특별시장, 광역시장은 등록관청이 아니다. (○)

2. 무등록 중개업자

(1) 무등록 중개업자의 유형	① 중개업 등록을 하지 아니하고 중개업무를 한 자 ② 등록신청 후 **등록의 서면통지를 받기 전**에 **중개업무를 개시**한 자 ③ 등록증 양도·대여 받아 중개업무를 한 자 ④ 중개업 등록이 취소된 후 중개업무를 한 자 ⑤ 개업공인중개사가 등록관청에 폐업신고를 한 후 중개업무를 한 자
(2) 무등록 중개업의 제재	3년/3천만 원↓
(3) 무등록 중개행위의 효력	① **법률행위**의 효력은 **유효**함 ② 무등록중개업자와 체결한 **중개보수 지급약정**은 **무효**임(강행규정 위반) ③ 무등록중개업자의 **보수청구권**은 **부정**됨
(4) 판례	① 공인중개사자격이 없는 자가 우연한 기회에 **단 1회** 타인 간의 거래행위를 중개한 경우 등과 같이 '**중개를 업으로 한 것**'이 **아니라면** 그에 따른 **중개보수 지급약정**이 강행법규에 위배되어 **무효라고 할 것은 아니다**(2010다86525). ② 등록을 하지 아니하고 부동산거래를 중개하면서 그에 대한 **보수를 약속·요구하는 데 그친 행위**는 '중개업'에 해당한다고 할 수 없어 「공인중개사법」 위반죄로 **처벌할 수 없다**(2006도4842). ③ 거래당사자가 무등록중개업자에게 중개를 의뢰하거나 미등기부동산의 전매에 대하여 중개를 의뢰하였다고 하더라도 그 **중개의뢰행위 자체**는 물론 무등록중개업자와 공동정범으로도 「공인중개사법」상 **처벌할 수 없다**(2013도3246).

오답노트

❶ 등록을 하지 아니하고 중개하면서 보수를 약속하거나 요구하는 데 그친 경우는 무등록 중개업자에 해당하지 않는다. (○)
❷ 등록신청 후 등록의 통지는 받았으나 보증설정의무를 이행하지 않고 중개업무를 개시한 경우는 무등록 중개업자에 해당하지 않는다. (○)
❸ 등록취소처분사유에 해당하는 자가 등록취소처분을 받지 않은 상태에서 중개업무를 영위한 경우는 무등록 중개업자에 해당하지 않는다. (○)

3. 등록기준(요건)

(1) 공인중개사인 **개업공**인중개사	① 공인중개사자격 有 ② 등록의 결격사유에 해당 無 ③ 실무교육 이수 要(등록신청일 전 1년 內) ④ 중개사무소의 사용권 확보 要 　- 건축물대장(가설건축물대장 제외)에 기재된 건물 　- 준공검사, 사용승인 건물 可(건축물대장 기재 지연 사유 제출 要) 　- 미등기 건물 可, 면적 제한 無 　- 개설등록신청 不可 : 가설건축물, 무허가건물, 건축법상 용도 부적합 건물
(2) **법**인인 **개업공**인중개사	① 「상법」상 회사 또는 「협동조합 기본법」에 따른 협동조합(**사회적 협동조합 제외**)으로서 자본금이 5천만 원 이상일 것 ② 법 제14조에 규정된 업무만을 영위할 목적으로 설립된 법인일 것 ③ 등록의 결격사유에 해당 無 ④ 대표자는 공인중개사이어야 하며, **대표자를 제외**한 임원 또는 사원의 **3분의 1 이상**이 **공인중개사일 것** ⇒ 1人 법인 不可 ⑤ 사원 전원 및 분사무소 책임자 실무교육 이수 要(등록신청일 전 1년 內) ⑥ 중개사무소의 사용권 확보 要
(3) 특수법인	다른 법률의 규정에 따라 중개업을 할 수 있는 **특수법인**(지역농업협동조합 등)은 중개법인과는 달리 「공인중개사법」상 **등록기준**이 **적용되지 않는다**.

> **보충**
>
> ### 특수법인의 중개업 등록기준
>
> ① 특수법인도 중개업을 영위하기 위해서는 원칙적으로 중개사무소의 개설등록이 필요하다.
> ② 특수법인의 대표자 및 임원은 공인중개사일 필요도 없다.
> ③ 특수법인의 대표자 및 임원은 실무교육을 받을 필요도 없다.
> ④ 특수법인은 「공인중개사법」 제14조에 규정된 업무만을 영위할 목적으로 설립될 필요도 없다.

4. 개설등록 신청

(1) 등록신청	① 등록신청서 등 제출 　: 등록신청서에 등록요건 구비서류(전자문서 포함) 첨부 제출 要 ② 등록신청서에 첨부할 서류 ─ 실무교육 수료확인증 사본 　　　　　　　　　　　　　 ├ 중개사무소의 사용권 확보 증명 서류 　　　　　　　　　　　　　 └ 여권용 사진 ③ 수수료 납부 : 지방자치단체의 **조례**가 정하는 수수료 납부 要
(2) 등록처분	① 자격확인 요청 　: 등록관청 담당공무원이 공인중개사자격증 **발급**한 **시 · 도지사**에게 요청 ② 등록처분 : 등록관청은 다음의 경우를 제외하고 등록해 주어야 함 　　┌─────────────────────────────────┐ 　　│ ㉠ 공인중개사 또는 법인이 아닌 자가 등록신청 한 경우　│ 　　│ ㉡ 등록 등의 결격사유에 해당하는 경우　　　　　　　　│ 　　│ ㉢ 등록기준에 적합하지 아니한 경우　　　　　　　　　│ 　　│ ㉣ 이 법 또는 다른 법령에 따른 제한에 위반되는 경우　│ 　　└─────────────────────────────────┘ ③ 등록통지 : 등록신청 받은 날부터 **7일 이내**에 **서면 통지 要** ④ 등록통지의 효과 : 등록관청이 등록을 통지하면 등록의 효과가 발생함. 따라서 **등록통지**를 받고 보증 설정의무를 이행하기 전에 **업무를 개시**한 **경우**라 하더라도 **무등록중개업**에는 **해당되지 않음**

암기코드

등록신청서 첨부서류

교	사	건물
실무**교육** 수료확인증	여권용 **사진**	중개사무소 **건물**확보 증명서류

참고
* 공인중개사자격증은 첨부서류 해당 ×

☺ 교 사 건물 vs 사진 교육 사무소
　　　　　　　진
☺ 등록신청은 **교사건물**에서!

5. 개설등록 후 업무개시 전(前) 조치사항

(1) 인장등록 의무	중개업무 개시 前 인장등록 要, 위반 시 – 업무정지
(2) 보증설정 의무	① 업무개시 전에 보증을 설정한 후 그 증빙서류를 갖추어 등록관청에 신고 要 ② 보증설정은 중개사무소의 등록증 교부받기 위한 요건임(개설등록 요건 ×) ③ 손해배상책임 보장 위한 업무보증설정 의무(공개공 2억 원, 법개공 4억 원) ④ 위반 시 : 상대적 등록취소 ⑤ 등록관청은 업무보증설정 여부 확인 후 **지체 없이** 중개사무소등록증 교부 要
(3) 서류게시 의무	① **등록증** 원본(분사무소 경우 – 분사무소설치**신고확인서** 원본) ② 사업자등록증 ③ 중개**보수** · 실비의 요율 및 한도액표 ④ **보증**의 설정을 증명할 수 있는 서류 ⑤ 공인중개사**자**격증 원본 ▶ 위반 시 – 100만 원 이하 과태료
(4) 중개업무 개시	① 등록 후 3개월 이내 업무개시 要, 위반 시 – 100만 원 이하 과태료 ② 등록 후 6개월 초과되도록 업무 미개시 경우 – 상대적 등록취소

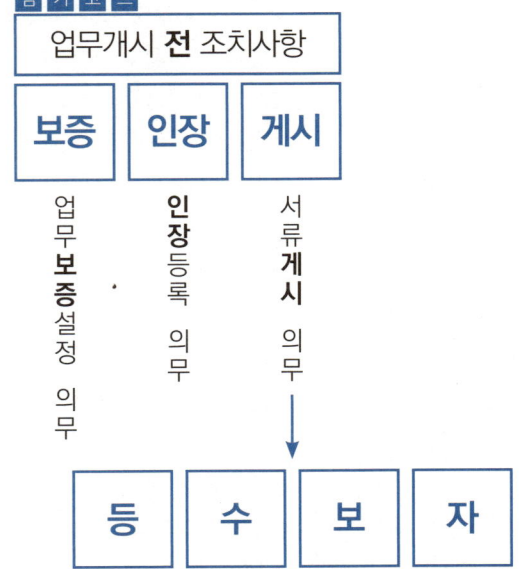

😊 서류에서 **등수보자** ~

😊 업무 전 **보증 인장 게시**해라 ~

😊 업무 전 **보증 인 등수**보자 ~

2 등록 등의 결격사유

1. 결격사유의 내용

결격사유	내용	결격사유를 벗어나는 방법
(1) 제한능력자	① 미성년자 (19세 미만 자, 혼인 및 친권자 동의 유무 무관) ② 피성년후견인, 피한정후견인 (**BUT 피특정후견인**은 결격사유에 **해당하지 않는다.**) ③ 파산선고를 받고 복권되지 아니한 자	① 기간의 경과(성년) ② 후견의 종료 심판 ③ 복권결정
(2) 행정처분 받은 자	① 공인중개사의 **자격**이 **취소**된 후 **3년**이 지나지 아니한 자 ② 공인중개사의 **자격**이 **정지**된 자로서 자격정지기간 **중**에 있는 자 ③ 중개사무소의 개설**등록**이 **취소**된 후 **3년**이 지나지 아니한 자 ④ 업무정지처분을 받고 폐업한 후 **업무정지** 기간이 지나지 아니한 자 ⑤ 법인의 업무정지의 **사유**가 **발생한 당시**의 사원 또는 임원이었던 자로서 업무정지 기간이 지나지 아니한 자	① 자격취소 받은 날~ + 3년 경과 ② 자격정지기간 만료 ③ 등록취소 받은 날~ + 3년 경과 ④ 업무정지기간 만료 ⑤ 업무정지기간 만료
(3) 형벌 받은 자	① 금고 이상의 **실형 선고** 받고 그 집행이 종료되거나 면제된 날부터 **3년**이 지나지 아니한 자 (ex 집행종료(면제) + 3년, 가석방 잔여형기 + 3년, 특별사면 + 3년) ② 금고 이상의 형의 **집행유예**를 받고 그 유예기간 **중**에 있는 자 (**BUT 선고유예**를 받은 자는 결격사유에 **해당하지 않는다.**) ③ **이 법 위반**으로 **300만 원 이상의 벌금형** 선고 받고 **3년**이 지나지 아니한 자	① 집행 종료 또는 집행 면제된 날~ + 3년 경과 ② 집행유예기간 만료 + **2년 경과** ③ 벌금형 선고일~ + 3년 경과
(4) 결격사유 법인	결격사유에 해당하는 자가 사원 또는 임원으로 있는 법인	**2개월** 이내에 그 사유를 해소

2. 결격사유의 효과 및 결격사유의 예외

(5) 결격사유의 효과	① 결격사유에 해당하는 공인중개사는 중개사무소의 개설등록을 할 수 없다. ② 사원 또는 임원 중에 결격사유에 해당하는 자가 있는 법인은 중개사무소의 개설등록을 할 수 없다. ③ 결격사유에 해당하는 자는 소속공인중개사, 중개보조원이 될 수 없다. ④ 중개법인이 사원 또는 임원의 결격사유를 2개월 이내에 해소하지 아니한 경우는 절대적 등록취소 사유이다. ⑤ 개업공인중개사가 고용한 소속공인중개사·중개보조원의 결격사유를 2개월 이내에 해소하지 아니한 경우는 업무정지 처분을 받을 수 있다.
(6) 결격사유에 해당하지 않는 경우	① 피특정후견인, 개인회생인가 또는 법정복권자 ② 선고유예·기소유예 받은 자 ③ **다른 법률**을 위반하여 **벌금형**(액수 불문)을 선고받은 경우 ④ 이 법 위반하여 300만 원 미만의 벌금액을 선고받은 경우 ⑤ 개공이 고용인의 이 법 위반행위로 인하여 **양벌규정**에 따라 **벌금형**을 선고받은 경우 ⑥ 법인이 업무정지**처분**을 **받을 당시**의 사원 또는 임원이었던 자(즉, 업무정지 사유가 발생한 **이후**에 임용된 자)
(7) 결격사유 적용 ✕ (등록 취소 후 + 3년간의 결격사유가 적용되지 않는 경우)	① 개공의 **사**망, 법인의 해산으로 등록이 취소된 경우 ⇒ 해산된 법인의 대표자·사원 등은 결격사유 적용 ✕ ② 등록**기**준이 미달되어 등록이 취소된 경우 ⇒ 기준 미달(ex 가설건축물) 사유가 해소되면 결격사유가 해소됨 ③ 등록 등의 **결**격사유가 원인이 되어 등록이 취소된 경우 ⇒ 먼저 적용된 결격사유 해소되면 결격사유가 해소됨 ④ 폐업 후 **재**등록한 개공이 폐업신고 전의 위반행위로 등록이 취소된 경우 ⇒ 폐업기간 공제한 기간만 결격사유 적용

암기코드

등록 등의 결격사유 적용 여부

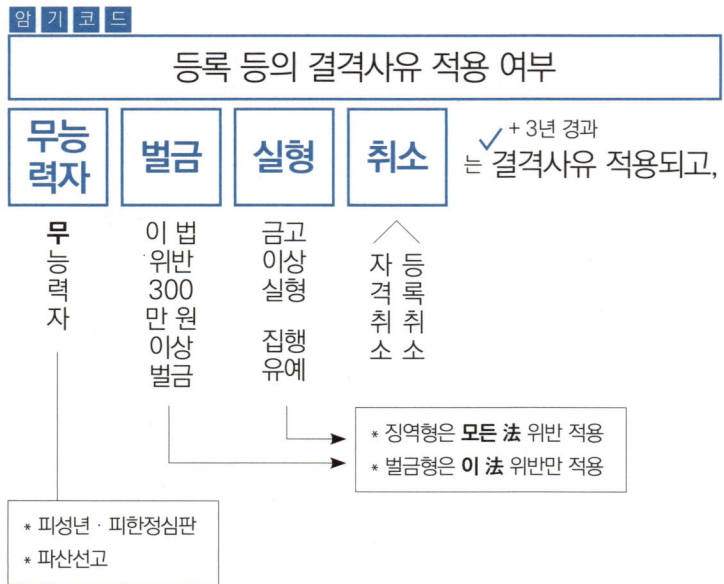

* 징역형은 **모든 法** 위반 적용
* 벌금형은 **이 法** 위반만 적용

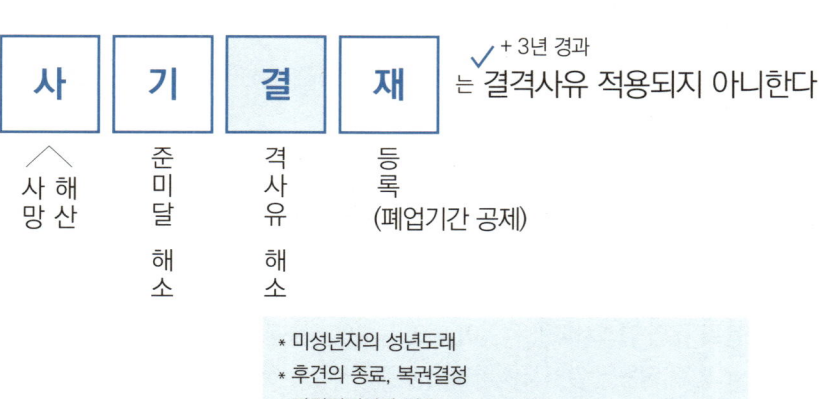

* 미성년자의 성년도래
* 후견의 종료, 복권결정
* 자격정지기간 만료
* 업무정지기간 만료
* 집행유예기간 만료
* 법인 업무정지 발생 당시 사원으로서 업무정지기간 만료
* 결격사유 해당 사원 2월 內 해소

☺ **무능력자**와 **벌금 실형 취소자**는 **3년 경과해야** 등록할 수 있지만, **사기결재**는 3년 경과 **적용되지 않는다** ~

☺ **벌금 실형 취소**된 **무능력자**는 **3년 경과해야** 등록할 수 있지만, **사기결재**는 3년 경과 **적용되지 않는다** ~

제4장 중개사무소 운영

1 중개사무소

(1) 중개사무소 설치	① 원칙 : 1개의 중개사무소만 둘 수 있음 ② 예외 : 법인인 개업공인중개사(특수법인 포함)는 분사무소 설치 可 ③ 이중사무소 설치 금지 : 이중사무소 및 임시 중개시설물(천막·파라솔 등) 설치 금지 ⇒ 위반 시 상대적 등록취소 또는 1년/1천만 원↓
(2) 분사무소 설치요건	① 주된 사무소 관할구역 외의 지역에 분사무소 설치 可(단, 주된 사무소의 소재지가 속한 시·군·구를 제외한 시·군·구별로 1개소 초과 ×) ② 신고관청 : 주된 사무소 관할 등록관청에 분사무소 설치신고서 제출 要 ③ 구비서류 　㉠ 분사무소 설치신고서 　㉡ 책임자의 실무교육수료증 사본 　㉢ 업무보증설정 증명서류 　㉣ 분사무소의 사용권 확보 증명서류 ④ 수수료 : 지방자치단체 조례가 정하는 수수료 납부 要 ⑤ 분사무소 책임자 : 공인중개사자격 要·실무교육 이수 要 　(단, 특수법인 분사무소 책임자는 공인중개사 ×, 실무교육 이수 ×) ⑥ 업무보증설정(1개소당 2억 원 이상) 　⇒ 분사무소설치신고 시 "업무보증설정" 증명 서류 제출 要
(3) 중개사무소 공동사용	① 공동사무소 성격 : 사무실만 공동 사용, 각자 책임(운영·고용 등) ② 공동사용 방법 : 중개사무소를 사용할 권리가 있는 다른 개업공인중개사의 승낙서 첨부 要(건물주 승낙서 ×) ③ 공동사무소 외 별도 중개사무소 설치 不可 ④ 종별제한 ×, 면적제한 ×, 공동사용 신고의무 × ⑤ 중개사무소 공동사용의 제한 　㉠ 업무정지기간 중에 있는 개공은 다른 개공에게 승낙서를 주는 방법으로 다른 개공과 사무소 공동사용 不可(단, 정지처분 받기 전부터 사용 중인 다른 개공은 계속 사용 可) 　㉡ 업무정지기간 중에 있는 개공이 다른 개공의 중개사무소를 공동으로 사용하기 위하여 중개사무소 이전신고 不可

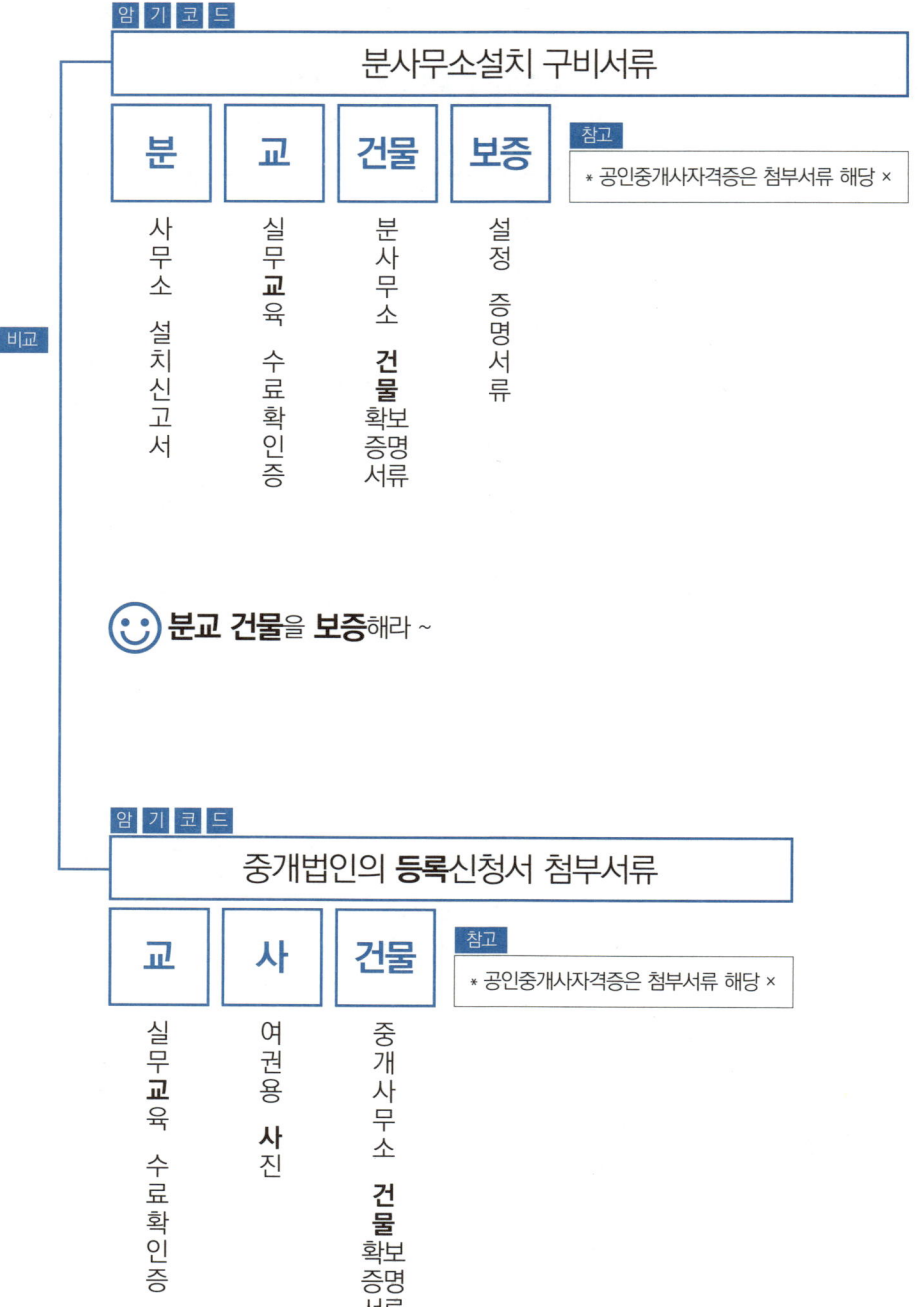

> 보충

중개법인의 등록신청과 분사무소설치신고 비교

구분	중개법인의 등록신청	분사무소설치신고
(1) 제출서류	① 등록신청서 ② 실무교육수료 확인증 사본 　(대표자, 임원·사원 전원) ③ 여권용 사진 ④ 중개사무소 사용권 확보 증명서류	① 분사무소설치신고서 ② 실무교육수료 확인증(책임자) ③ **업무보증설정** 증명서류 ④ 분사무소 사용권 확보 증명서류
(2) 수수료 납부	조례로 定하는 수수료	조례로 定하는 수수료
(3) 처리기간	7일 이내 등록사실 서면 **통지** ※ 개설등록 후 **업무개시 前** 업무보증 설정 여부 확인 후 등록증 교부함	7일 이내 설치신고확인서 **교부** ⇒ 설치 예정지역 관할 시·군·구에 통보
(4) 등록관청	주된 사무소 관할 등록관청	주된 사무소 관할 등록관청
(5) 분사무소 설치절차	설치신고 → 접수 및 검토 → 설치신고확인서 교부 → 통보 • 주된 사무소 소재지 관할 등록관청 • 구비서류 + 수수료 • 법인 등기사항증명서 • 설치요건 및 구비서류 • 주된 사무소 소재지 관할 등록관청에서 교부 • 설치신고서를 받은 후 7일 內 • 주된 사무소 소재지 관할 등록관청은 분사무소 설치지역 관할 등록관청에 통보 要	

2 중개사무소 명칭 및 옥외광고물

(1) 법정문자 사용의무	① **개업공인중개사**
	  : 사무소 명칭에 '공인중개사사무소' 또는 '부동산중개'라는 문자를 사용 要
	② **부칙** 규정에 의한 **개공**
	  : 사무소 명칭에 '부동산중개'라는 문자를 사용 要(BUT, '공인중개사사무소'
	    라는 문자 사용 × → 위반 시 100만 원 이하의 과태료)
	③ **개공이 아닌 자**는 '공인중개사사무소', '부동산중개' 또는 이와 유사한 명칭을
	  사용 不可 → 위반 시 1년/1천만 원↓

(2) 옥외광고물	① 옥외광고물 설치 의무 없으나 설치하는 경우
	  : **성명 표기** 의무 有(개공명, 법인 대표자명, 분사무소 책임자명) →
	    성명 표기 × or 허위 표기 시 100만 원 이하의 과태료(BUT, 연락처,
	    등록번호 표기의무 無)
	② 옥외간판 설치한 경우
	  : **성명**을 인식 가능한 크기로 **표기** 要 → 위반 시 100만 원 이하의 과태료
	    + 간판 철거명령

(3) 간판철거	① 개업공인중개사가 **지체 없이** 간판을 철거해야 하는 경우
	  : 중개사무소의 **이전**신고·**폐업**신고·개설등록 **취소**처분(BUT, 휴업신고,
	    업무정지는 간판철거 사유 아님)
	② 등록관청이 간판 철거명령을 할 수 있는 경우
	  ㉠ 법정문자 사용 ×
	  ㉡ 성명 표기 × or 허위 표기
	  ㉢ 개공 아닌 자의 법정문자 표기 or 유사명칭 표기
	③ 간판철거 불이행
	  : 등록관청은 「**행정대집행법**」에 의하여 대집행 **可**(BUT, 과태료부과 ×)

암기코드

간판철거 사유 — 이전 / 폐업 / 취소
- 이전: 중개사무소 이전신고
- 폐업: 중개사무소 폐업신고
- 취소: 중개사무소 등록취소

😊 **간판** 이 **폐**(패)**소** 했으니 **철거**해라 ~

3 중개대상물의 표시 · 광고 → * 표시 · 광고 방법 등에 관한 사항은 **국토교통부장**관이 정하여 고시함

1. 중개대상물 표시 · 광고 명시 의무

(1) 표시 · 광고 명시 위반 시 : **100만 원** 이하의 과태료	① 표시 · 광고 명시 의무 : 중개사무소의 **명**칭, **소**재지, **연**락처, **등**록번호, 　개공(법인 대표자)의 **성**명(BUT, 소공의 성명은 명시 의무 無) ② 중개**보조원**에 관한 사항은 명시 **금지**(禁止)
(2) 인터넷 표시 · 광고 위반 시 : **100만 원** 이하의 과태료	① 인터넷을 이용한 다음의 표시 · 광고 명시 의무 　㉠ 중개사무소의 명칭, 소재지, 연락처, 등록번호, 　　개공(법인 대표자)의 성명 　㉡ 중개대상물의 소재지, 면적, 종류, 가격 　㉢ 건축물 및 토지 정착물인 경우 - 층수, 사용승인 · 사용검사 　　받은 날, 주차대수, 관리비 등 ② 중개**보조원**에 관한 사항은 명시 **금지**(禁止)
(3) 부당한 표시 · 광고 금지 위반 시 : **500만 원** 이하의 과태료	① 중개대상물 존재하지 않아 거래할 수 없는 물건 표시 · 광고 금지 ② 거짓 · 과장 표시 · 광고 금지 ③ 부동산거래질서 해치거나 의뢰인에게 피해 줄 우려 있는 다음의 　표시 · 광고 금지 　㉠ 중개대상 될 수 없는 물건 표시 · 광고 　㉡ 중개할 의사가 없는 물건 표시 · 광고 　㉢ 소비자를 속이는(누락 · 은폐 · 축소 등) 표시 · 광고

☺ **연등**에 **성명 표시**하여 **소**원 빌었다 ~

☺ 연등 명소 성 ~

2. 인터넷 표시 · 광고 모니터링 ⟶ *모니터링의 내용, 방법 등은 **국토교통부령**으로 定함

(1) 국토교통부장관	① **국토교통부장**관은 인터넷을 이용한 표시 · 광고 규정 준수 여부를 모니터링 할 수 있다. ② 국토교통부장관은 정보통신서비스 제공자에게 자료제출 및 필요조치 요구 可 → 불응 시 500만 원 이하의 과태료 ③ 국토교통부장관은 모니터링 업무 위탁 可 → 고시 要, 예산지원 可 ▶ 위탁기관 : 공공기관, 정부출연연구기관, 비영리법인, 국토교통부장관 인정 기관 또는 단체
(2) 모니터링 기관	① 계획서 제출 　㉠ 기본 모니터링 업무 : 분기별 실시, 기본계획서(매년 12/31까지) 제출 要 　㉡ 수시 모니터링 업무 : 국토교통부장관이 필요시 실시, 모니터링 기간, 내용 등 계획서 제출 要 ② 결과보고서 제출 　㉠ 기본 모니터링 업무 : 매 분기의 마지막 날부터 30일 內 제출 要 　㉡ 수시 모니터링 업무 : 해당 모니터링 완료한 날부터 15일 內 제출 要
(3) 사후 조치	① 국장은 제출받은 결과보고서를 시 · 도지사 및 등록관청에 통보하고 필요한 조사 및 조치를 요구할 수 있다. ② 시 · 도지사 및 등록관청은 조사 및 조치를 요구받으면 신속하게 조사 및 조치를 완료하고, 완료한 날부터 10일 이내에 그 결과를 국장에게 통보해야 한다.

모니터링 기관 — 결과보고서 제출 → 국토교통부장관 — 결과보고서 통보 / 조사조치 요구 可 → 시 · 도지사 및 등록관청
(조사조치 완료 후 10일 內 통보 要)

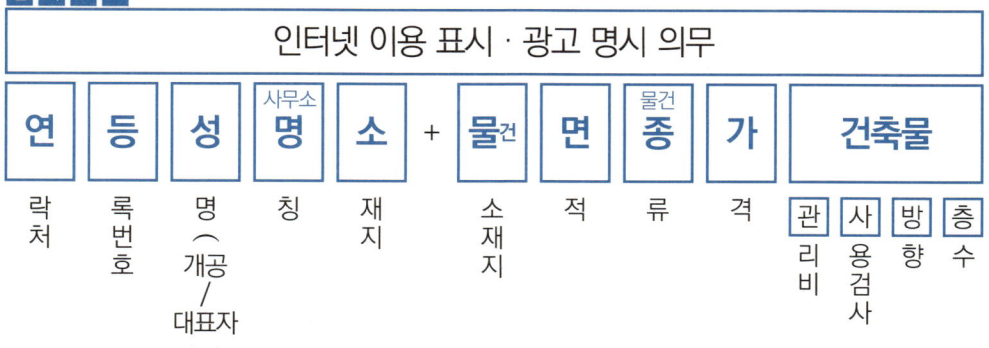

암기코드 — 인터넷 이용 표시 · 광고 명시 의무

연 락처 | **등** 록번호 | **성** 명(개공/대표자) | **명**(사무소) 칭 | **소** 재지 + **물**건 소재지 | **면** 적 | **종**(물건) 류 | **가** 격 | **건축물** (관리비 / 사용검사 / 방향 / 층수)

😊 **연등**에 **성명 표시**하여 **소**원 빌고, 인터넷으로 **물면종가 건물** 검색했다 ~

4 개업공인중개사의 업무지역 및 겸업범위

구분	업무지역 범위	겸업범위
(1) 공인중개사인 **개업공**인중개사	전국	겸업제한 無
(2) **부칙**의 **개업공**인중개사	시 · 도 (단, 부동산정보거래망에 공개된 관할구역 외의 중개대상물에 대하여도 중개 可)	겸업제한 無 (단, **경매 · 공매 업무 不可**)
(3) 특수법인	전국	중개업만 可 (중개법인의 겸업 업무 不可)
(4) **법**인인 **개업공**인중개사	전국	중개업 외 6가지 업무만 可
(5) **법**인인 **개업공**인중개사의 **업무범위** (중개업 외 6가지 업무)	① 상업용 건축물 및 주택의 임대관리 대행(**부동산 임대업** ×) ② 부동산의 이용 · 개발 및 거래에 관한 상담(**금융대출 상담** ×, **부동산개발업** ×) ③ **개업공**인중개사를 **대상**으로 한 중개업의 경영기법 및 경영정보의 제공 (공제사업 ×, 부동산 정보제공 ×, 등록을 신청하는 공인중개사 대상 ×) ④ 상업용 건축물 및 주택의 분양대행(**토지 · 상업용지 등 분양대행** ×) ⑤ 중개업에 부수되는 용역의 알선(이사업체 운영 등 용역의 **제공** ×, 도배업 ×) ⑥ 경매 · 공매대상 부동산(동산 ×)에 대한 권리분석, 취득의 알선, 매수신청, 입찰신청의 대리	

☺ 기상 공관 분소

☺ 기분 상소 공관

☺ 법개공은 **기상 공관 분소**를 겸업할 수 있다 ~

5 개업공인중개사의 고용인의 신고 등

(1) 고용신고 및 종료신고	① 소속공인중개사 또는 중개보조원을 고용한 경우에는 실무교육 또는 직무교육을 받도록 한 후 **업무개시 전까지** 등록관청에 신고(전자문서에 의한 신고 포함) 要 ② 외국인을 고용하는 경우에는 결격사유에 해당하지 아니함을 증명하는 서류 첨부 要 ③ 고용신고를 받은 등록관청은 실무(직무)**교육 수료 여부**, **결격사유 해당 여부**를 확인해야 하며, **소속공**인중개사의 자격증을 발급한 시·도지사에게 **자격확인**을 요청 要 ④ 고용관계가 종료된 때에는 종료된 날부터 10일 이내에 등록관청에 신고 要 ⑤ 위반 시 제재 : 업무정지 **先교육** 소공: 실무교육 중개보조원 : 직무교육 → 고용신고 (**업무** 개시 **전** 까지) → 등록관청 ← 고용관계 종료 (종료 10일 이내 신고) ↓ 先교육 後신고 〈등록관청의 조치 要〉 • 공인중개사자격 확인 요청 • 결격사유 여부 확인 • 교육수료 여부 확인 • 신고사항 협회통보 (다음 달 10일까지) 위반 시 : 업무정지
(2) 중개보조원 고용 인원수 제한	① 개업공인중개사가 고용할 수 있는 중개보조원의 수는 개업공인중개사와 소속공인중개사를 합한 수의 **5배를 초과**하여서는 **아니 된다**. ② 위반 시 제재 : 절대적 등록취소 + 1년/1천만 원↓
(3) 중개보조원의 고지의무	① 중개보조원은 현장안내 등 중개업무를 보조하는 경우 중개의뢰인에게 본인이 중개보조원이라는 사실을 **미리** 알려야 한다. ② 위반 시 제재 : 미리 알리지 아니한 중개보조원 및 개업공인중개사에 대하여 **500만 원** 이하의 과태료(단, 개공이 그 위반행위를 방지하기 위하여 해당 업무에 관하여 상당한 주의와 감독을 게을리하지 아니한 경우 개공은 제외함)

(4) 고용에 따른 책임	〈법 제15조 제2항〉 소속공인중개사 또는 중개보조원의 **업무상 행위**는 그를 고용한 **개업공**인중개사의 **행위**로 **본다**. ① 민사책임 　: **손해배상책임**, **무과실책임**(관리 · 감독상), **면책규정 無**, **구상권 행사 可** 　　㉠ 고용인이 업무상 고의 또는 과실로 거래당사자에게 재산상 손해를 발생하게 하였으면, 개업공인중개사는 자신의 고의 또는 과실이 없는 경우에도 무과실 성격의 손해배상책임을 진다. 　　㉡ 개업공인중개사가 고용인에 대한 지휘 · 감독을 게을리하지 아니한 경우에도 손해배상책임을 면할 수 없다. 　　㉢ 개업공인중개사가 고용인 대신 손해배상을 한 경우 고용인에게 구상권을 행사할 수 있다. 　　㉣ 다만, 고용인이 중개업무에 관하여 고의 · 과실이 없다면 고용인 및 개업공인중개사는 손해배상책임이 없다. ② 형사책임 　: **양벌규정**(개공-벌금형, 고용인-징역형 or 벌금형), 　　**과실책임**(관리감독 소홀), **면책규정 有**, **구상권 행사 不可** 　　㉠ 고용인이 중개업무를 위반하여 징역형 또는 벌금형을 받게 되는 경우 **개업공**인중개사에 대해서도 해당 조에 규정된 **벌금형**을 과한다(양벌규정). 　　㉡ 다만, 개업공인중개사가 그 위반행위를 방지하기 위하여 해당 업무에 관하여 상당한 주의와 감독을 게을리하지 아니한 경우에는 벌금형을 부과하지 않는다(면책규정). 　　㉢ 개업공인중개사는 양벌규정에 따라 300만 원 이상의 벌금형을 받더라도 결격사유에 해당하지 않는다(등록취소 ×). ③ 행정상 책임 　: **무과실책임**, 소속공인중개사(자격정지), 개업공인중개사(상대적 등록취소) 　　㉠ 소속공인중개사가 금지행위를 위반하여 자격정지처분을 받게 되는 경우에 그를 고용한 개업공인중개사는 등록취소 또는 업무정지처분을 받을 수 있다. 　　㉡ 중개보조원은 금지행위를 하더라도 행정처분(등록취소 또는 업무정지) 대상이 아니므로, 이 경우에는 개업공인중개사만 행정처분을 받게 된다.

6 인장등록

(1) 등록의무자 및 등록시기	① **개업공**인중개사 및 **소속공**인중개사는 업무개시 **전**에 중개행위에 사용할 인장을 등록관청에 등록(전자문서에 의한 등록 포함) 要 ② 공인중개사인 법인의 임원·사원은 인장등록의무 有
(2) 등록할 인장 · 등록방법 · 등록장소	(아래 표 참조)
(3) 변경등록	① 변경일로부터 **7일 이내**에 변경등록(전자문서에 의한 등록 포함) 要 ② 변경등록 경우에는 중개사무소 등록증에 변경된 인장을 날인해야 하므로 중개사무소 등록증 원본을 첨부 要
(4) 위반 시 제재	인장을 등록(변경등록 포함)하지 않거나 등록된 인장을 사용하지 않은 경우 정지처분 **可**(6개월 內) ① 개업공인중개사 – 업무정지 ② 소속공인중개사 – 자격정지

구분		등록할 인장	등록방법	등록관청
① 공인중개사인 **개공** **소속공**인중개사 부칙 **개업공**인중개사		㉠ 인장 : 가족관계등록부(주민등록표)에 기재되어 있는 **성명**이 나타난 인장 ㉡ 규격 : 가로·세로 각각 **7㎜ 이상 ~ 30㎜ 이내**인 인장	인장등록 신고서 제출	등록관청
② **법개공**	주된 사무소	「상업등기규칙」에 따라 신고한 **법인**의 **인장** (인장규격 제한없음)	인감증명서 제출로 갈음	등록관청
	분사무소	「상업등기규칙」에 따라 법인의 **대표자**가 **보증**하는 **인장** 등록 **可**(법인의 대표자가 보증하는 인장을 등록해야 한다 ×)		주사무소 관할 등록관청

7 중개사무소 이전

(1) 신고의무	① 이전신고 의무 : 이전한 날부터 **10일 內** 신고 要(**사후**신고, 국토교통부령) ② 간판철거 의무 : 이전신고 후 **지체 없이** 사무소의 간판철거 要
(2) 관할지역 **內** 이전	① 등록관청에 신고 ② 등록관청은 **7일 內** 등록증 재교부(변경사항 적어 재교부 可) + 협회 통보(다음 달 10일까지)
(3) 관할지역 **밖** 이전	① 이전 **후** 등록관청에 신고 ② 이전 후 등록관청은 7일 內 **새** 등록증 재교부(변경사항 적어 재교부 不可) + 협회 통보(다음 달 10일까지) ③ 이전 후 등록관청은 종전 등록관청에 **서류송부 요청** 要 ⇒ 요청받은 종전 등록관청은 지체 없이 서류(중개사무소 등록대장, 개설등록신청서, 최근 1년간 행정처분 및 진행 중인 행정처분절차)를 송부 要 ④ 이전신고 전에 발생된 사유로 인한 행정처분은 **이전 후** 등록관청이 이를 행한다.
(4) **분사무소**의 이전	① 주된 사무소 관할 등록관청에 신고 ② 7일 內 신고확인서 재교부(변경사항 적어 재교부 可) + 협회 통보(다음 달 10일까지) ③ 주된 사무소 관할 등록관청은 이전 **전 · 후**의 분사무소 관할 시 · 군 · 구에 지체 없이 통보 要
(5) 제출서류	① 중개사무소이전신고서 ② 중개사무소등록증 원본(분사무소 이전신고 경우 분사무소설치신고확인서 원본) ③ 사무소 확보 증명 서류(건축물대장 등 공적장부 제출 ×)
(6) 위반 시 제재	① 신고위반 : 100만 원 이하의 과태료 ② 불법, 가설건축물로 이전 : 상대적 등록취소

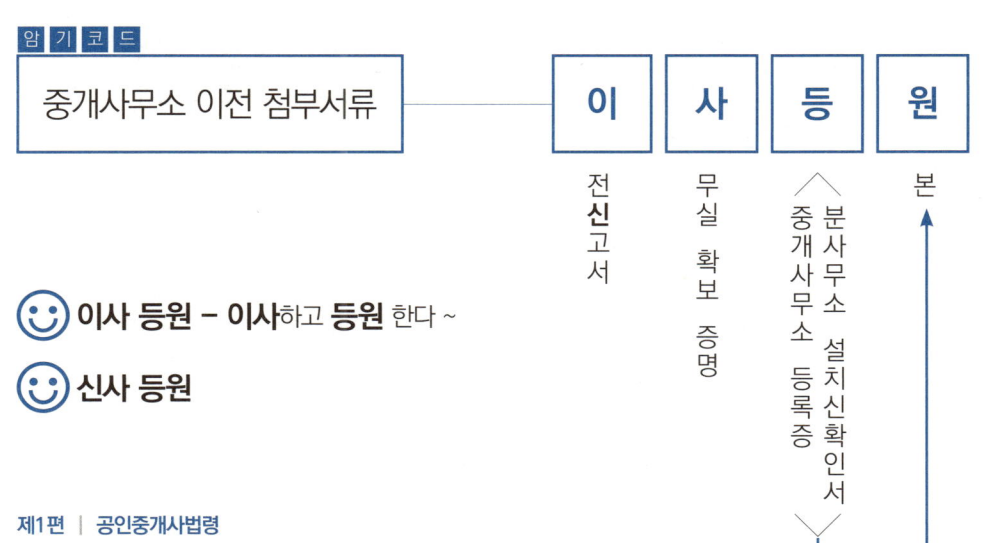

☺ **이사 등원** − **이사**하고 **등원** 한다 ~

☺ **신사 등원**

8 휴업 및 폐업

(1) 신고의무 및 일괄신고	① 사전신고 　: **휴업**(3개월 초과)신고, **변경**신고, **재**개신고, **폐업**신고 모두 **미리** 신고 要 ② 등록관청에 일괄신고 : 개업공인중개사가 중개업의 휴업·변경·재개·폐업신고와 「부가가치세법」에 따른 신고를 같이하는 경우, 등록관청은 제출받은 신고서를 지체 없이 관할 세무서장에게 송부(정보통신망 이용 송부 포함) 要 ③ 관할 세무서에 일괄신고 : 개업공인중개사가 「부가가치세법 시행령」에 따라 관할 세무서에 중개업의 휴업·변경·재개·폐업신고를 같이하는 경우, 관할 세무서장은 제출받은 신고서를 지체 없이 등록관청에 송부하여야 하며, 이 경우 개업공인중개사는 등록관청에 해당 신고서를 제출한 것으로 본다.
(2) 휴업기간의 제한	① 휴업기간 **6개월 초과 不可** → 위반 시 상대적 등록취소 또는 업무정지 ② 다만, 부득이한 사유(질병 요양·입영·취학·임신 또는 출산·그 밖의 국토교통부장관이 정하여 고시하는 사유) 있는 경우 – 6개월 초과 휴업 可
(3) 휴업신고	① 휴업신고서 + 중개사무소등록증(분사무소설치신고확인서) 첨부 　→ 등록관청(주된 사무소 등록관청)에 제출 要 ② 휴업신고서에는 중개사무소등록증(분사무소설치신고확인서)을 첨부하여야 하므로 **전자문서** 신고는 **不可**
(4) 변경신고	③ 휴업기간 변경신고 → 등록증첨부 不要, 전자문서 신고 可
(5) 재개신고	① 재개신고 → 등록증첨부 不要, 전자문서 신고 可 ② 등록관청은 반납 받은 중개사무소 등록증을 즉시 반환 要
(6) 휴업기간 중 조치사항	① 중개사무소 유지 要, 휴업사실 표시의무 ×, 간판철거의무 × ② 보증설정의무 × ③ 중개업 종사 不可·등록신청 不可(이중소속 및 이중등록 금지) – 위반 시 절대적등록취소
(7) 폐업신고	① 폐업신고서 + 중개사무소등록증(분사무소설치신고확인서) 첨부 → 등록관청(주된 사무소 등록관청)에 제출 要(단, 등록취소처분시 폐업신고의무 ×) ② 폐업신고서에는 중개사무소등록증(분사무소설치신고확인서)을 첨부하여야 하므로 **전자문서** 신고는 **不可**
(8) 위반 시 제재	① 휴업신고·변경신고·재개신고·폐업신고 위반 – 100만 원 이하 과태료 ② 6개월 초과 무단 휴업 – 상대적 등록취소 또는 업무정지
(9) 협회 통보	등록관청은 휴업·변경·재개·폐업신고를 받은 사항을 **다음 달 10일까지** 공인중개사협회에 통보 要

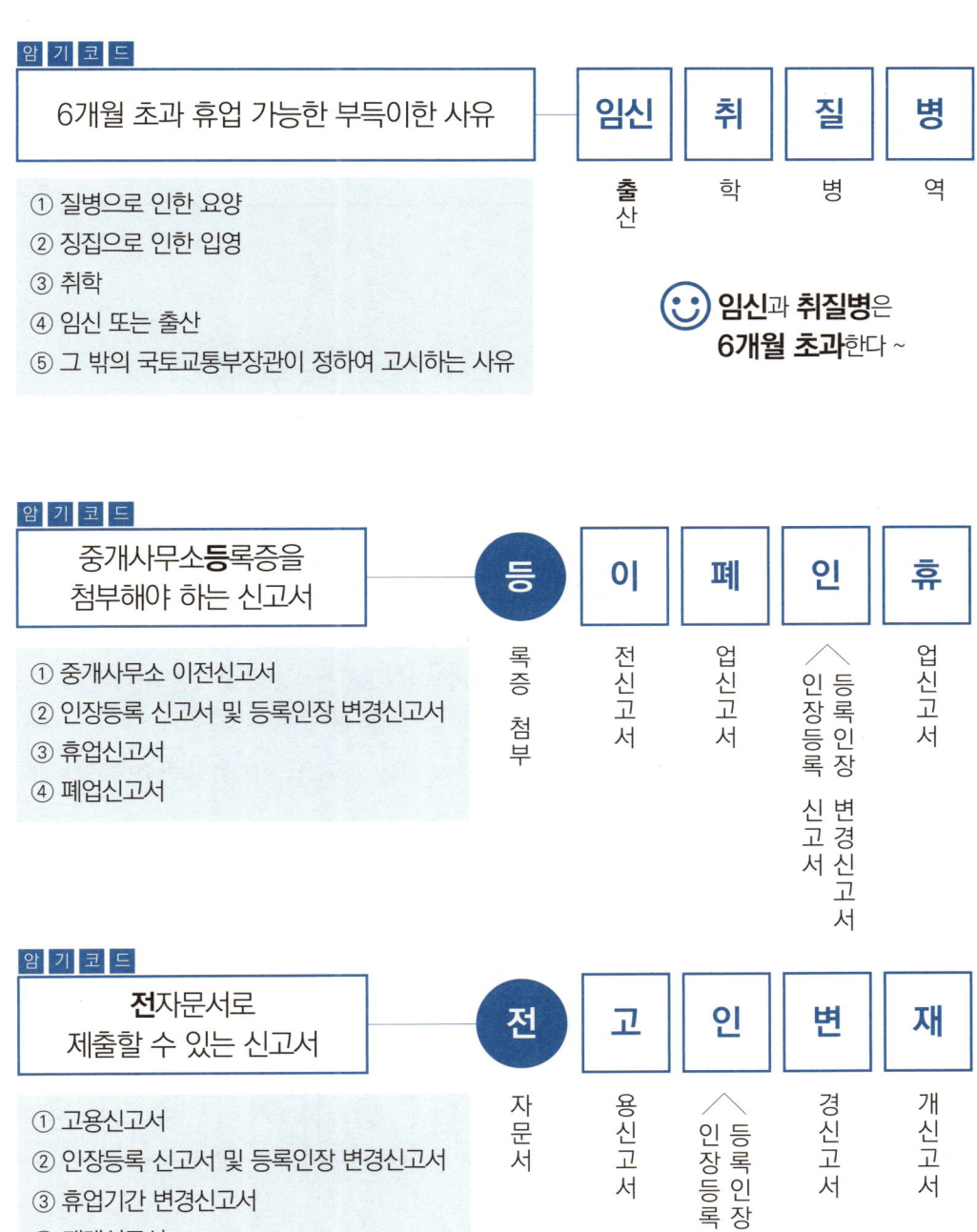

제5장 | 중개계약 및 부동산거래정보망

1 중개계약

1. 일반중개계약

(1) 개념 및 의무 여부	① 중개의뢰인이 **불특정 다수**의 **개업공**인중개사에게 중개를 의뢰하는 계약 형태로서 우리나라에서는 구두계약이 일반적인 형태임 ② 중개의뢰인은 중개의뢰내용을 명확하게 하기 위하여 필요한 경우 일반중개계약서 작성을 요청할 수 있음 ③ 그러나 의뢰인의 일반중개계약서 작성 요청이 있더라도 개업공인중개사는 일반중개계약서를 작성·교부할 의무가 없음 ④ 국토교통부장관은 일반중개계약서의 표준서식 定하여 사용권장 可 ⑤ 개업공인중개사는 일반중개계약서의 표준서식 사용 및 보존의무 無 ⑥ 개업공인중개사는 중개대상물의 정보를 공개해야 할 의무 無
(2) 일반중개 계약서의 기재사항	중개의뢰인은 개업공인중개사에게 다음의 사항을 기재한 일반중개계약서의 작성을 요청할 수 있음 ① 중개대상물의 위치 및 규모 ② 거래예정가격 ③ 거래예정가격에 대하여 정한 중개보수 ④ 그 밖에 개업공인중개사와 중개의뢰인이 준수해야 할 사항

[암기코드]

일반중개계약서의 필요적 기재사항 — **물** (중개대상**물**) · **가** (거래예정**가**격) · **수** (중개보**수**) · **준** (**준**수사항)

😊 **일반**적인 **물가수준** ~

2. 전속중개계약

(1) 개념	① 중개의뢰인은 **특정한 개업공**인중개사를 정하여 당해 중개대상물을 중개하도록 하는 계약을 체결할 수 있음 ② 유효기간 : 유효기간은 **3개월**을 원칙으로 하되, 다른 약정이 있으면 그 **약정**에 따름
(2) 계약서 작성**의무**	전속중개계약서(표준서식) **작성 · 교부** 및 **보존**(**3년**) 의무
(3) 정보공개 **의무**	① 계약체결 후 **7일 内** 부동산거래정보망 또는 일간신문에 정보공개 要 ② 정보공개 후 **지체 없이** 중개의뢰인에게 문서로 통지 要. 단, 비공개 요청 경우는 공개 ×

(4) 정보 공개할
내용
	① 중개대상물을 특정하기 위하여 필요한 기본적인 사항
	   (소재지, 종류, 지목 및 면적, 건축물의 용도 · 구조 등)
	② 중개대상물의 상태
	   (벽면 및 도배의 상태, 수도 · 전기 · 폐수 · 쓰레기 처리시설 등의 상태)
	③ 중개대상물의 입지(도로 및 대중교통수단, 시장 · 학교 등과의 근접성) 및 환경조건(일조 · 소음 · 진동)
	④ 중개대상물의 권리관계에 관한 사항. 단, **권리자 인적사항 공개금**(禁)
	⑤ 공법상 이용제한 및 거래규제에 관한 사항
	⑥ 중개대상물의 거래예정금액
	⑦ 공시지가. 단, 임대차 경우는 공시지가 공개 아니 할 수 있음

(5) 통지**의무**	중개업무 처리상황을 2주일에 1회 이상 문서로 통지 要
(6) 제재	① 표준서식인 전속중개계약서 사용 × 또는 계약서 보존 × : 업무정지 ② 정보 거짓 공개 또는 거래완성 사실 통보 × : 업무정지 ③ 정보공개 × 또는 비공개 요청에도 공개한 경우 : 상대적 등록취소
(7) 위약금 지급**의무**	중개의뢰인이 중개보수에 해당하는 금액을 **위약금**으로 지불하여야 하는 경우 ① 전속중개계약 유효기간 내에 다른 개업공인중개사에게 중개의뢰 하여 거래한 경우 ② 전속개업공인중개사의 소개에 의하여 알게 된 상대방과 직접 거래한 경우
(8) 소요비용 지급**의무**	중개의뢰인이 중개보수의 **50% 범위 内**에서 전속개공의 중개행위에 **소요된 비용**을 지불하여야 하는 경우 : 전속중개계약 유효기간 내에 중개의뢰인이 스스로 발견한 상대방과 거래한 경우
(9) 협조**의무**	중개의뢰인은 개업공인중개사의 중개대상물 확인 · 설명 의무 이행시 협조의무 有

> 보충

[전속중개계약 체결 및 중개업무 절차]

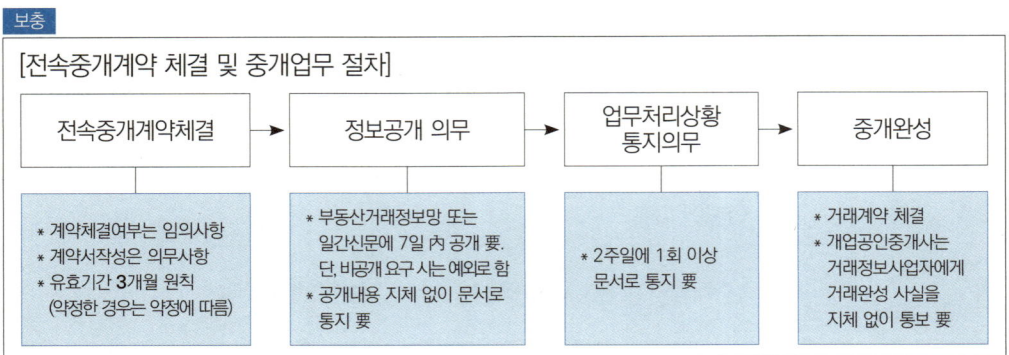

> 보충

일반중개계약과 전속중개계약의 비교

구분	일반중개계약	전속중개계약
계약서 작성의무	×	○
보존의무	×	○
표준서식(有)	○	○
표준서식 사용의무	×	○
정보공개 의무	×	○

> 보충

서명 **및** 날인 VS 서명 **또는** 날인

서명 **및** 날인	서명 **또는** 날인
• 확인 설명서 • 거래계약서	• 일반중개계약서 • 전속중개계약서 • 부동산거래계약신고서

😊 **확인 거래** 계약서만 서명 **및** 날인한다 ~

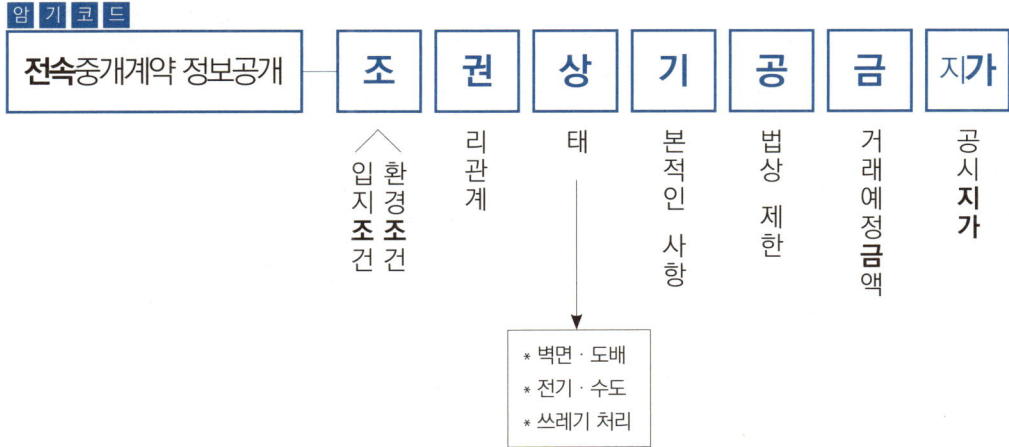

😊 전속 **조권**(건)은 **상기 공금가**이다 ~

> **보충**
>
> ### (전속중개계약) 정보 공개할 내용
>
> ① 중개대상물을 특정하는 **기**본적인 사항(소재지, 지목 건축물의 용도 등)
> ② 중개대상물의 **상**태
> ③ 중개대상물의 입지 및 환경**조**건
> ④ 중개대상물의 **권**리관계에 관한 사항. 단, 권리자 인적사항 공개금(禁)
> ⑤ **공**법상의 제한사항
> ⑥ 중개대상물의 거래예정**금**액
> ⑦ 공시**지가**. 단, 임대차 경우는 공시지가 공개 아니 할 수 있음

2 부동산거래정보망

* 개업공인중개사 **상호 간**에 중개대상물에 관한 정보를 교환하는 체계
* **국토교통부장**관이 설치·운영할 자 지정 可

(1) 개념	① **국토부장관**은 **개업공**인중개사 **상호 간**에 부동산 매매 등에 관한 **정보**의 공개와 유통을 촉진하고 공정한 부동산거래질서를 확립하기 위하여 부동산거래정보망을 설치·운영할 자(거래정보사업자)를 지정할 수 있다. ※ 개업공인중개사와 중개의뢰인 상호 간에(×) ② 법인·개인·외국인 불문하고 거래정보사업자 지정신청 可. 단, **중개법인**은 거래정보사업자로 **지정 不可**
(2) 지정요건	① 부가통신사업자로서 지정요건 구비 ② **개업공**인중개사 **500명 이상 & 2개 이상 시·도 각 30명 이상** 거래정보망 이용 신청 ③ 정보처리기사 1명 이상 확보 ④ 공인중개사 1명 이상 확보 ⑤ 컴퓨터설비(국장이 定한 용량 및 성능) 확보
(3) 지정신청 및 지정처분	① 지정신청서 + 지정요건 구비서류 ⇒ 국토교통부장관에게 제출 要 　㉠ 부가통신사업신고서 제출 증명 서류 　㉡ 개공의 가입·이용 신청서 및 중개사무소등록증 사본 　㉢ 정보처리기사 자격증 사본 　㉣ 공인중개사자격증 사본 　㉤ 주된 컴퓨터의 용량 및 성능을 확인할 수 있는 서류 ② 검토 및 지정서 교부(지정) : 지정신청 받은 날부터 30일 内 검토 및 지정 + 거래정보사업자 지정대장 기재 ⇒ 지정서 교부 要
(4) 운영규정의 승인	지정받은 날부터 **3개월 内** 부동산거래정보망의 이용 및 정보제공 방법 등에 관한 사항을 **운영규정**으로 정하여 **국장 승인**(변경 시 변경승인) **得要** → 위반 시 지정취소 **可** + 500만 원 이하 과태료
(5) 설치·운영	지정받은 날부터 **1년 内** 부동산거래정보망 **설치·운영 要** → 위반 시 지정취소 **可**
(6) 거래정보사업자 의무	① 정보공개 관련 의무 : **의뢰받은 정보**에 **한정**하여 **공개 要**, 의뢰내용과 **다르게** 공개 ×, 개공에 따라 **차별적** 공개 × → 위반 시 지정취소 **可** + 1년/1천만 원↓ ② 감독상 명령 준수 의무 → 위반 시 500만 원 이하 과태료
(7) 개업공인중개사 의무	① 중개대상물에 관한 정보를 거짓으로 공개 × ② 거래가 완성된 때에는 지체 없이 거래정보사업자에게 통보 要 ③ 위반 시 제재 : 업무정지 **可**

(8) 지정취소	**국**토교통부**장**관은 다음에 해당하는 때에는 지정을 **취소할 수 있다**.
	① 부정한 방법으로 지정받은 경우
	② 운영규정의 제정·승인 ×, 변경승인 ×, 운영규정 위반한 경우
	③ 정보공개와 관련한 운영상 의무를 위반한 경우
	   (의뢰받지 않은 내용 공개 ×, 의뢰내용과 다르게 공개 ×, 개업공인중개사에
	   따라 차별적으로 공개 ×)
	④ 지정받은 날부터 1년 이내에 거래정보망을 설치·운영 × 경우
	⑤ 사망 또는 해산한 경우

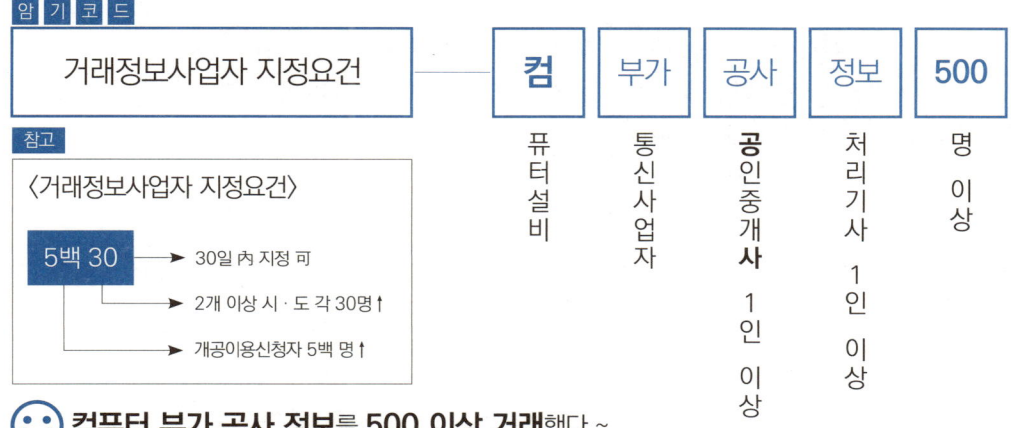

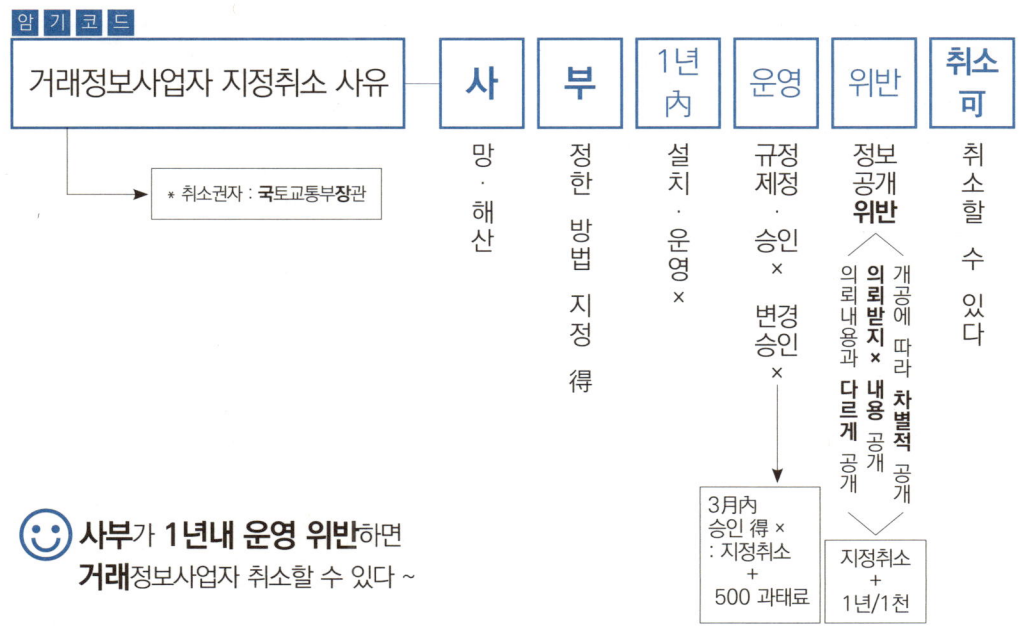

제6장 개업공인중개사의 의무 및 책임

1 개업공인중개사 등의 기본 윤리

(1) 공정중개 의무	개업공인중개사 및 소속공인중개사는 전문직업인으로서 지녀야 할 품위를 유지하고 신의와 성실로써 공정하게 중개업무 수행하여야 한다.
(2) 비밀준수 의무	① **개업공인중개사 등**(개공, 소공, 중개보조원, 법개공의 사원 또는 임원)은 이 법 및 다른 법률에 특별한 규정이 있는 경우를 제외하고는 그 업무상 알게 된 비밀을 그 업무를 떠난 후에도 누설하여서는 아니 된다. ② 위반 시 제재 : 1년/1천만 원↓ 단, 피해자 의사에 반하여 벌하지 아니한다(**반의사불벌죄**).
(3) 선관주의 의무	선관주의 의무는 중개계약이 「민법」상 위임계약과 유사하다는 것에 근거하여 판례에 의하여 인정된 의무로, 개업공인중개사는 **선량한 관리자의 주의**로서 중개대상물을 조사·확인하여 정확하게 설명하여야 할 의무가 있다.

> **판례**
>
> ### 선관주의 의무(2023다259743)
>
> 1) 부동산중개업자와 중개의뢰인의 법률관계는 「민법」상의 위임관계와 유사하므로 중개의뢰를 받은 중개업자는 선량한 관리자의 주의로 중개대상물의 권리관계 등을 조사·확인하여 중개의뢰인에게 설명할 의무가 있다.
> 2) 부동산중개업자가 직접 조사·확인하여 설명할 의무가 없는 사항이라고 할지라도 중개의뢰인이 계약을 맺을지를 결정하는 데 중요한 것이라면 그에 관하여 그릇된 정보를 제공해서는 아니 되고, 그 정보가 진실인 것처럼 그대로 전달하여 중개의뢰인이 이를 믿고 계약을 체결하도록 했다면 선량한 관리자의 주의로 신의를 지켜 성실하게 중개해야 할 의무를 위반한 것이 된다.

2 중개대상물 확인·설명 등 의무

1. 확인·설명 의무

(1) 의무자	**개업공**인중개사[법인의 경우 주된 사무소(대표자), 분사무소(책임자)] ※ 소공은 확인·설명 의무 × (단, 확인·설명 可)
(2) 대상자	매수인 등 권리를 **취득**하고자 하는 중개의뢰인
(3) 시기	**중개**가 **완성**되기 **전**
(4) 방법	성실·정확하게 설명하고 **근거자료 제시 要**
(5) 자료 요구	① 개업공인중개사가 매도의뢰인 등에게 중개대상물의 상태 및 미공시권리 등에 관한 자료 요구 可 ② 매도의뢰인 등이 **자료 요구**에 **불응**한 경우 그 사실을 매수의뢰인 등에게 **설명**하고, 확인·설명서에 **기재 要** ③ 중개업무의 수행을 위하여 필요한 경우 중개의뢰인에게 **신분**을 확인할 수 있는 **증표 제시**를 **요구 可**
(6) 확인·설명 사항	① 중개대상물에 관한 기본적인 사항 　(중개대상물의 종류·소재지·지번·지목·면적·용도·구조 및 건축연도 등) ② 중개대상물의 시설물 상태 　(벽면·바닥면 및 도배, 수도·전기·가스·소방·승강기 및 배수 등) ③ 입지조건(도로 및 대중교통, 시장·학교와의 근접성 등) ④ 환경조건(일조·소음·진동 등) ⑤ 중개대상물의 권리관계에 관한 사항(소유권·전세권·저당권·임차권 등) ⑥ 토지이용계획, 공법상 제한사항(거래규제 및 이용제한 등) ⑦ 거래예정금액 ⑧ 중개보수 및 실비의 금액과 그 산출내역 ⑨ 권리취득에 따른 조세 및 세율

(7) 주택임대차 중개 시의 설명**의무**	개업공인중개사는 주택의 임대차계약을 체결하려는 중개의뢰인에게 다음의 사항을 설명하여야 한다. **[2023년 신설]** ① 「주택임대차보호법」에 따라 확정일자부여기관에 **정보제공을 요청**할 수 있다는 사항 ② 「국세징수법」및「지방세징수법」에 따라 임대인이 **납부하지 아니한 국세 및 지방세의 열람**을 신청할 수 있다는 사항 **[2024년 신설]** ① **임대차 확인정보 설명의무** : 공인중개사는 등기사항증명서ㆍ토지대장ㆍ건축물대장 등을 통해 확인 가능한 정보 외에도 임대인이 제출하거나 열람 동의한 확정일자 부여 현황 정보, 국세 및 지방세 체납 정보, 전입세대 확인서를 확인한 후, 임차인에게 본인의 **보증금**과 **관련된 선순위 권리관계**를 설명하여야 한다. 공인중개사가 확인ㆍ설명한 내용은 '중개대상물 확인 설명서'에 **명기**하고, 공인중개사ㆍ임대인ㆍ임차인이 같이 확인ㆍ서명하여야 한다. ② **임차인보호제도 설명의무** : 공인중개사는 계약 대상 임대차 주택의 소재지, 보증금 규모 등을 살펴, 주택임대차보호 법령에 따라 담보설정 순위에 관계없이 보호받을 수 있는 **소액 임차인의 범위** 및 **최우선 변제금액**을 임차인에게 설명하여야 한다. 또한 계약 대상 임대차 주택이「민간임대주택에 관한 특별법」제 49조에 따른 민간임대주택일 경우에는 **임대보증금**에 대한 **보증**에 **가입**할 **의무**가 있음을 설명하여야 한다. ③ **중개보조원 고지ㆍ확인 설명의무** : 중개보조원이 현장안내를 할 경우에는 중개의뢰인에게 본인이 중개보조원이라는 사실을 알려야 하며 공인중개사는 '중개대상물 확인설명서'에 **중개보조원의 신분고지 여부**를 **표기**하여야 한다. ④ **주택 관리비 설명의무** : 공인중개사는 임대인으로부터 확인한 **관리비 총액**과 관리비에 포함된 **비목** 등을 임차인에게 **설명**하고, 계약서뿐만 아니라 '중개대상물 확인ㆍ설명서'에 **명기**해야 한다.
(8) 위반 시 제재	① 개업공인중개사 : 설명 ×ㆍ근거자료 미제시 → 500만 원 이하 과태료 ② 소속공인중개사 : 설명 ×ㆍ근거자료 미제시(해당 중개행위 수행경우) → 자격정지

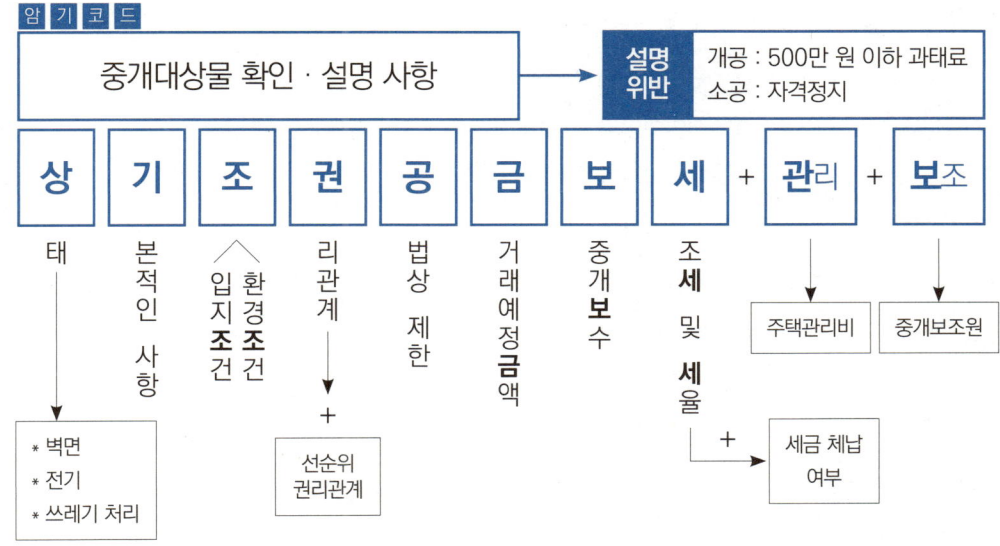

😊 **보조원**은 **상기조건**(권) **관리**비와 **공**과**금**을 **확인**해 **보세**요 ~

😊 **보조원**은 **상가**(기) **관리**비와 **공**과**금 조건**(권)을 **확인**해 **보세**요 ~

> 참고
>
> ## 「공인중개사법」 시행령 · 시행규칙 개정안
>
> (2024. 07. 10.부터 시행)

* 임대차 확인정보 설명의무 신설
  : 선순위 권리관계(확정일자 부여 정보, 세금 체납 여부, 전입세대 확인서), 임차인 보호제도(최우선 변제금 등) 설명
* 임차인보호제도 설명의무 신설
  : 주택임대차보호법령에 따라 담보설정 순위에 관계없이 보호받을 수 있는 소액 임차인의 범위 및 최우선 변제금액 설명
* 관리비 설명의무 신설
  : 관리비 총액과 관리비에 포함된 비목 등 설명
* 중개보조원 고지 확인 · 설명 신설
  : 현장안내 중개보조원 본인의 신분고지 및 개공이 중개보조원의 신분고지 여부 표기

2. 확인·설명서 작성·교부·보존의무

(1) 의무자	① **개업공인중개사** ② 중개법인의 경우 주된 사무소(대표자), 분사무소(책임자) ※ 소속공인중개사는 확인·설명서 작성 의무 × (단, 작성 可)
(2) 대상자	거래당사자(쌍방)
(3) 시기	중개가 완성되어 거래계약서를 작성하는 때
(4) 방법	**서면(표준서식)** 작성 및 교부 **要**
(5) 자료 요구	매도의뢰인 등이 자료 요구에 불응한 경우 그 사실을 매수의뢰인 등에게 설명하고, 확인·설명서에 기재 要
(6) 서명 및 날인	개업공인중개사 + 소속공인중개사(해당 중개행위 수행한 경우에만)

(7) 교부 및 보존	① 거래당사자에게 교부 要
	   (교부받은 거래당사자는 확인·설명서에 서명 또는 날인)
	② 원본, 사본 또는 전자문서 **3년간 보존 要**
	   (단, 공인전자문서센터에 보관된 경우에는 제외)

(8) 위반 시 제재	① 개업공인중개사
	  : 작성 ×, 교부 ×, 보존 ×, 서명 및 날인 × → 업무정지
	② 소속공인중개사
	  : 서명 및 날인 ×(해당 중개행위 수행 경우) → 자격정지

> 보충

중개대상물 확인·설명서 서식 비교

구분	확인·설명 의무	확인·설명서 작성·교부 의무
시기	중개의뢰 ~ 중개완성 前	중개완성 시
대상자	권리**취득**의뢰인	거래당사자 **모두**
의무자	개업공인중개사 (○) 소속공인중개사 (×)	개업공인중개사 (○) 소속공인중개사 (×)

3 중개대상물 확인·설명서의 작성

1. 확인·설명서의 종류 및 구성

(1) 확인·설명서 작성	① 작성 및 교부의무 : **개업공인중개사**가 중개를 완성하여 거래계약서를 작성하는 경우 확인·설명사항을 서면(**표준서식**)으로 작성하여 거래당사자 쌍방에 교부 要 ※ 소속공인중개사는 확인·설명서 작성 의무 × (단, 작성 可) ② 작성의 의의 : 확인·설명의무 이행여부를 확인하고 후일 분쟁의 발생을 대비하여 그 책임관계를 명확히 하기 위한 것임
(2) 서식의 종류	**국토교통부령**에 규정되어 있는 중개대상물 확인·설명서 서식 ① 중개대상물 확인·설명서[Ⅰ] (**주거용 건축물**) : 단독경보형감지기, 비선호시설, 입지조건, 시설물의 상태, 공법상 규제 등 기재 ② 중개대상물 확인·설명서[Ⅱ] (**비주거용 건축물**) : 소화전·비상벨 기재 단, 비선호시설, 환경조건란 등 비기재 ③ 중개대상물 확인·설명서[Ⅲ] (**토지**) : 관리에 관한 사항, 내·외부의 시설물 상태, 벽면 및 도배상태, 환경조건란 등 비기재 ④ 중개대상물 확인·설명서[Ⅳ] (**입목·광업재단·공장재단**) : 입지조건, 관리에 관한 사항, 내·외부의 시설물 상태, 벽면 및 도배상태, 환경조건란 등 비기재
(3) 서식의 구성	① 개업공인중개사의 **기본** 확인사항 ② 개업공인중개사의 **세부** 확인사항 ③ 중개**보수** 등에 관한 사항 ④ 중개대상물 확인·설명서 및 증명서류 **수령 연월일** ⑤ 확인란 ㉠ 거래당사자 서명 **또는** 날인란 ㉡ 개업공인중개사의 서명 **및** 날인란 　(공동중개 참여자 전부 + 해당 중개업무 수행한 소속공인중개사)
(4) 공통 기재사항	네 종류(**주**거용 건축물, **비**주거용 건축물, **토지**, **입목**·광업재단·공장재단) **확인·설명서의 공통 기재사항**은 다음과 같다. ① 대상**물**건의 표시 ② **권리**관계(등기부 기재사항만 해당) ③ 거래예정금**액** 등 ④ 취득 시 조**세**종류 및 세율 ⑤ **실제**권리 관계 또는 공시되지 아니한 물건의 권리 ⑥ 중개**보수** 및 실비의 금액과 산출내역

암기코드

| 중개대상물 확인·설명서 공통 기재사항 |

| **실**제 | **물** | **권** | **액** | **보** | **세** |

- 실제: 권리관계 — 법정지상권, 유치권, 공시되지× 물건
- 물: 건의 표시
- 권: 리관계
- 액: 거래예정금**액**
- 보: 중개**보**수
- 세: 조**세**율

😊 확인설명서 공통 기재사항인 **실제 물건(권)액**을 **보세**요 ~

2. 주거용 건축물 확인·설명서의 기재사항 및 작성방법

(1) 개업공인중개사의 기본 확인사항	
① 대상물의 표시	㉠ 토지란 : 소재지, 면적, 지목을 기재한다. 공부상지목과 실제 이용상태가 다르면 둘 다 기재한다. ㉡ 건축물란 : 준공연도(증개축연도), 전용면적, 대지지분, 구조, 용도, 방향, 내진설계 적용 여부, 내진능력, 위반 건축물 여부·위반내용을 확인하여 기재한다. ▶ 작성방법 : 토지대장등본, 건축물대장등본 등을 확인하여 기재한다.
② 권리관계	㉠ 등기부기재사항 : 등기사항증명서를 확인하여 기재한다. ㉡ 민간임대등록 여부 : 주택정보체계에 접속하여 확인하거나 임대인에게 확인하여 기재한다. ㉢ 계약갱신요구권 행사 여부 : 매도인(임대인)에게 확인하여 확인(확인서류 첨부) 또는 미확인을 표시한다. ㉣ 다가구주택 확인서류 제출 여부 : 다가구주택 확정일자 부여현황 서류 제출(확인서류 첨부), 미제출 또는 해당 없음을 표시한다.
③ 토지이용계획, 공법상 이용 제한 및 거래규제에 관한 사항	㉠ 건폐율 상한 및 용적률 상한 : 시·군의 **조례**에 따라 기재한다. ㉡ 도시·군계획시설, 지구단위계획구역 그 밖의 도시·군관리계획 : 개업공인중개사가 확인하여 기재한다. ㉢ 용도지역·용도지구·용도구역, 허가·신고구역·투기지역 여부, 그 밖의 이용제한 및 거래규제 사항 : 토지이용계획확인서를 확인하여 기재한다. 공부에서 확인할 수 없는 사항은 **부동산종합공부시스템** 등에서 확인하여 기재한다.
④ 입지조건	도로, 대중교통, 주차장, 교육시설, 판매 및 의료시설 : 개업공인중개사가 조사하여 기재한다.
⑤ 관리에 관한 사항	경비실의 유무와 관리주체 : 개업공인중개사가 조사하여 기재한다.
⑥ 비선호 시설	**1㎞ 이내**에 비선호시설(공동묘지, 장례식장 등)의 존재 유무, 종류 및 위치 : 개업공인중개사가 확인하여 기재한다.
⑦ 거래예정 금액 등	㉠ 거래예정금액, 개별공시지가, 건물(주택)공시가격 : 중개가 완성되기 전 **거래예정금액** 등을 기재한다. ㉡ 임대차의 경우에는 개별공시지가, 건물(주택)공시가격의 기재를 생략할 수 있다.

⑧ 취득 시 부담할 조세의 종류 및 세율	㉠ 취득세(%), 농어촌특별세(%), 지방교육세(%) : 중개대상물에 대한 권리취득 시에 부담하여야 할 조세의 종류 및 세율을 「지방세법」의 내용을 확인하여 기재한다(임대차의 경우는 제외한다). ㉡ 재산세는 **6월 1일** 기준 대상물건 소유자가 납세의무를 부담한다.	

(2) 개업공인중개사의 세부 확인사항

⑨ 실제 권리관계 또는 공시되지 않은 물건의 권리에 관한 사항	등기되지 않은 임차권, 유치권, 법정지상권, 분묘기지권, 토지에 부착된 조각물 및 정원수 등의 소유권 귀속에 관한 사항, 임대차계약에 관한 사항 : 매도(임대)의뢰인이 고지한 사항을 기재한다.
⑩ 내·외부 시설물의 상태(건축물)	수도, 전기, 가스, 소방(주택-**단독경보형 감지기**, 비주거용-**소화전·비상벨**), 난방방식, 연료공급, 승강기, 배수, 그 밖의 시설물에 관한 사항 : 개업공인중개사가 매도(임대)의뢰인에게 자료를 요구하여 확인한 사항을 기재한다.
⑪ 벽면·바닥면 및 도배의 상태(건축물)	벽면의 균열이나 누수 유무 여부, 도배의 상태 : 개업공인중개사가 매도(임대)의뢰인에게 자료를 요구하여 확인한 사항을 기재한다.
⑫ 환경조건	일조량, 소음, 진동 : 개업공인중개사가 매도(임대)의뢰인에게 자료를 요구하여 확인한 사항을 기재한다.

(3) 중개보수 등에 관한 사항

⑬ 중개보수 및 실비 금액과 그 산출내역	㉠ 중개보수 및 실비는 협의하여 결정하되, 중개보수는 **거래예정금액을 기준**으로 계산하고, 부가가치세는 별도로 청구할 수 있다. ㉡ 산출내역 = 거래예정금액(임대보증금 + 월 단위의 차임액 × 100) × 중개보수 요율 다만, 임대차로서 거래예정금액이 5천만 원 미만인 경우에는 '임대보증금 + 월 단위의 차임액 × 70'을 거래예정금액으로 한다.

암기코드 **주거용 건축물 확인·설명서 기재사항** ─ **기본 + 세 + 수** 기재

(1) [**기본**적인 사항(개공이 확인한 사항 기록)]

(2) [**세**부확인 사항(자료요구하여 기록)]

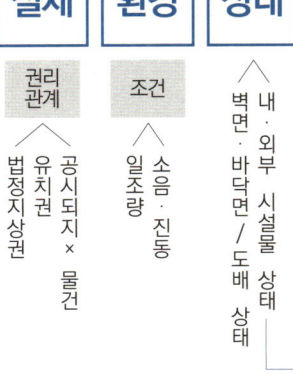

* 수도·가스, 승강기, 배수 등
* 주택 - 단독 경보형 감지기 설치개수

(3) [중개보**수** 등에 관한 사항]

- 중개보수 : 시·도 조례로 정한 요율한도 內 협의 결정
- 부가가치세는 별도 부과될 수 있음
- 거래예정금액 기준
- 거래 당사자 서명 또는 날인
- 개공 서명 및 날인(소공 수행시는 소공 서명 및 날인)

> 보충

중개대상물 확인·설명서 서식 비교

구분		주거용	비주거용	토지용	입목·광업·공장재단
기본 확인 사항	① 대상물의 표시	○	○	○	○
	② 권리관계	○	○	○	○
	③ 토지이용계획, 공법상 이용제한 및 거래규제	○	○	○	×
	④ 입지조건(**판**매, **교**육, **주**차장, **대**중교통, **도**로)	판교주대로	주대로	대로	×
	⑤ 관리에 관한 사항 (경비실, 관리주체, 관리비)	○	경비실 ○ 관리비 ×	×	×
	⑥ 비선호시설	○	×	○	×
	⑦ 거래예정금액	○	○	○	○
	⑧ 취득조세의 종류 및 세율	○	○	○	○
세부 확인 사항	⑨ 실제 권리관계 또는 공시되지 않은 물건의 권리	○	○	○	○
	⑩ 내·외부 시설물의 상태	○	○	×	×
	⑪ 벽면·바닥면, 도배 상태	○	도배 ×	×	×
	⑫ 환경조건	○	×	×	×
중개 보수	⑬ 중개보수 및 실비금액	○	○	○	○

> **보충**

「공인중개사법」 공인중개사법 시행령·시행규칙 개정안의 주요 내용

(2024. 07. 10.부터 시행)

☐ **임대차 확인정보 설명의무 신설**
공인중개사는 등기사항증명서·토지대장·건축물대장 등을 통해 확인 가능한 정보 외에도 임대인이 제출하거나 열람 동의한 확정일자 부여현황 정보, 국세 및 지방세 체납 정보, 전입세대 확인서를 확인한 후, **임차인에게 본인의 보증금과 관련된 선순위 권리관계를 설명하여야** 한다. **공인중개사가 확인·설명한 내용은 '중개대상물 확인설명서'에 명기하고, 공인중개사·임대인·임차인이 같이 확인·서명하여야 한다.**

☐ **임차인보호제도 설명 신설**
공인중개사는 계약 대상 임대차 주택의 소재지, 보증금 규모 등을 살펴, 주택임대차보호법령에 따라 담보설정 순위에 관계없이 보호받을 수 있는 **소액 임차인의 범위 및 최우선 변제금액을 임차인에게 설명하여야 한다.** 또한 계약 대상 임대차 주택이 「민간임대주택에 관한 특별법」 제49조에 따른 민간임대주택일 경우에는 임대보증금에 대한 보증에 가입할 의무가 있음을 설명하여야 한다.

☐ **중개보조원 고지·확인 설명 신설**
중개보조원이 현장안내를 할 경우에는 중개의뢰인에게 본인이 중개보조원이라는 사실을 알려야 하며 공인중개사는 '중개대상물 확인설명서'에 **중개보조원의 신분고지 여부를 표기하여야 한다.**

☐ **주택 관리비 설명의무 신설**
공인중개사는 임대인으로부터 확인한 **관리비 총액과 관리비에 포함된 비목 등을 임차인에게 설명하고, 계약서뿐만 아니라 '중개대상물 확인·설명서'에 명기해야 한다.**

4 거래계약서 작성의무

(1) 작성의무자	① **개업공**인중개사는 거래계약서 작성(중개가 완성된 때)하여 거래당사자에게 교부 要 ② 소속공인중개사는 거래계약서 작성 의무 × (단, 작성 可) ③ 국토교통부장관은 거래계약서의 표준이 되는 서식을 정하여 그 사용을 권장 可
(2) 서명 및 날인의무	**개업공**인중개사[공개공, 법인의 경우 주된 사무소(대표자)·분사무소(책임자)] + **소속공**인중개사(해당 중개행위 수행한 경우에만)가 **서명 및 날인** 要
(3) 교부 및 보존의무	① 거래당사자 쌍방에게 거래계약서 교부 ② 원본, 사본 또는 전자문서 **5년간 보존** 要 (단, 공인전자문서센터에 보관된 경우는 보존의무 ×)
(4) 거짓작성 금지의무	거래금액 등 거래내용 거짓으로 기재하거나 서로 다른 둘 이상의 거래계약서 작성 금지

(5) 위반 시 제재	① 개업공인중개사
	  ㉠ 거래계약서 작성 ×, 서명 및 날인 ×, 교부 ×, 5년간 보존 × : 업무정지
	  ㉡ 거짓기재 or 이중 거래계약서 작성 : 상대적 등록취소
	    (주의 : 행정형벌은 없음)
	② 소속공인중개사
	  ㉠ 거래계약서에 서명 및 날인 × (해당 중개행위 수행한 경우에만)
	    : 자격정지
	  ㉡ 거짓기재 or 이중 거래계약서 작성 : 자격정지

(6) 필수적 기재사항	① 거래당사자 **인**적사항 ② **물**건의 표시 ③ 계약**일** ④ 거래대**금**·계약금 등 지급에 관한 사항 ⑤ 물건의 **인도**일시 ⑥ **권**리이전의 내용 ⑦ 계약의 **조건**이나 기한이 있는 경우에는 그 조건 또는 기한 ⑧ 중개대상물 **확인**·설명서 교부일자 ⑨ 그 밖의 약정내용

암기코드

거래계약서 필수적 기재사항

* 개공은 중개의뢰인의 요구가 있다 하더라도 필수적 기재사항을 빠뜨리고 기재하여서는 아니 된다.

인	물	인도	조	권	금	확인	일	기
적사항	건의 표시	일시	건이나 기한	리이전내용	거래대**금** 등 지급사항	설명서 교부일자	계약**일**	그 밖의 약정내용

😊 **인물 인도 조권(건) 금 확인 일기 ~**

5 손해배상책임과 보증설정의무

1. 손해배상책임

(1) 성립요건	① 개업공인중개사, 고용인이 **중개행위**를 함에 있어서 **고의 또는 과실**이 있을 것(과실책임) ② 개업공인중개사, 고용인의 고의 또는 과실과 손해발생 사이에 **인과관계**가 있을 것 ③ 개업공인중개사가 중개사무소를 다른 사람의 **중개행위**의 **장소**로 **제공**한 경우(무과실책임) ④ 위 ①, ②, ③에 의하여 **거래당사자**에게 **재산상**의 **손해**가 발생할 것(제3자의 손해 ×, 정신적 손해 ×)
(2) 관련 법 조항 및 관련 판례	① 개업공인중개사가 **중개행위**를 함에 있어서 **고의 또는 과실**로 인하여 거래당사자에게 **재산상의 손해**를 발생하게 한 때에는 그 손해를 배상할 책임이 있다(법 제30조 제1항). ② 개업공인중개사 및 그 고용인이 아닌 **제3자의 중개행위로 인하여 발생한** 손해 또는 중개행위가 **아니거나 비**재산적 손해에 대하여는 공인중개사법령에 따른 **손해배상책임이 발생하지 아니한다**. ③ 중개의뢰인에게 거래관계를 조사 확인할 책임을 게을리한 부주의가 인정되고 그것이 손해 발생 및 확대의 원인이 되었다면, 피해자인 중개의뢰인에게 과실이 있는 것으로 보아 과실상계를 할 수 있다.

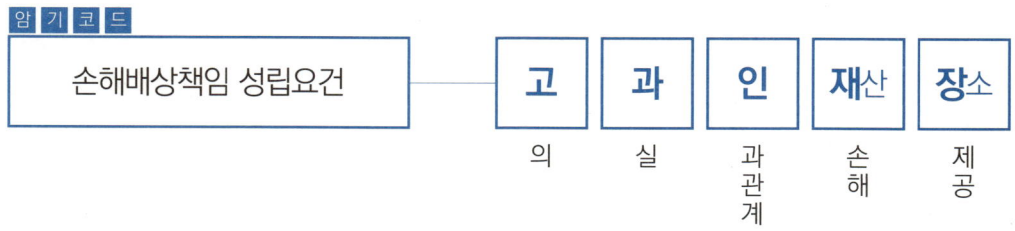

😊 **고과**(가) **인 재산**을 **장소**로 **제공**하면 **손해** ~

2. 보증설정

(1) 보증설정 및 신고의무	① **개업공**인중개사는 **업무를 개시하기 전**(분사무소 설치 경우는 **분사무소 설치신고 하기 전**)에 보증을 설정 한 후 등록관청에 신고 要(등록하기 전 ×) ② 보증기관이 보증사실을 등록관청에 통보한 경우에는 신고 생략 可
(2) 보증설정 방법	보증보험 또는 공제가입, 공탁기관에 공탁
(3) 설정금액	① 법인인 개업공인중개사 : **4억 원 이상**(분사무소는 1개소당 **2억 원 이상** 추가) ② 개인인 개업공인중개사 : **2억 원 이상** ③ 특수법인(지역농업협동조합 등) : **2천만 원 이상** ④ 공동사무소 : 각 개업공인중개사별로 업무보증설정
(4) 업무보증의 변경	보증을 다른 보증으로 변경하고자 하는 경우에는 이미 설정한 보증의 **효력이 있는 기간 중**에 다른 보증을 설정하고 등록관청에 신고 要
(5) 보증의 재설정	① 기간만료로 인한 재설정 : 그 보증기간 만료일까지 ② 배상으로 인한 재설정 : 배상 후 **15일 이내**에 보증보험 또는 공제에 재가입 하거나 부족한 공탁금 보전 要
(6) 공탁금 회수제한	공탁금은 개업공인중개사가 폐업 또는 사망한 날부터 **3년 內**에는 이를 회수할 수 없음(공탁은 보증설정 기간이 없으므로 중개의뢰인을 보호하기 위한 규정임)
(7) 업무보증의 설명사항	**개업공**인중개사는 **중개가 완성된 때**에는 거래당사자에게 손해배상책임의 보장에 관한 다음의 사항을 설명하고 거래당사자 **쌍방**에게 관계증서의 사본 또는 전자문서를 **교부 要** ① 보장금액 ② 보장기간 ③ 보증보험회사, 공제사업을 행하는 자, 공탁기관 및 그 소재지
(8) 손해배상의 청구	① 중개의뢰인이 손해배상금을 지급받고자 하는 경우에는 손해배상합의서 · 화해조서 또는 확정된 법원의 판결문 사본 등을 첨부하여 보증기관에 손해배상금 지급을 청구 要 ② 손해 및 가해자를 안 날로부터 **3년**, 불법행위를 한 날로부터 **10년 이내**에 청구하지 않으면 시효로 소멸함
(9) 손해배상책임의 범위	① 보증기관 : 보증설정금액 한도 내 ② 개업공인중개사 : 전 손해(보증설정금액 한정 ×) ③ 분사무소 : 법인 전체의 보증설정금액 한도 내 ④ 보증기관이 개업공인중개사를 대신해 손해배상을 한 경우에는 구상권 행사 可
(10) 위반 시 제재	① 보증설정 아니하고 업무를 개시한 경우 : 상대적 등록취소 ② 손해배상책임에 관한 사항 설명 × 또는 관계증서 교부 × : 100만 원 이하의 과태료

6 계약금 등의 반환채무이행의 보장

(1) 예치내용	① 예치권고 : 개업공인중개사는 **거래의 안전을 보장**하기 위해서 필요한 경우 계약금 등의 **예치를 권고 可**(의무 ×) ② 예치기간 : 거래계약의 **이행**이 완료될 때까지 ③ 예치대상 : 계약금 등(계약금·중도금 또는 잔금)
(2) 예치명의자	① 개업공인중개사 ② 공제사업을 하는 자(협회) ③ 은행 ④ 보험회사 ⑤ 체신관서 ⑥ 신탁업자 ⑦ 부동산거래계약의 이행을 보장하기 위하여 계약금 등 및 계약 관련 서류를 관리하는 전문회사
(3) 예치기관	금융기관, 공제사업을 하는 자(협회), 신탁업자(보험회사, 체신관서) 등
(4) 의무사항	**개업공**인중개사의 **명의**로 **예치**하는 경우 개업공인중개사는 다음의 사항을 준수해야 한다(위반 시 업무정지 可). ① **거래안전 사항 등의 약정** : 계약이행의 완료 또는 계약해제 등의 사유로 인한 계약금 등의 인출에 대한 거래당사자의 동의방법, 반환채무이행 보장에 소요되는 실비, 그 밖에 거래안전을 위하여 필요한 사항을 약정 要 ② **보증설정** : 예치대상이 되는 계약금 등을 보장하는 보증보험 또는 공제에 가입하거나 공탁을 하여야 하며, 거래 당사자에게 **관계증서**의 사본 또는 전자문서를 **제공** 要 ③ **분리관리 및 사전인출 금지** : 예치된 계약금 등과 개업공인중개사 소유의 예치금은 분리하여 관리하여야 하며, 예치된 계약금 등은 거래당사자의 동의 없이 인출하여서는 아니됨
(5) 계약금 등의 사전수령	계약금 등을 수령할 수 있는 권리가 있는 자는 해당 계약을 해제한 때에는 계약금 등의 반환을 보장하는 내용의 금융기관 또는 보증보험회사가 발행하는 보증서를 **예치명의자**에게 **교부**하고 계약금 등을 미리 수령할 수 있음

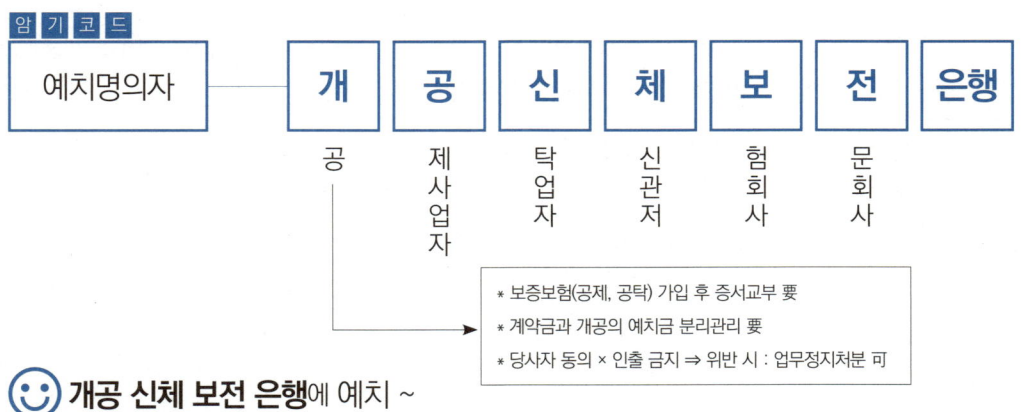

7 금지행위

1. 개업공인중개사 등의 금지행위

금지행위 내용	행정형벌
① 중개대상물의 **매매를 업**으로 하는 행위 ② **무등록**중개업을 영위하는 자인 사실을 알면서 그를 통하여 중개를 의뢰받거나 그에게 자기의 명의를 이용하게 하는 행위 ③ 사례ㆍ증여 그 밖의 어떠한 명목으로도 **보수** 또는 실비를 **초과**하여 금품을 받는 행위 ④ 중개대상물의 거래상의 중요사항에 관하여 거짓된 언행 그 밖의 방법으로 중개의뢰인의 **판단**을 **그르치게** 하는 행위	1년/ 1천만 원↓
⑤ 양도ㆍ알선 등이 **금지**된 부동산의 분양ㆍ임대 등과 관련 있는 **증서** 등을 중개하거나 그 매매를 업으로 하는 행위 ⑥ 중개의뢰인과 **직접 거래**하는 행위 ⑦ 거래당사자 **쌍방**을 **대리**하는 행위 ⑧ 탈세 등 관계 법령을 위반할 목적으로 소유권보존등기 또는 이전등기를 하지 아니한 부동산이나 관계 법령의 규정에 의하여 **전매** 등 권리의 변동이 제한된 부동산의 매매를 중개하는 등 부동산**투기를 조장**하는 행위 ⑨ 부당한 이익을 얻거나 제3자에게 부당한 이익을 얻게 할 목적으로 거짓으로 거래가 완료된 것처럼 꾸미는 등 중개대상물의 **시세에 부당한 영향**을 주거나 줄 우려가 있는 행위 ⑩ **단체**를 **구성**하여 특정 중개대상물에 대하여 **중개**를 **제한**하거나 단체구성원 이외의 자와 공동중개를 제한하는 행위	3년/ 3천만 원↓

> **보충**
>
> **개업공인중개사 등의 금지행위**
>
> ① 적용대상 : 개공ㆍ소공ㆍ중개보조원, 법인의 사원ㆍ임원 모두에게 적용
> ② 행정처분 ┌ 개공 - 상대적 등록취소 또는 업무정지
>   └ 소공 - 자격정지

2. 누구든지 **시세**에 부당한 **영향**을 줄 목적으로 개업공인중개사 등의 **업무**를 **방해**해서는 아니 된다.

금지행위 내용	행정형벌
① **안내문**, 온라인 커뮤니티 등을 **이용**하여 특정 개업공인중개사 등에 대한 **중개의뢰**를 **제한**하거나 제한을 유도하는 행위 ② 안내문, 온라인 커뮤니티 등을 이용하여 중개대상물에 대하여 시세보다 현저하게 높게 표시·광고 또는 중개하는 특정 개업공인중개사 등에게만 중개의뢰를 하도록 유도함으로써 다른 개업공인중개사 등을 **부당하게 차별**하는 행위 ③ 안내문, 온라인 커뮤니티 등을 이용하여 **특정 가격 이하**로 중개를 의뢰하지 **아니하도록** 유도하는 행위 ④ 정당한 사유 없이 개업공인중개사 등의 중개대상물에 대한 정당한 **표시·광고** 행위를 **방해**하는 행위 ⑤ 개업공인중개사 등에게 중개대상물을 **시세**보다 **현저하게 높게** 표시·광고하도록 강요하거나 대가를 약속하고 시세보다 현저하게 높게 표시·광고하도록 **유도**하는 행위	3년/ 3천만 원↓

> **보충**
>
> **개업공인중개사 등의 금지행위에 해당되지 않는 경우**

① 초과보수 요구 or 초과지급 약정만 한 경우
② 권리금 알선료 포함 받은 경우
③ 상업용건축물 분양대행 관련 초과금품 받은 경우
▶ 위 ②, ③은 **중개행위 아닌 겸업에 해당함 → 초과보수 해당 ×**
▶ 단, 무등록자와의 보수약정은 전부 무효

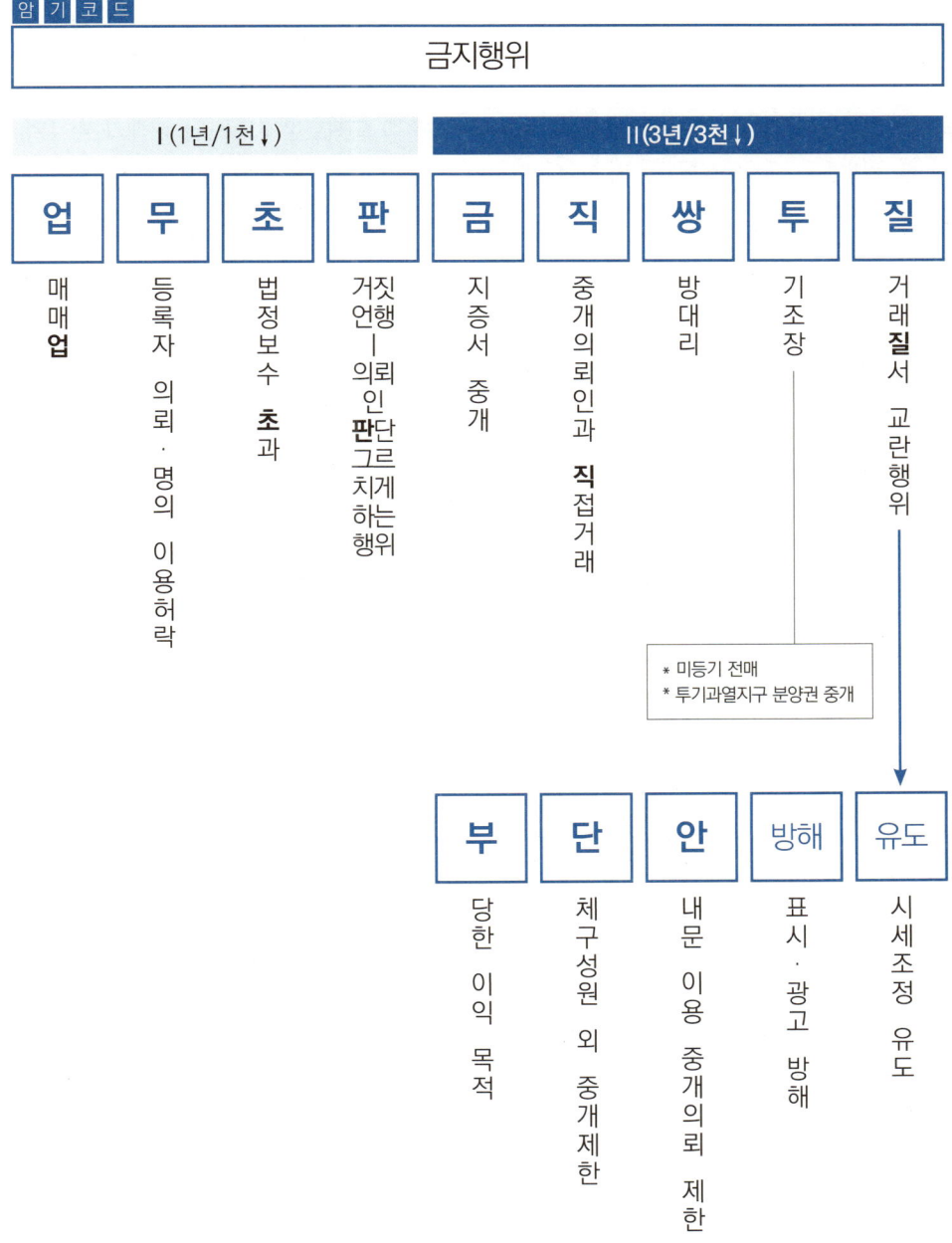

보충 부동산거래질서교란행위 → * 포상금 지급대상(부동산거래질서 교란행위 신고시)

① **부당한 이익**을 얻거나 제3자에게 부당한 이익을 얻게 할 목적으로 거짓으로 거래가 완료된 것처럼 꾸미는 등 중개대상물의 시세에 부당한 영향을 주거나 줄 우려가 있는 행위
② 단체를 구성하여 특정 중개대상물에 대하여 중개를 제한하거나 **단체 구성원** 이**외**의 자와 공동 **중개**를 **제한**하는 행위
③ **안내문**, 온라인 커뮤니티 등을 **이용**하여 특정 개업공인중개사 등에 대한 **중개의뢰를 제한**하거나 제한을 유도하는 행위
④ 안내문, 온라인 커뮤니티 등을 이용하여 **특정 가격** 이하로 중개를 의뢰하지 아니하도록 **유도**하는 행위
⑤ 안내문, 온라인 커뮤니티 등을 이용하여 중개대상물에 대하여 시세보다 현저하게 높게 표시·광고 또는 중개하는 특정 개업공인중개사 등에만 중개의뢰를 하도록 유도함으로써 다른 개업공인중개사 등을 **부당**하게 **차별**하는 행위하는 행위
⑥ 정당한 사유 없이 개업공인중개사 등의 중개대상물에 대한 정당한 **표시·광고** 행위를 **방해**하는 행위
⑦ 개업공인중개사 등에게 중개대상물을 **시세**보다 현저하게 높게 표시·광고하도록 유도하는 행위

암기코드 부동산거래질서교란행위 — **부** 당한 이익 목적 | **단** 체구성원 외 중개제한 | **안** 내문 이용 중개의뢰 제한 | **방해** 표시·광고 방해 | **유도** 시세조정 유도

☺ **부단안**(한) **방해 유도**로 거래질서를 교란했다 ~

제7장 개업공인중개사의 보수

1 중개보수

1. 중개보수 청구권 등

(1) 중개보수 개념	① 개념 : 중개대상물에 대한 중개완성의 대가인 보수로서의 성질을 지님 ② 보수 : 법정보수가 적용되며, 중개의뢰인 **쌍방**으로부터 **각각** 수수할 수 있음 ③ 법정한도를 초과한 중개보수약정은 그 한도액 초과부분은 무효임(강행법규 위반)

(2) 중개보수 청구권	① 발생 : 중개계약체결 시 발생
	(개업공인중개사는 중개계약체결 시 보수지급에 관한 별도의 약정이 없어도 중개를 완성한 때에는 중개의뢰인으로부터 중개보수를 받을 수 있음)
	② 행사요건
	    ㉠ 중개의뢰인과 개업공인중개사 사이에 중개계약의 체결(구두 또는 서면)
	    ㉡ 개업공인중개사의 중개행위로 인한 거래계약체결 존재
	    ㉢ 중개계약기간 내에 거래성립
	    ㉣ 중개행위와 거래계약성립 사이에 인과관계 존재
	③ 소멸 : **개업공**인중개사의 **고의 또는 과실**로 인하여 중개의뢰인 간의 거래계약이 무효·취소 또는 해제된 경우에는 중개보수를 받을 수 없고, 중개보수청구권은 소멸함. 단, 개업공인중개사의 고의 또는 과실 없이 거래당사자 간의 사정으로 거래계약이 무효·취소 또는 해제된 경우에는 중개보수청구권은 소멸하지 않음.

(3) 중개보수 지급시기	중개보수의 지급시기는 개업공인중개사와 중개의뢰인 간의 **약정**에 따르되, 약정이 없을 때에는 중개대상물의 **거래대금 지급이 완료된 날**로 함

2. 중개보수의 범위

(1) 주택(부속 토지 포함)	① 국토교통부령으로 정하는 범위 내에서 시·도의 **조례**로 요율과 한도액을 정함 ② 중개보수는 중개의뢰인 쌍방으로부터 각각 받되, 그 **일방으로부터 받을 수 있는 한도**는 시·도의 조례로 정하는 요율한도 이내에서 중개의뢰인과 개업공인중개사가 서로 **협의**하여 **결정** ③ 주택인 중개대상물의 소재지와 중개사무소의 소재지가 다른 경우에는 개업공인중개사는 중개사무소의 소재지를 관할하는 시·도의 **조례**에서 정한 기준에 따라 중개보수 및 실비를 받아야함

• 주택 중개보수 상한요율

거래내용	거래금액	상한요율	한도액
매매·교환	5천만 원 미만	1천분의 6	25만 원
	5천만 원 이상 2억 원 미만	1천분의 5	80만 원
	2억 원 이상 9억 원 미만	1천분의 4	
	9억 원 이상 12억 원 미만	1천분의 5	
	12억 원 이상 15억 원 미만	1천분의 6	
	15억 원 이상	1천분의 7	
임대차 등	5천만 원 미만	1천분의 5	20만 원
	5천만 원 이상 1억 원 미만	1천분의 4	30만 원
	1억 원 이상 6억 원 미만	1천분의 3	
	6억 원 이상 12억 원 미만	1천분의 4	
	12억 원 이상 15억 원 미만	1천분의 5	
	15억 원 이상	1천분의 6	

(2) 주택 외의 중개대상물	① 주택 외의 중개대상물에 대한 보수는 **국토교통부령**으로 정함(**시·도 조례 ×**) ② 오피스텔 중개보수 요율 　(전용면적 85㎡ 이하이고 전용 입식 부엌, 전용 수세식 화장실 및 목욕시설을 갖출 것) 　　㉠ 매매·교환 – 1천분의 5 이내 　　㉡ 임대차 등 – 1천분의 4 이내 ③ 위 오피스텔을 제외한 주택 외의 중개대상물(전용면적 85㎡ 초과 또는 전용 부엌·화장실·목욕시설을 갖추지 못한 오피스텔, 상가, 토지, 입목·광업재단·공장재단) 중개보수 요율 　: 거래금액의 **1천분의 9 이내**에서 중개의뢰인과 개업공인중개사가 서로 **협의**하여 결정함 ③ 복합건축물(겸용주택) 　　㉠ 주택의 면적이 2분의 1 **이상**인 경우 　　　: **주택**에 대한 중개보수 요율 적용 　　㉡ 주택의 면적이 2분의 1 **미만**인 경우 　　　: 주택 **외**의 중개대상물에 대한 중개보수 요율 적용

> **보충**
>
> ### 중개보수 상한요율
>
> ① 주택 : 국토교통부령 범위 內 **시·도**(중개사무소의 소재지 관할) **조례**로 정한 요율 한도 이내에서 **협의**로 定함
> ② 주택 외 : **국토교통부령**으로 定함(시·도 조례×)

😊 **주택**은 **조례**로 **협의**하고 **주택 외**는 **국령**의로 **定**한다 ~

3. 중개보수의 계산 및 실비

(1) 중개보수 계산방법	① 매매 : **거래금액 × 법정요율 = 산출액**
	(단, 그 산출액이 한도액 범위를 벗어난 경우에는 한도액이 보수가 됨)
	② 교환계약 : 교환대상 중 거래금액이 **큰 가액**을 거래금액으로 함
	③ 점유개정 : 동일한 중개대상물에 대하여 동일 당사자 간에 매매를 포함한 둘 이상의 거래가 동일 기회에 이루어지는 경우에는 **매매계약에 관한 거래금액만을 적용함**
	④ 분양권 : [**기납입금액**(계약금, 중도금 등) + **프리미엄**]을 합산한 금액을 기준금액으로 하여 중개보수를 산출함
	⑤ 임대차계약
	    ㉠ 임대차보증금(전세금 × 요율)을 기준으로 하여 중개보수를 산출함
	    ㉡ 보증금 외에 차임이 있는 임대차의 경우
	    : **보증금 + (월 단위 차임액 × 100 또는 70)**을 합산한 금액을 거래금액으로 하여 중개보수를 산출함(단, 합산한 금액이 **5천만 원 미만**인 경우에는 월 단위 차임액에 **70을 곱함**)
	⑥ 임대차계약에서의 **권리금**과 교환계약에서의 **보충금**은 중개보수 계산에 포함되지 **아니함**

(2) 실비	① 실비 부담자
	    ㉠ 중개대상물의 권리관계 등의 확인에 소요되는 실비
	    : 권리를 이전하고자 하는 자
	    ㉡ 계약금 등의 반환채무이행 보장에 소요되는 실비
	    : 권리를 취득하고자 하는 자
	② 실비의 한도 : 국토교통부령으로 정하는 범위 안에서 시·도의 **조례**로 정함

제8장 공인중개사협회, 교육, 보칙

1 공인중개사협회

1. 협회의 설립

(1) 협회의 설립	① 설립목적 : 개업공인중개사인 공인중개사(부칙규정에 의한 개업공인중개사 포함)는 그 자질향상 및 품위유지와 중개업에 관한 제도의 개선 및 운용에 관한 업무를 효율적으로 수행하기 위하여 공인중개사협회를 설립할 수 있음(**임의설립주의**). ② 협회의 성격 : 비영리 사단법인, 인가주의 ③ 민법의 준용 : 협회에 관하여 이 법에 규정된 것 외에는 「민법」중 사단법인에 관한 규정을 적용함
(2) 설립절차	**발기인 정관작성**(회원 300인 이상) → **창립총회의결**(회원 600인 이상 출석, 출석자의 과반수 동의, 서울시 100인 이상, 광역시·도 각각 20인 이상) → **설립인가**(국토교통부장관의 설립인가) → **설립등기**(주된 사무소 소재지 설립등기, 성립요건)
(3) 조직	① 주된 사무소는 반드시 설치해야 함. 단, 설치지역에 제한은 없음 ② 협회는 정관에 정하는 바에 따라 시·도에 지부를, 시·군·구에 지회를 **둘 수 있음** ③ (설치한 때에는) 신고의무 : 지부는 시·도지사, 지회는 등록관청에 신고 要
(4) 보고의무	협회는 총회의 의결내용을 **지체 없이** 국토교통부장관에게 보고 要
(5) 지도·감독	① **국토교통부장**관이 협회와 그 지부 및 지회를 지도·감독함 ② 국토교통부장관은 지도·감독하기 위하여 필요한 때에는 업무사항 보고, 자료의 제출, 그 밖에 필요한 명령을 할 수 있음

(6) 협회의 업무	① **고유업무** : 협회는 그 설립목적을 달성하기 위하여 다음의 업무를 수행할 수 있다. 　㉠ 회원의 품위유지를 위한 업무 　㉡ 부동산중개제도의 연구·개선에 관한 업무 　㉢ 회원의 자질향상을 위한 지도 및 교육·연수에 관한 업무 　㉣ 회원의 윤리헌장 제정 및 그 실천에 관한 업무 　㉤ 부동산 정보제공에 관한 업무 　㉥ 공제사업(비영리사업으로서 회원 간의 상호 부조 목적) 　㉦ 그 밖에 협회의 설립목적 달성을 위하여 필요한 업무 ② **수탁업무** 　㉠ **공**인중개**사** 자격**시험** 시행에 관한 업무(위탁권자 - 시험시행기관의 장) 　㉡ **교육**에 관한 업무(위탁권자 - 시·도지사)

2. 공제사업

(1) 공제사업	① 공제사업의 **임의성** : 협회는 개업공인중개사의 손해배상책임을 보장하기 위하여 공제사업을 **할 수 있음** ② 공제규정의 승인 : 협회는 공제사업을 하고자 하는 때에는 공제규정을 제정하여 **국**토교통부**장**관의 **승인**을 얻어야 하며, 공제규정을 변경하고자 하는 때에도 또한 같음 ③ 공제규정 제정 : 공제규정에는 공제사업의 범위, 공제계약의 내용, 공제금, 공제료, 회계기준 및 책임준비금의 적립비율 등 공제사업의 운용에 관하여 필요한 사항을 정하여야 함 ④ 별도 회계관리 : 협회는 공제사업을 다른 회계와 구분하여 **별도**의 회계로 **관리**하여야 함 ⑤ 책임준비금의 전용 : 협회는 책임준비금을 다른 용도로 사용하고자 하는 경우에는 **국**토교통부**장**관의 **승인**을 얻어야 함 ⑥ 운용실적 공시 : 협회는 공제사업 운용실적을 매 회계연도 **종료 후 3개월 이내**에 일간 신문 또는 협회보에 공시하고 협회의 인터넷 홈페이지에 게시해야 함

(2) 공제규정	① 공제계약의 내용 　: 협회의 공제책임, 공제금, 공제료, 공제기간, 공제금의 청구와 지급절차, 구상 및 대위권, 공제계약의 실효 그 밖에 공제계약에 필요한 사항을 정함. 이 경우 공제료는 공제사고 발생률, 보증보험료 등을 종합적으로 고려하여 결정한 금액으로 함 ② 회계기준 　: 공제사업을 손해배상기금과 복지기금으로 구분하여 각 기금별 목적 및 회계원칙에 부합되는 세부기준을 정함 ③ **책임준비금**의 적립비율 　: 공제사고 발생률 및 공제금 지급액 등을 종합적으로 고려하여 정하되, **공제료 수입액의 100분의 10 이상**으로 정함
(3) 공제사업 운영위원회	① 성격 　: 공제사업에 관한 사항의 심의·감독하기 위하여 협회에 운영위원회를 **둔다**(**필수기관**). ② 구성 　㉠ 위원은 성별 고려하여 **19명 이내**(협회의 임원, 중개업·법률·회계·금융·보험·부동산 분야 전문가 등) 　㉡ 위원 중 협회 관련자 수는 전체 위원 수의 **3분의 1 미만**으로 함 　㉢ 위원장과 부위원장 각각 1명을 두되, 위원 중에서 각각 **호선**(互選)함 　㉣ 위원의 임기 2년, 1회 한(限) 연임 可. 보궐위원 임기는 전임자의 잔여기간으로 함 ③ 의결 　: 회의는 재적위원 **과반수 출**석으로 개의하고, 출석위원 **과반수 찬**성으로 심의사항을 의결함
(4) 공제사업 운영의 개선명령	국토교통부장관은 다음의 조치를 명할 수 있다. ① 업무집행방법의 변경 ② 자산예탁기관의 변경 ③ 자산의 장부가격의 변경 ④ 불건전한 자산에 대한 적립금의 보유 ⑤ 가치가 없다고 인정되는 자산의 손실 처리 ⑥ 그 밖에 이 법 및 공제규정을 준수하지 아니하여 공제사업의 건전성을 해할 우려가 있는 경우 이에 대한 개선명령

(5) 공제사업에 대한 지도 · 감독	① **공제사업의 조사** 또는 검사 : **금융감독원**의 **원장**은 **국토교통부장**관의 **요청**이 있는 경우에는 공제사업에 관하여 조사 또는 검사를 할 수 있다. ② 재무건전성의 유지의무 : 협회는 공제금 지급능력과 경영의 건전성을 확보하기 위하여 **자본**, **자산**, **유동성**에 관하여 다음의 재무건전성 기준을 모두 지켜야 한다. ┌─────────────────────────────────────┐ │ ㉠ **지급여력비율**은 100분의 **100 이상**을 유지할 것 │ ㉡ 구상채권 등 보유자산의 건전성을 정기적으로 분류하고 대손충당금을 적립할 것 └─────────────────────────────────────┘ ③ 임원에 대한 제재 : 국토교통부장관은 협회의 임원이 다음에 해당하여 공제사업을 건전하게 운영하지 못할 우려가 있는 경우 그 임원에 대한 징계 · 해임을 요구하거나 해당 위반행위를 시정하도록 명할 수 있다. ┌─────────────────────────────────────┐ │ ㉠ 공제규정을 위반하여 업무를 처리한 경우 │ ㉡ 개선명령을 이행하지 아니한 경우 │ ㉢ 재무건전성 기준을 지키지 아니한 경우 └─────────────────────────────────────┘	
(6) 협회에 대한 제재	① 위반사유 : 감독상 명령 · 시정 및 개선명령 위반 경우, 임원에 대한 징계 · 해임에 대한 불이행 경우, 공제사업의 운용실적 공시 위반 경우 ② 위반 시 제재 : 500만 원 이하의 과태료	

보충

공제사업의 운영위원회 구성 및 의무사항

* 협회내 설치 要
* 위원 19명 內
* 협회임원 1/3 미만 구성
* 임기 2년, 호선
* 책임준비금 **적립**비율 : 공제료 수입액의 **10/100 이상**
* 책임준비금전용 : 국토교통부장관 승인 要
* 운영실적공시 : 회계연도 종료후 3월內
* **지급**여력 비율 : **100/100 이상** 유지

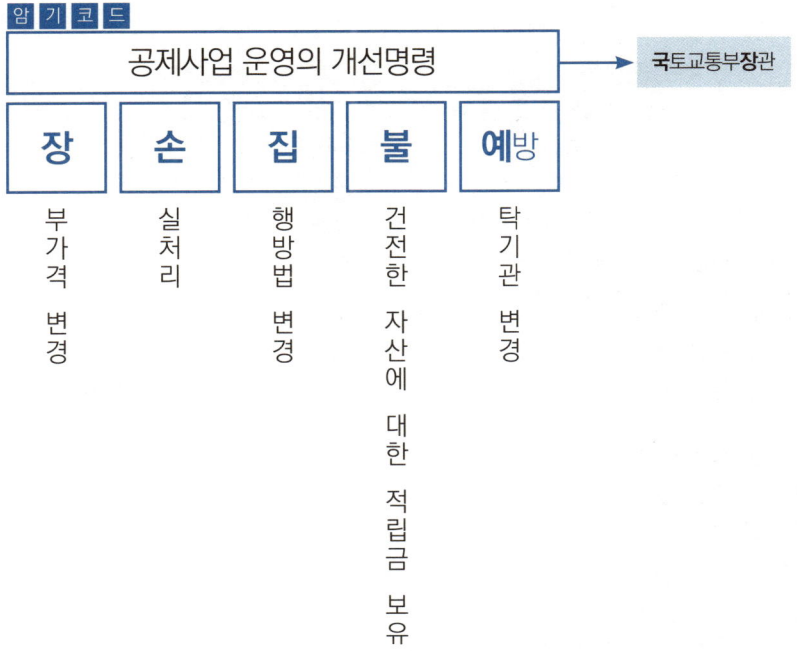

😊 **장손집 불 예방 공제**는 **10% 이상 적립**하면 **100% 이상 지급**할 수 있다 ~

2 교육

구분	실무교육	직무교육	연수교육	거래사고 예방교육
(1) 교육 대상자	① 개설등록 신청 공인중개사 ② 법인(대표자, 사원·임원) ③ 분사무소 책임자 ④ 소속공인중개사 * **실무교육 면제** : 고용관계 종료신고 및 **폐업신고 후 1년 이내**에 고용 신고를 다시 하거나 중개사무소 개설등록을 신청하려는 자	중개보조원 * **직무교육 면제** : **고용관계 종료신고 후 1년 이내**에 고용신고를 다시 하려는 자	① 개업공인중개사 ② 소속공인중개사 * **위반 시 제재** : 500만 원 이하 과태료	개업공인중개사 등
(2) 교육시기	등록신청(분사무소 설치신고)일·고용신고일 전 1년 이내	고용신고일 전 1년 이내	실무교육을 받은 후 2년마다(2년이 되기 2개월 전까지 대상자에게 통지 要)	필요시(**교육일 10일 전까지** 교육의 공고 또는 **통지 要**)
(3) 교육성격	필수교육(받아야 함)	필수교육(받아야 함)	필수교육(받아야 함)	임의교육
(4) 교육시간	28시간 이상 32시간 이하	3시간 이상 4시간 이하	12시간 이상 16시간 이하	
(5) 교육내용	① 법률지식 ② 부동산중개 및 경영실무 ③ 직업윤리 등	직업윤리 등	① 법·제도의 변경사항 ② 중개 및 경영실무 ③ 직업윤리 등	부동산거래질서 확립 및 부동산 거래사고 예방을 위한 교육 (교육비 지원 可)
(6) 실시권자	시·도지사	시·도지사 또는 등록관청	시·도지사	국장, 시·도지사, 등록관청
(7) 교육위탁	부동산 관련 학과가 개설된 학교, 협회, 공기업 또는 준정부기관에 위탁할 수 있음			
(8) 교육지침	① **국토교통부장**관이 실무교육·직무교육·연수교육의 지침을 마련하여 **시행할 수 있음** ② 교육지침에는 교육의 목적·대상·과목·시간·강사 자격·수강료 등이 포함되어야 함			

3 보칙

1. 업무위탁

(1) 개념	국토교통부장관, 시·도지사 또는 등록관청은 대통령령이 정하는 바에 따라 그 업무의 일부를 공인중개사협회 또는 대통령령이 정하는 기관에 위탁할 수 있다.
(2) 교육의 업무위탁	① 위탁권자 : **시·도지사** ② 수탁기관 : 공기업 또는 준정부기관, 공인중개사협회, 부동산 관련 학과가 개설된 학교 ③ 수탁기관의 요건 : 교육과목별 강사와 강의실 1개소(50㎡ 이상) 이상 확보요 ④ 위탁내용의 고시 : 시·도지사는 교육업무를 위탁한 때에는 위탁받은 기관의 명칭, 대표자 및 소재지, 위탁업무의 내용 등을 관보에 고시요
(3) 시험시행 업무위탁	① 위탁권자 : **시험시행기관장** ② 수탁기관 : 공기업 또는 준정부기관, 공인중개사협회 ③ 위탁내용의 고시 : 시험시행기관장은 시험시행의 업무를 위탁한 때에는 위탁받은 기관의 명칭, 대표자 및 소재지, 위탁업무의 내용 등을 관보에 고시요
(4) 신고센터 업무위탁	**국**토교통부**장**관은 부동산거래질서교란행위 신고센터의 업무를 한국부동산원에 위탁한다.

오답노트

❶ 실무교육, 연수교육 및 직무교육 업무의 위탁은 시·도지사가 한다.* (○)
  * 시·도지사 또는 등록관청 (×)   등록관청 (×)
❷ 등록관청*은 직무교육의 업무를 공인중개사협회에 위탁할 수 있다. (×)
  * 시·도지사 (○)
❸ 실무교육, 연수교육의 실시권자는 시·도지사이다.* (○)
  * 시·도지사 또는 등록관청 (×)   등록관청 (×)
❹ 등록관청*은 직무교육을 실시할 수 있다. (○)
  * 시·도지사 (○)   시·도지사 또는 등록관청 (○)

2. 포상금 제도

(1) 신고·고발 대상자	① 중개사무소의 개설등록을 하지 아니하고 중개업을 한 자(무등록중개업자) ② 거짓이나 그 밖의 부정한 방법으로 중개사무소의 개설등록을 한 자 ③ 중개사무소등록증 또는 공인중개사자격증을 양도·대여하거나 다른 사람으로부터 양수·대여받은 자 ④ 개업공인중개사가 아닌 자로서 중개대상물에 대한 표시·광고를 한 자 ⑤ 부동산거래질서교란행위를 한 자
(2) 지급조건	① 포상금 지급사유에 해당하는 자를 행정기관에 의해 **발각되기 전**에 등록관청, 수사기관 또는 신고센터에 신고 또는 고발한 자 ② 그 신고 또는 고발사건에 대하여 검사가 **공소제기 또는 기소유예**결정을 한 경우에 한하여 지급함
(3) 지급절차	① 포상금지급신청서 제출 → **등록관청**(수사기관의 처분내용 조회 후 지급결정) ⇒ 지급결정일부터 **1개월 이내**에 포상금 지급 要 ② 2인 이상 공동 신고 또는 고발한 경우 : 균등배분(단, 사전 합의 시는 합의된 방법에 따라 배분) ③ 2건 이상 신고 또는 고발한 경우 : 최초 신고 또는 고발자에게 지급
(4) 지급내용	① 포상금 1건당 50만 원 ② 포상금액의 100분의 50 이내에서 국고 보조 可

☺ **공동 신고 = 균등배분**하거나 **합의**에 따르고 **두(2) 건 이상**은 **최초 신고자**에게 지급해라 ~

☺ 포상금 **공동 균등 이**(2) **최초** ~

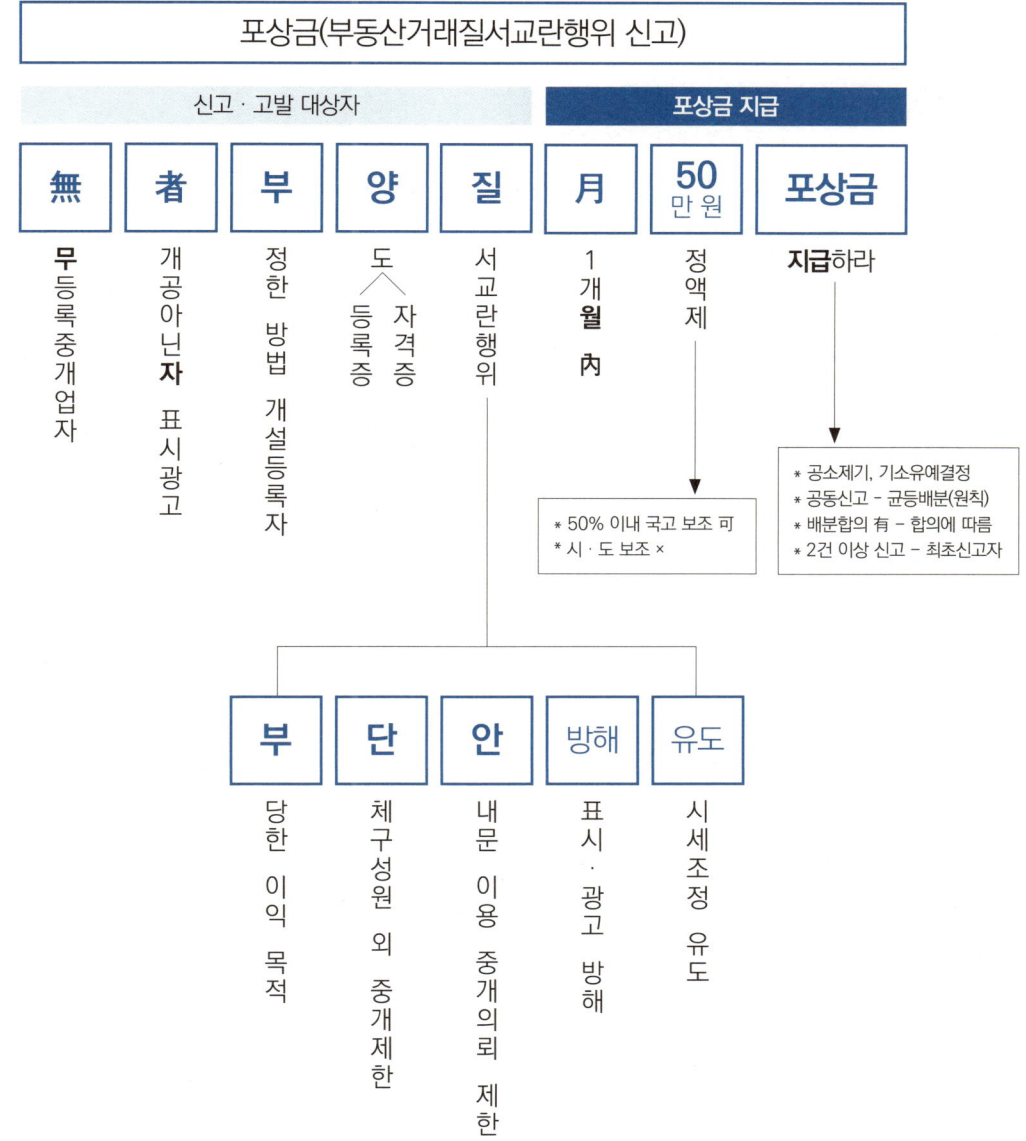

😊 **무자**(無者)는 **부양질** 수 없으니 **월 50만 원 포상금** 지급하라 ~

😊 **부단안**(한) **방해 유도** ~ vs **부당한 방해 유도 안내 단체** ~

3. 행정수수료

(1) 납부사유	다음에 해당하는 자는 해당 지방자치단체의 **조례**로 정하는 바에 따라 수수료를 납부하여야 한다. ① 공인중개사 자격시험 응시자 ② 공인중개사자격증의 재교부 신청자 ③ 중개사무소 개설등록 신청자 ④ 중개사무소등록증 재교부 신청자 ⑤ 분사무소설치 신고자 ⑥ 분사무소 설치신고확인서 재교부 신청자 ※ 수수료 납부 × : 자격증 교부, 중개사무소등록증 교부, 휴업 또는 폐업신고, 고용신고, 거래정보사업자 지정신청

(2) 자격시험 응시 수수료	① 시·도지사가 시행하는 경우
	    : 지방자치단체 조례가 정하는 수수료
	② 국토교통부장관이 시행하는 경우
	    : 국토교통부장관이 결정·공고하는 수수료
	③ 위탁받은 자가 시행하는 경우
	    : 위탁한 자의 승인을 얻어 위탁받은 자가 결정·공고하는 수수료

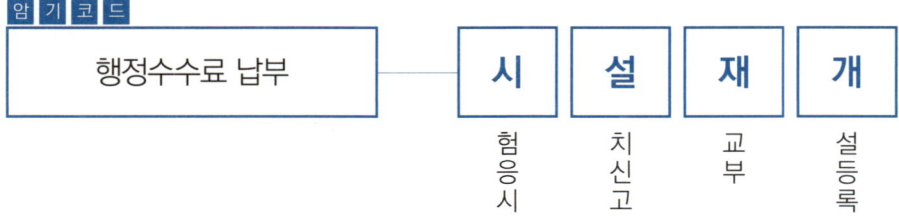

😊 **시설**을 **재개**하려면 수수료 납부해야한다 ~

4. 부동산거래질서교란행위 신고센터

(1) 설치 · 운영	**국**토교통부**장**관은 신고센터를 설치 · 운영할 수 있으며, 업무위탁은 한국부동산원에 한다.
(2) 신고서 제출	① 부동산거래질서교란행위를 신고하려는 자는 발생일시, 장소 및 그 내용 등이 기재된 **서면**(전자문서 포함)을 **제출 要** ② 신고센터는 신고받은 사항에 대해 보완이 필요한 경우 기간을 정하여 신고인에게 보완을 요청 可(보완요청 불응 시 국토교통부장관 승인받아 신고사항 처리 종결 可)
(3) 신고센터의 업무	① 부동산거래질서교란행위 신고의 접수 및 상담 ② 제출받은 신고사항에 대해 확인 또는 시 · 도지사 및 등록관청 등에 조사 및 조치를 요구 要 ③ **매월 10일까지** 직전 달의 신고접수 및 처리 결과 등을 **국**토교통부**장**관에게 제출 要 ④ 신고인에게 신고사항 처리 결과 통보 要
(4) 시 · 도지사 및 등록관청	신고센터의 조사 및 조치 요구에 대해 신속하게 조사 및 조치를 완료하고, 완료한 날부터 **10일 이내**에 그 결과를 신고센터에 통보 要
(5) 처리 종결	신고센터는 다음 어느 하나에 해당하는 경우에는 **국**토교통부**장**관의 승인을 받아 신고사항 처리를 종결 可 　㉠ 신고내용이 명백히 거짓인 경우 　㉡ 신고인이 보완요청에 불응한 경우 　㉢ 처리결과를 통보받은 사항에 대하여 새로운 사실이나 증거자료 없이 다시 신고한 경우 　㉣ 신고내용이 이미 수사 중이거나 재판에 계류 중 또는 법원의 판결에 의해 확정된 경우
(6) 신고 및 조사조치 체계도	신고인 →(서면신고서 제출)→ 신고센터 →(조사조치 요구 要)→ 시 · 도지사 및 등록관청 신고인 ←(결과통보 要)← 신고센터 ←(조사조치 완료 후 10일 內 통보 要)← 시 · 도지사 및 등록관청 신고센터 →(매월 10일까지 전월 신고접수 및 처리결과 제출 要)→ 국토교통부장관

(7) 부동산 거래질서 교란행위	① **부당한 이익**을 얻거나 제3자에게 부당한 이익을 얻게 할 **목적**으로 거짓으로 거래가 완료된 것처럼 꾸미는 등 중개대상물의 시세에 부당한 영향을 주거나 줄 우려가 있는 행위 ② **단체를 구성**하여 특정 중개대상물에 대하여 중개를 제한하거나 **단체 구성원 이외**의 자와 공동**중개를 제한**하는 행위 ③ **안내문**, 온라인 커뮤니티 등을 이용하여 특정 개업공인중개사 등에 대한 **중개의뢰를 제한**하거나 제한을 유도하는 행위 ④ 안내문, 온라인 커뮤니티 등을 이용하여 **특정 가격 이하**로 중개를 의뢰하지 **아니하도록 유도**하는 행위 ⑤ 안내문, 온라인 커뮤니티 등을 이용하여 중개대상물에 대하여 시세보다 현저하게 높게 표시·광고 또는 중개하는 특정 개업공인중개사 등에만 중개의뢰를 하도록 유도함으로써 **다른 개업공**인중개사 등을 **부당**하게 **차별**하는 행위 ⑥ 정당한 사유 없이 개업공인중개사 등의 중개대상물에 대한 정당한 **표시·광고** 행위를 **방해**하는 행위 ⑦ 개업공인중개사 등에게 중개대상물을 **시세**보다 현저하게 **높게** 표시·광고 하도록 **유도**하는 행위

암기코드

부동산거래질서교란행위 — 부 / 단 / 안 / 방해 / 유도

- 부: 당한 이익 목적
- 단: 체구성원 외 중개제한
- 안: 내문 이용 중개의뢰 제한
- 방해: 표시·광고 방해
- 유도: 시세조정 유도

😊 **부단안(한) 방해 유도 ~** vs **부당한 방해 유도 안내 단체 ~**

제9장 | 지도 · 감독 및 행정처분, 벌칙

1 감독상 명령 등

(1) 감독관청	① 국토교통부장관 ② 시 · 도지사 ③ 등록관청(분사무소 소재지 관할 시장 · 군수 또는 구청장 포함)
(2) 감독대상자	① 개업공인중개사(무등록중개업자 포함) ② 거래정보사업자
(3) 감독의 목적	① 부동산투기 등 거래동향의 파악을 위하여 필요한 경우 ② 이 법 위반행위의 확인 ③ 공인중개사의 자격취소 · 자격정지 등 행정처분을 위하여 필요한 경우 ④ 개업공인중개사에 대한 등록취소 · 업무정지 등 행정처분을 위하여 필요한 경우
(4) 감독상 명령의 유형	① 업무에 관한 사항 보고 요청 ② 자료의 제출 및 그 밖에 필요한 명령 ③ 소속 공무원으로 하여금 중개사무소에 출입하여 장부 · 서류 등을 조사 또는 검사
(5) 제재	① 개업공인중개사 : 업무정지 ② 거래정보사업자 : 500만 원 이하 과태료

> 보충
>
> ### 감독상 명령 정리
>
> | 감독관청 | 감독대상자 | 불응 시 제재 |
> |---|---|---|
> | 국토교통부장관,
시 · 도지사 및 등록관청 | 개업공인중개사 | 등록관청
- 6개월 범위 내 업무정지 |
> | | 거래정보사업자 | 국토교통부장관
- 500만 원 이하 과태료 |
> | 국토교통부장관 | 협회
(지부 · 지회 포함) | 국토교통부장관
- 500만 원 이하 과태료 |

2 행정처분

1. 행정처분의 종류

처분권자	처분대상자	처분내용	처분의 성격	사전절차	사후조치
(1) 등록관청	개업공인중개사	등록취소	절대적	청문 要	• 등록관청은 다음 달 10일까지 협회에 통보 要 • 등록이 취소된 자는 등록증 반납(7일 內) 要
		등록취소	상대적	청문 要	
		업무정지	상대적	청문 ×	등록관청은 다음 달 10일까지 협회에 통보 要
(2) 자격증교부 시·도지사	공인중개사	자격취소	절대적	청문 要	• 교부 시·도지사 ⇒ 국장 보고(5일 內) • 자격증 반납(7일 內) 또는 반납 불가 사유서 제출 要
	소속공인중개사	자격정지	상대적	청문 ×	등록관청은 다음 달 10일까지 협회에 통보 要
(3) 국토교통부 장관	거래정보 사업자	지정취소	상대적	청문 要	

※ 주의사항
① 취소처분의 대상이 사망(개인), 해산(법인)한 경우에는 청문을 실시하지 않고 등록/자격취소처분 및 지정취소처분을 할 수 있다.
② 자격증을 교부한 시·도지사와 중개사무소의 소재지를 관할하는 시·도지사가 서로 다른 경우에는 **중개사무소의 소재지를 관할**하는 **시·도지사**가 자격취소처분 등에 필요한 **절차를** 모두 **이행한 후 자격증을 교부한 시·도지사**에게 **통보**해야 한다.
③ 중개보조원은 행정처분 대상에 포함되지 않지만 행정형벌(3년/3천, 1년/1천) 대상에는 포함된다.

☺ **취소**하려면 **청문**해라 ~
 * 등록취소
 * 자격취소
 * 지정취소

☺ **자격취소**하면 **국장**에게 **보고**해라 ~
 (자격취소 처분만 보고 사항이다)

2. 등록취소

(1) 절대적 등록취소 사유(기속적 · 필요적 처분)

① 개인인 공인중개사가 **사망**하거나 개업공인중개사인 법인이 **해산**한 경우
② 거짓이나 그 밖의 **부정**한 방법으로 중개사무소의 개설**등록**을 한 경우
③ 다음의 등록 등의 **결격사유**에 해당하게 된 경우(단, 법인의 사원 또는 임원이 결격사유에 해당하는 경우로서 그 사유가 발생한 날부터 2개월 이내에 그 사유를 해소한 경우에는 그러하지 아니함)

> ㉠ 피성년후견인 심판 또는 피한정후견인의 심판을 받은 경우
> ㉡ 파산선고를 받은 경우
> ㉢ 금고 이상의 실형의 선고를 받은 경우
> ㉣ 금고 이상의 형의 집행유예를 받은 경우
> ㉤ 공인중개사의 자격이 취소된 경우
> ㉥ 이 법을 위반하여 300만 원 이상의 벌금형의 선고를 받은 경우

④ **이중**으로 중개사무소의 개설**등록**을 한 경우
⑤ 다른 개업공인중개사의 소속공인중개사 · 중개보조원 또는 개업공인중개사인 법인의 사원 · 임원이 된 경우(**이중소속**)
⑥ 다른 사람에게 자기의 성명 또는 상호를 사용하여 중개업무를 하게 하거나 중개사무소등록증을 **양도** 또는 **대여**한 경우
⑦ **업무정지기간 중**에 중개**업무**를 하거나 자격정지처분을 받은 소속공인중개사로 하여금 자격정지기간 중에 중개업무를 하게 한 경우
⑧ 최근 1년 이내에 이 법에 의하여 **2회 이상 업무정지처분**을 받고 **다시 업무정지처분**에 해당하는 행위를 한 경우
⑨ **중개보조원** 고용 인원수 **제한**을 **초과**(개공과 소공 합한 수의 5배)하여 중개보조원을 고용한 경우

오답노트

❶ 절대적 등록취소는 등록관청*이 개업공인중개사**를 대상으로 개설등록취소 처분을 한다. (○)
　* 시 · 도지사 (×)　　** 공인중개사 (×)　소속공인중개사 (×)
❷ 절대적 등록취소 사유에 해당하면 등록관청은 개설등록을 취소하여야 한다.* (○)
　* 개설등록을 취소할 수 있다. (×)　업무정지처분을 할 수 있다. (×)

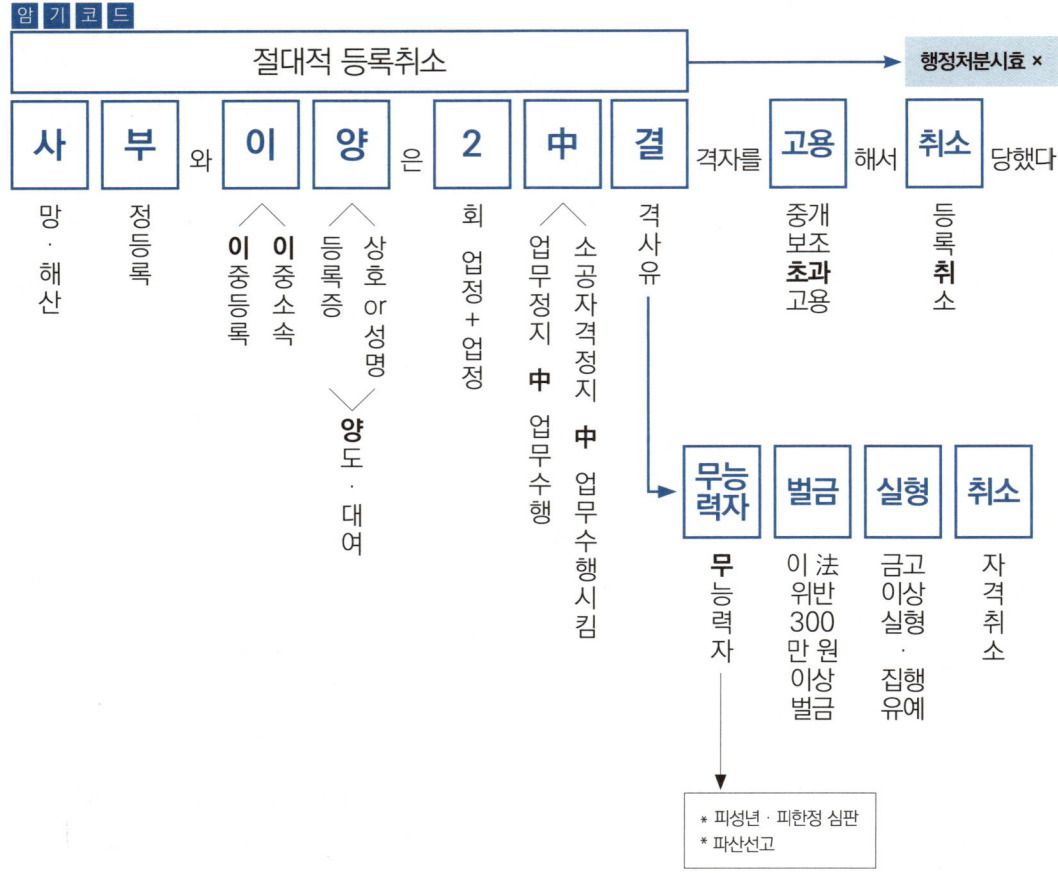

😊 **사부**와 **이양**은 **2중**으로 **결**격자를 **고용**해서 **등록취소** 당했다 ~

😊 **사부**와 **보조원 이양**의 **2중 결**혼은 **취소**된다 ~
　　　　　초과고용　　　　결격사유

> 보충
> ### 법인의 결격사유 해소
>
> 법인의 사원 또는 임원이 결격사유에 해당하고 2개월 이내에 그 사유를 해소한 경우에는 법인중개사무소 개설등록 취소 사유에서 벗어난다.

😊 **무능력자**의 **벌금 실형 취소**는 **결격사유**다 ~

(2) 상대적 등록취소 사유(임의적·재량적 처분)

① 등록**기준** 미달
② **둘 이상**의 중개**사무소**를 둔 경우(**이중사무소**)
③ **임시** 중개**시설물** 설치한 경우
④ 법인인 개업공인중개사가 다른 법률에 규정된 경우를 제외하고 중개업 및 겸업으로 규정된 업무와 「민사집행법」에 의한 경매 및 「국세징수법」 그 밖의 법령에 의한 공매대상 부동산에 대한 권리분석 및 취득의 알선과 매수신청 또는 입찰신청의 대리업무 외에 다른 업무를 한 경우 (**법개공의 겸업제한 위반**)
⑤ 질병으로 인한 요양 등의 부득이한 사유가 있는 경우를 제외하고 **6개월을 초과**하여 **휴업**한 경우
⑥ 개업공인중개사가 전속중개계약을 체결한 때에 중개대상물에 관한 **정보를 공개하지 아니하거나** 중개의뢰인의 **비공개 요청**에도 불구하고 정보를 **공개**한 경우
⑦ 개업공인중개사가 거래계약서를 작성하는 때에 **거짓**으로 **기재**하거나 서로 다른 **둘 이상**의 **거래계약서를 작성**한 경우
⑧ 개업공인중개사가 손해배상책임을 보장하기 위한 조치를 이행하지 아니하고 업무를 개시한 경우 (**손해보증설정 前 업무개시**)
⑨ 법 제33조 제1항 각 호에 규정된 개업공인중개사 등의 **금지행위**를 한 경우
⑩ 최근 1년 이내에 이 법에 의하여 **3회 이상 업무정지** 또는 **과태료**의 처분을 받고 다시 업무정지 또는 과태료의 처분에 해당하는 행위를 한 경우(단, 절대적 등록취소 사유의 ⑧의 사유('최근 1년 이내 2회 업무정지 처분 + 업무정지 해당 행위')에 해당하는 경우는 제외함)
⑪ 개업공인중개사가 조직한 사업자단체 또는 그 구성원인 개업공인중개사가 「독점규제 및 **공정거래**에 관한 법률」을 위반하여 **시정조치** 또는 **과징금 처분**을 최근 2년 이내에 **2회 이상** 받은 경우

오답노트

❶ 상대적(임의적) 등록취소는 등록관청*이 개업공인중개사**를 대상으로 개설등록을 취소할 수 있다.*** (○)
  * 시·도지사 (×)   ** 공인중개사 (×) 소속공인중개사 (×)
  *** 개설등록을 취소하여야 한다. (×)
❷ 상대적(임의적) 등록취소 사유에 해당하면 등록관청은 개업공인중개사*를 대상으로 업무정지처분을 할 수 있다.** (○)
  * 공인중개사 (×) 소속공인중개사 (×)
  ** 업무정지처분을 하여야 한다. (×)

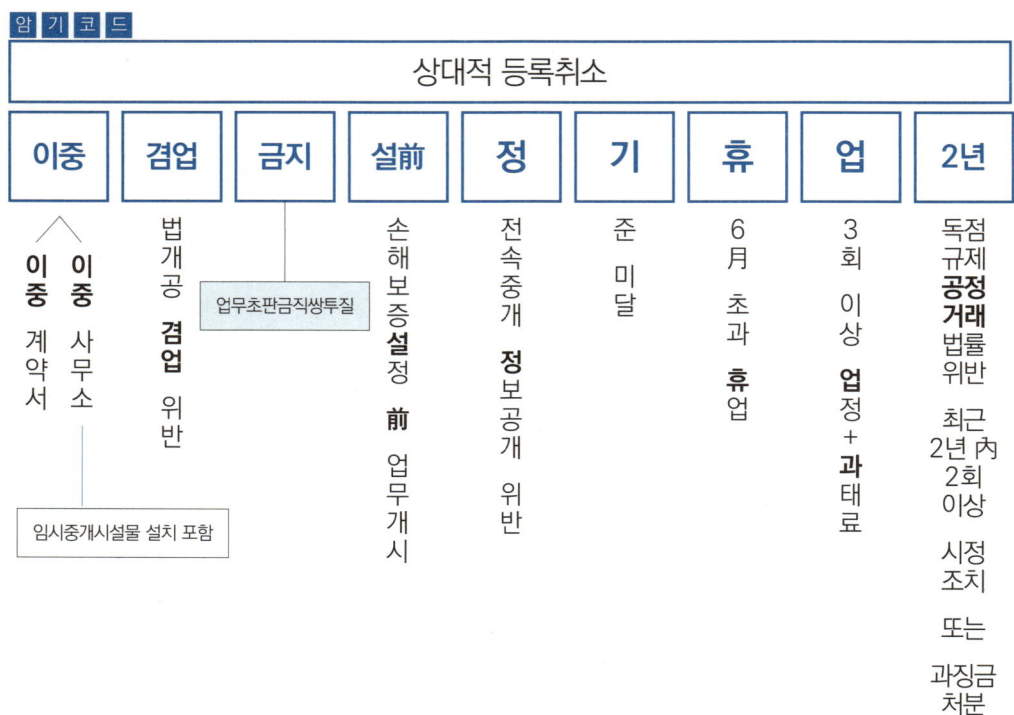

🙂 **이중 겸업 금지**와 **설전(前) 정기휴업**과 **공정거래 2년**은 **상대적**이다 ~

🙂 **이중 겸업 금지**와 **설전(前) 정기휴업 2년 독점**은 **상대적**이다 ~

3. 업무정지

(1) 업무정지처분 사유(임의적 · 재량적 처분)

① **결격사유** 해당하는 **자**를 소속공인중개사 또는 중개보조원으로 **둔 경우**.
　다만, 그 사유가 발생한 날부터 2개월 이내에 그 사유를 해소한 경우에는 그러하지 아니함
② **인장**등록을 하지 아니하거나 등록하지 **아니한** 인장을 사용한 **경우**
③ 전속중개계약을 체결한 때에 **전속중개계약서**에 의하지 아니하고 전속중개계약을 체결하거나 전속중개계약서를 **보존**하지 아니한 경우
④ 중개대상물에 관한 **정보**를 **거짓**으로 **공개**하거나 거래정보사업자에게 공개를 의뢰한 중개대상물의 **거래**가 **완성**된 사실을 거래정보사 업자에게 **통보**하지 **아니한 경우**
⑤ 거래계약서를 작성하는 때에 중개대상물 **확인 · 설명서**를 교부 · 보존하지 아니한 경우
⑥ 중개대상물 확인 · 설명서에 **서명 및 날인**을 하지 아니한 경우
⑦ 중개가 완성된 때에 적정하게 **거래계약서**를 **작성 · 교부**하지 아니하거나 **보존**하지 아니한 경우
⑧ 작성된 거래계약서에 **서명 및 날인**을 하지 아니한 경우
⑨ **감독관청**의 그 업무에 관한 사항의 보고, 자료의 제출, 조사 또는 검사를 거부 · 방해 또는 기피하거나 그 밖의 **명령**을 이행하지 아니하거나 거짓으로 보고 또는 자료제출을 한 경우
⑩ 최근 1년 이내에 이 법에 의하여 **2회 이상 업무정지** 또는 **과태료**의 처분을 받고 **다시 과태료**의 처분에 해당하는 행위를 한 경우
⑪ 개업공인중개사가 조직한 사업자단체 또는 그 구성원인 개업공인중개사가 「독점규제 및 공정거래에 관한 법률」을 위반하여 **시정조치** 또는 **과징금 처분**을 받은 경우(2년 이내 1회)
⑫ **부칙** 규정에 의한 **개업공**인중개사가 **업무지역 범위**를 **위반**한 경우
⑬ **상대적 등록취소 사유** 중 어느 하나에 해당하는 경우

(2) 업무정지의 기준 및 시효

① 업무정지처분은 그 **사유가 발생한 날**부터 **3년**이 경과한 때에는 이를 할 수 없음(**처분한 날부터** ×)
② 법인인 개업공인중개사에 대하여는 법인 또는 분사무소별로 업무정지를 명할 수 있음
③ 업무정지처분은 **개업공**인중개사(소공 ×)**만**을 대상으로 **6개월 범위 내**에서 업무정지를 명할 수 있음
④ 등록관청은 업무정지 기간의 **2분의 1 범위 내**에서 가중 · 감경할 수 있음
⑤ **가중**하여 **처분**하는 때에도 업무정지기간은 **6개월을 초과할 수 없음**
⑥ **업무정지**의 기준은 **국**토교통부**령**으로 정하고, **과태료** 부과기준은 **대통령령**으로 정함

😊 **과 기 대**
　태 준 통
　료 　 령
　 　 　 령

😊 **업무정지**는 **국령**으로 **정한다** ~

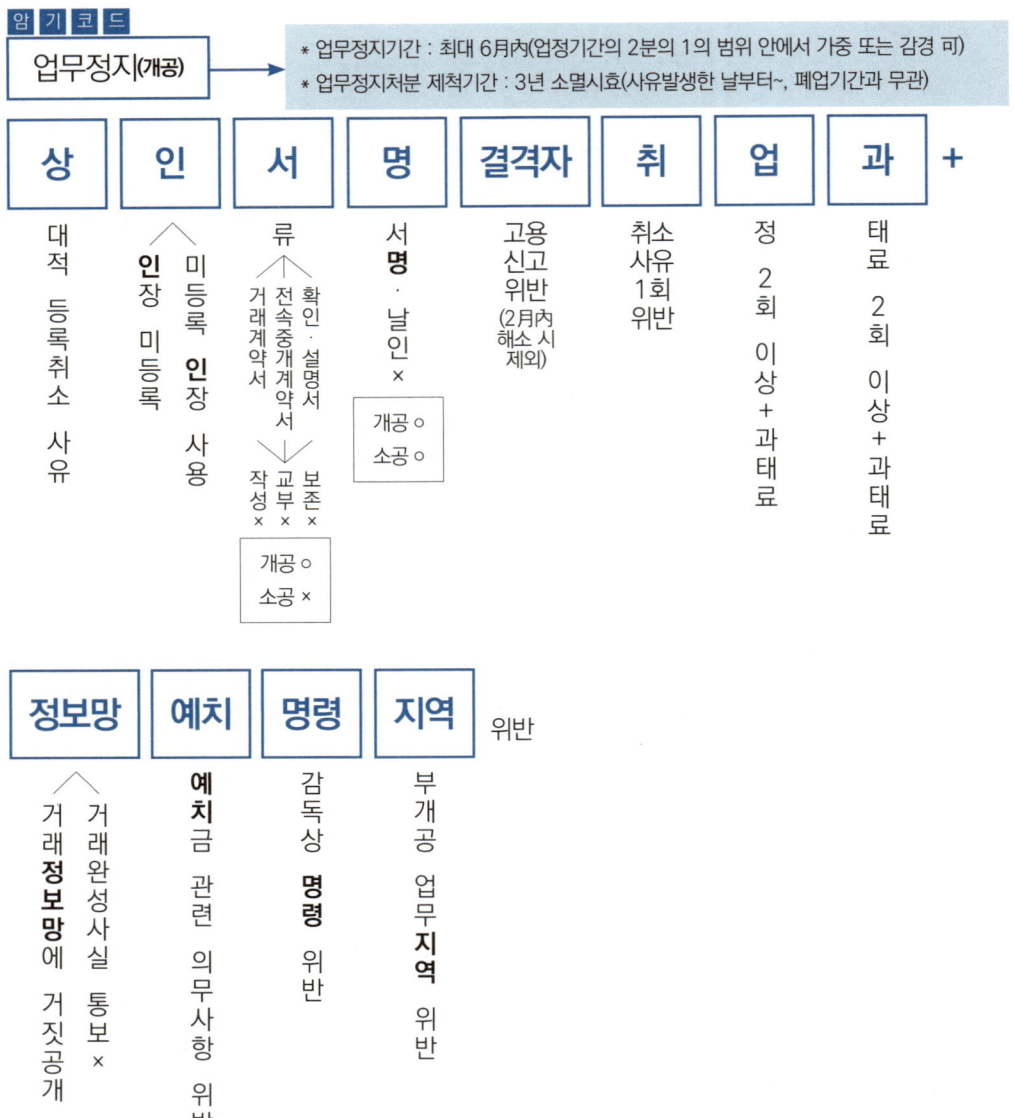

☺ **상인 서명** 없는 **결격자 취업과 정보망 예치 명령 지역** 위반은 업무정지한다 ~

☺ 업무정지는 **상인 서명** 없는 **결격자 취업과 정보망 지역 예치 명령** 위반 때문이다 ~

4. 자격취소(공인중개사)

(1) 처분권자	① **공인중개사**의 자격취소는 그 **자격증을 교부한 시·도지사**가 처분함 ② 자격증을 교부한 시·도지사와 사무소의 소재지를 관할하는 시·도지사가 서로 다른 경우에는 **사무소의 소재지를 관할**하는 **시·도지사**가 자격취소 **처분**에 필요한 **절차**를 모두 **이행**한 **후** 자격증을 교부한 시·도지사에게 통보 要
(2) 자격취소 사유 (기속취소)	① **부정**한 방법으로 공인중개사의 자격을 **취득**한 경우 ② 공인중개사가 다른 사람에게 자기의 성명을 사용하여 중개업무를 하게 하거나 공인중개사자격증을 **양도** 또는 **대여**한 경우 ③ 공인중개사가 소속공인중개사로서 업무를 수행하는 기간 중에 자격정지처분을 받고 그 **자격정지기간 중**에 중개**업무**를 행한 경우(다른 개업공인중개사의 소속공인중개사·중개보조원 또는 법인인 개업공인중개사의 사원·임원이 되는 경우 포함) ④ **이 법**을 **위반**하여 **징역형**의 선고를 받은 경우
(3) 절차 및 조치	① 사전 청문절차 要 ② 시·도지사의 통보 : 자격취소 처분을 한 때에는 **5일 內 국토교통부장**관과 다른 **시·도지사**에게 **통보 要** ③ 자격증 반납 : 자격취소 처분 받은 날로부터 **7일 內** 자격증을 교부한 시·도지사에게 **반납 要**(위반시 100만 원 이하 과태료)
(4) 자격취소 효과	① 자격취소 후 **3년간** 공인중개사**시험 응시 不可** ② 자격취소 후 **3년 동안** 결격자(중개업 **등록·종사 不可**)

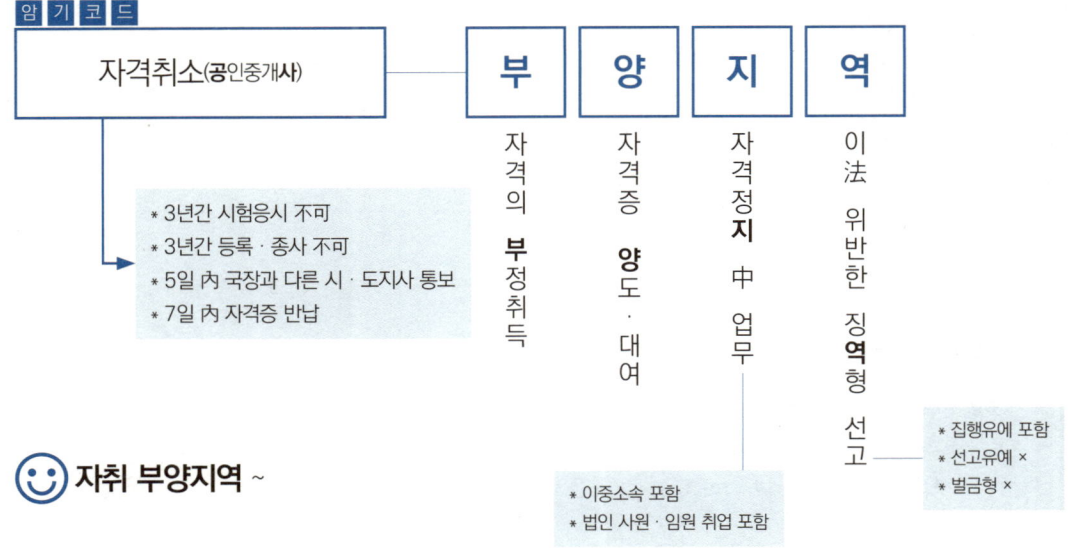

😊 자취 부양지역 ~

5. 자격정지(소속공인중개사)

(1) 처분권자	① **소속공**인중개사의 자격정지는 그 **자격증을 교부한 시·도지사**가 처분함 ② 자격증을 교부한 시·도지사와 사무소의 소재지를 관할하는 시·도지사가 서로 다른 경우에는 **사무소**의 소재지를 **관할**하는 **시·도지사**가 자격정지 **처분**에 필요한 **절차**를 모두 **이행**한 **후** 자격증을 교부한 시·도지사에게 통보 要
(2) 자격정지 사유 (재량처분)	시·도지사는 소속공인중개사가 다음의 어느 하나에 해당하는 경우에는 **6개월의 범위 안**에서 기간을 정하여 그 자격을 정지할 수 있고, 등록관청은 다음의 어느 하나에 해당하는 사실을 알게 된 때에는 **지체 없이** 그 사실을 시·도지사에게 통보하여야 한다. ① **둘 이상**의 중개사무소에 **소속**된 경우 ② **인장등록**을 하지 아니하거나 등록하지 **아니한** 인장을 사용한 경우 ③ 성실·정확하게 중개대상물의 **확인·설명**을 하지 **아니하거나** 설명의 **근거자료를 제시하지 아니한** 경우 ④ 중개대상물 **확인·설명서**에 **서명 및 날인**을 하지 **아니한** 경우 ⑤ 거래계약서에 **서명 및 날인**을 하지 **아니한** 경우 ⑥ 거래계약서에 거래금액 등 거래내용을 **거짓으로 기재**하거나 서로 다른 **둘 이상**의 **거래계약서를 작성**한 경우 ⑦ 법 제33조 제1항 각 호에 규정된 **금지행위**를 한 경우
(3) 절차 및 조치	① 사전 청문절차 × ② 통보조치 ×(시·도지사는 자격정지처분 사실을 국토교통부장관과 다른 시·도지사에게 통보의무 無) ③ 자격증 반납 ×
(4) 자격정지 효과	① 시·도지사는 자격정지 기간의 **2분의 1 범위 내**에서 가중·감경할 수 있음 ② **가중**하여 **처분**하는 때에도 자격정지기간은 **6개월을 초과할 수 없음** ③ 자격정지의 기준은 **국**토교통부**령**으로 정함 ④ 자격정지기간(6개월 이하) 동안 **결격자**

오답노트

❶ 자격취소 사유에 해당하면 그 자격증을 교부한 시·도지사[*]가 개업공인중개사, 소속공인중개사, 공인중개사 모두를 대상으로 공인중개사자격을 취소하여야 한다.[**] (○)
  * 사무소 소재지 관할 시·도지사 (×)   ** 공인중개사자격을 취소할 수 있다. (×)

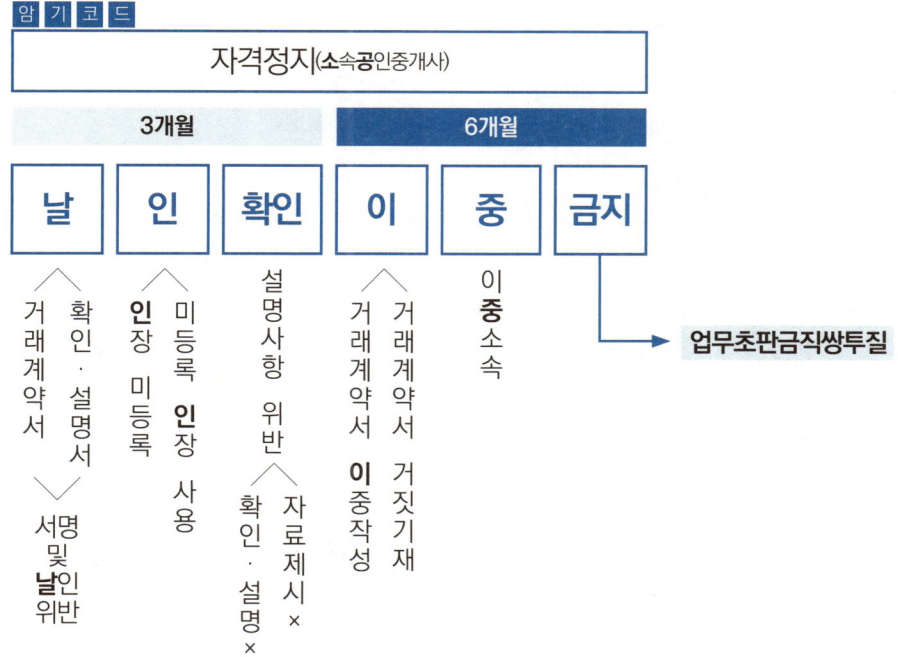

😊 **확인 날인** 안 하면 **3개월**, **이중 금지** 위반하면 **6개월 자격정지** 당한다 ~

> 보충
> 1) 소속공인중개사는 확인·설명서 및 거래계약서의 작성의무 및 보존의무가 없다.
> 2) 당해 중개행위를 수행한 소속공인중개사는 중개대상물의 확인·설명 및 설명의 근거자료를 제시하여야 한다.
> 3) 당해 중개행위를 수행한 소속공인중개사는 확인·설명서 및 거래계약서에 서명 및 날인 의무가 있다.

오답노트

 ❶ 자격정지 사유에 해당하면 그 자격증을 교부한 시·도지사*가 소속공인중개사**를 대상으로 6개월 범위 안에서 그 자격을 정지할 수 있다.*** (○)
* 사무소 소재지 관할 시·도지사 (×)   ** 개업공인중개사 (×)   공인중개사 (×)
*** 공인중개사자격을 정지하여야 한다. (×)

6. 행정재제처분 효과의 승계

(1) 지위 승계	① 개업공인중개사가 폐업신고 후 다시 개설등록을 한 때에는 폐업신고 전의 개업공인중개사의 지위를 승계한다. ② 법인인 개업공인중개사가 폐업신고를 한 후 대표자가 공인중개사인 개공으로 다시 개설등록을 하더라도 폐업신고 전의 법인인 개업공인중개사의 지위를 승계한다.
(2) 행정처분 효과의 승계	폐업 전에 받은 업무정지 및 과태료처분의 승계 : 폐업 전 개업공인중개사에 대한 업무정지나 과태료처분의 효과는 그 **처분일로부터** (폐업일로부터 ×) **1년간** 다시 개설등록을 한 자에게 **승계**됨
(3) 폐업 전 위반행위의 승계	① 원칙 　㉠ 등록관청은 폐업 후 재등록한 개업공인중개사에 대하여 폐업 전의 위반 사유로 등록취소 또는 업무정지처분을 할 수 있음 　㉡ 재등록한 개업공인중개사에 대하여 행정처분을 함에 있어서는 폐업기간과 폐업의 사유 등을 **고려하여야 함** 　㉢ 폐업 전의 위반행위로 재등록 개업공인중개사가 등록취소처분을 받은 경우에는 3년에서 폐업기간을 공제한 기간 동안이 결격사유에 해당함 　　**(등록결격 사유기간 = 3년 - 폐업기간)** ② 예외 　㉠ 폐업기간 **1년 초과**한 경우 　　: 재등록 개업공인중개사에 대하여 폐업 전 사유로 **업무정지처분 不可** 　㉡ 폐업기간 **3년 초과**한 경우 　　: 재등록 개업공인중개사에 대하여 폐업 전 사유로 **등록취소 처분 不可**

폐업 전 사유		폐업신고	재등록	승계효과
업무정지/과태료처분		⇒	승계	처분일로부터 1년간
위반 행위	업무정지 사유	⇒	승계되어 업무정지 可	폐업기간 1년 초과 경우는 업무정지 不可
	등록취소 사유	⇒	승계되어 등록취소 可	폐업기간 3년 초과 경우는 등록취소 不可

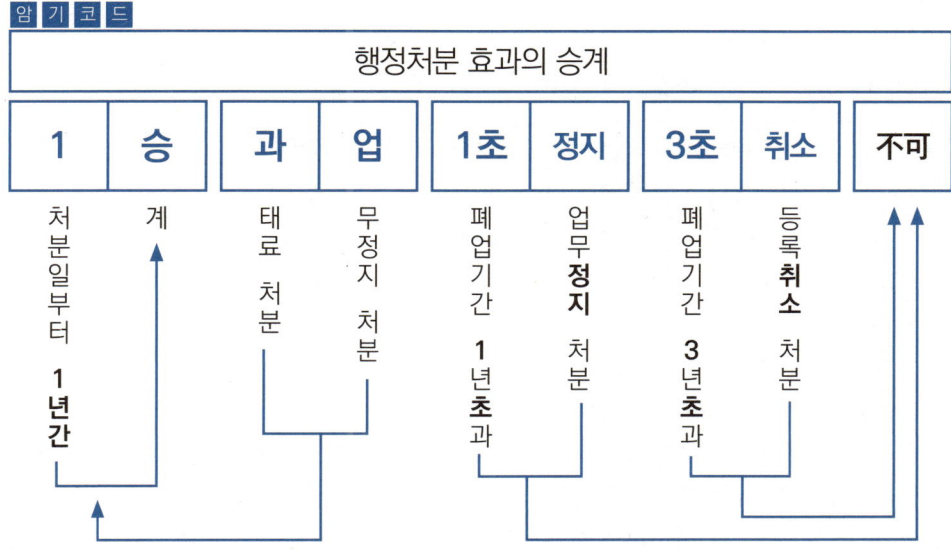

🙂 **1승과업**은 폐업 **1초**면 업무**정지**도 **불가**하고, **폐업 3초**면 등록**취소**가 **불가**하다 ~

🙂 **과업 승계 1년간 폐업**은 **1초**도 **정지**할 수 없고 **3초**면 **취소**할 수도 없다 ~

3 행정형벌

1. 3년 이하의 징역 또는 3천만 원 이하의 벌금형

① 중개사무소의 개설등록을 하지 아니하고 중개업을 한 자(**무등록중개업자**)
② 거짓이나 그 밖의 **부정**한 방법으로 중개사무소의 개설**등록**을 한 자
③ 법 제33조 제1항에 규정된 다음의 **금지행위**‖**[금직쌍투질(부단)]**를 한 개업공인중개사 등

> ㉠ 관계법령에서 양도·알선 등이 **금**지된 부동산의 분양·임대 등과 관련 있는 증서 등의 매매·교환 등을 중개하거나 그 매매를 업으로 하는 행위
> ㉡ 중개의뢰인과 **직**접 거래하는 행위
> ㉢ 거래당사자 **쌍**방을 대리하는 행위
> ㉣ 탈세 등 관계 법령을 위반할 목적으로 소유권보존등기 또는 이전등기를 하지 아니한 부동산이나 관계 법령의 규정에 의하여 전매 등 권리의 변동이 제한된 부동산의 매매를 중개하는 등 부동산**투**기를 조장하는 행위
> ㉤ **부**당한 이익을 얻거나 제3자에게 부당한 이익을 얻게 할 목적으로 거짓으로 거래가 완료된 것처럼 꾸미는 등 중개대상물의 시세에 부당한 영향을 주거나 줄 우려가 있는 행위
> ㉥ **단**체를 구성하여 특정 중개대상물에 대하여 중개를 제한하거나 단체 구성원 이외의 자와 공동중개를 제한하는 행위

④ 법 제33조 제2항에 규정된 다음의 **금지행위**‖**[안내 방해 유도]**를 한 자

> ㉠ **안내문**, 온라인 커뮤니티 등을 **이용**하여 특정 개업공인중개사 등에 대한 **중개**의뢰를 제한하거나 **제한**을 유도하는 행위
> ㉡ 안내문, 온라인 커뮤니티 등을 이용하여 중개대상물에 대하여 시세보다 현저하게 높게 표시·광고 또는 중개하는 특정 개업공인중개사 등에게만 중개의뢰를 하도록 유도함으로써 다른 개업공인중개사 등을 **부당**하게 **차별**하는 행위
> ㉢ 안내문, 온라인 커뮤니티 등을 이용하여 **특정 가격** 이하로 중개를 의뢰하지 아니하도록 **유도**하는 행위
> ㉣ 정당한 사유 없이 개업공인중개사 등의 중개대상물에 대한 정당한 **표시·광고** 행위를 **방해**하는 행위
> ㉤ 개업공인중개사 등에게 중개대상물을 **시세**보다 현저하게 높게 표시·광고하도록 강요하거나 대가를 약속하고 시세보다 현저하게 높게 표시·광고하도록 **유도**하는 행위

> **보충**
> 위 ㉤, ㉥은 부동산거래**질**서교란행위에 해당함

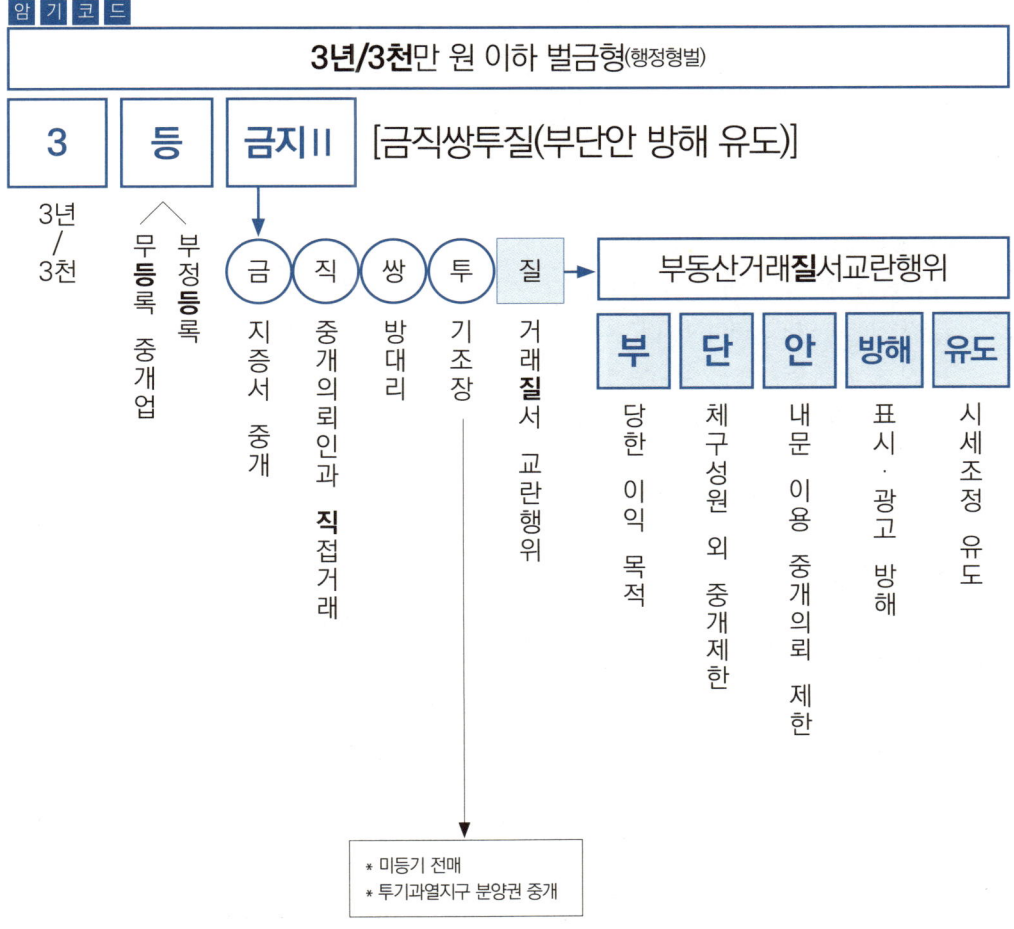

😊 **3등 금지II** (금직쌍투질 / 부단안 방해 유도)

😊 **부당한 방해 유도 안내 단체** ~

2. 1년 이하의 징역 또는 1천만 원 이하의 벌금형

① **이중**으로 중개사무소의 개설**등록**을 한 자
② **둘 이상**의 중개사무소에 **소속**된 개업공인중개사 등
③ **둘 이상**의 중개**사무소**를 두거나 **임시 중개시설물**을 설치한 개업공인중개사
④ 다른 사람에게 자기의 성명을 사용하여 중개업무를 하게 하거나 공인중개사자격증을 **양도 · 대여한 자** 또는 다른 사람의 공인중개사자격증을 **양수 · 대여받은 자**
⑤ 다른 사람에게 자기의 **성명** 또는 **상호**를 사용하여 중개업무를 하게 하거나 중개사무소**등록증**을 다른 사람에게 **양도 · 대여한 자** 또는 다른 사람의 성명 · 상호를 사용하여 중개업무를 하거나 중개사무소등록증을 양수 · 대여받은 자
⑥ 업무상 **비밀**을 **누설**한 개업공인중개사 등(단, 이 규정에 위반한 자는 피해자의 명시한 의사에 반하여 벌하지 아니함)
⑦ 개업공인중개사로부터 공개를 **의뢰받지 않은** 중개대상물의 **정보**를 부동산거래정보망에 공개하거나, 의뢰받은 내용과 **다르게** 정보를 공개하거나 개업공인중개사에 따라 정보가 **차별적**으로 **공개**되도록 한 거래정보사업자
⑧ **공인중개사**가 **아닌 자**로서 공인중개사 또는 이와 **유사한 명칭**을 **사용**한 자
⑨ **개업공**인중개사가 **아닌 자**로서 '공인중개사사무소', '부동산중개' 또는 이와 **유사한 명칭**을 **사용**하거나 중개업을 하기 위하여 중개대상물에 대한 **표시 · 광고**를 한 자
⑩ 법 제33조 제1항에 규정된 다음의 금지행위를 한 개업공인중개사 등

  ㉠ 중개대상물의 매매를 업으로 하는 행위
  ㉡ 무등록중개업을 영위하는 자인 사실을 알면서 그를 통하여 중개를 의뢰받거나 그에게 자기의 명의를 이용하게 하는 행위
  ㉢ 사례 · 증여 그 밖의 어떠한 명목으로도 보수 또는 실비를 초과하여 금품을 받는 행위
  ㉣ 중개대상물의 거래상의 중요사항에 관하여 거짓된 언행 그 밖의 방법으로 중개의뢰인의 판단을 그르치게 하는 행위

⑪ **중개보조원** 고용 인원수 **제한**을 **초과**(개업공인중개사와 소속공인중개사 합한 수의 5배)하여 중개보조원을 고용한 경우

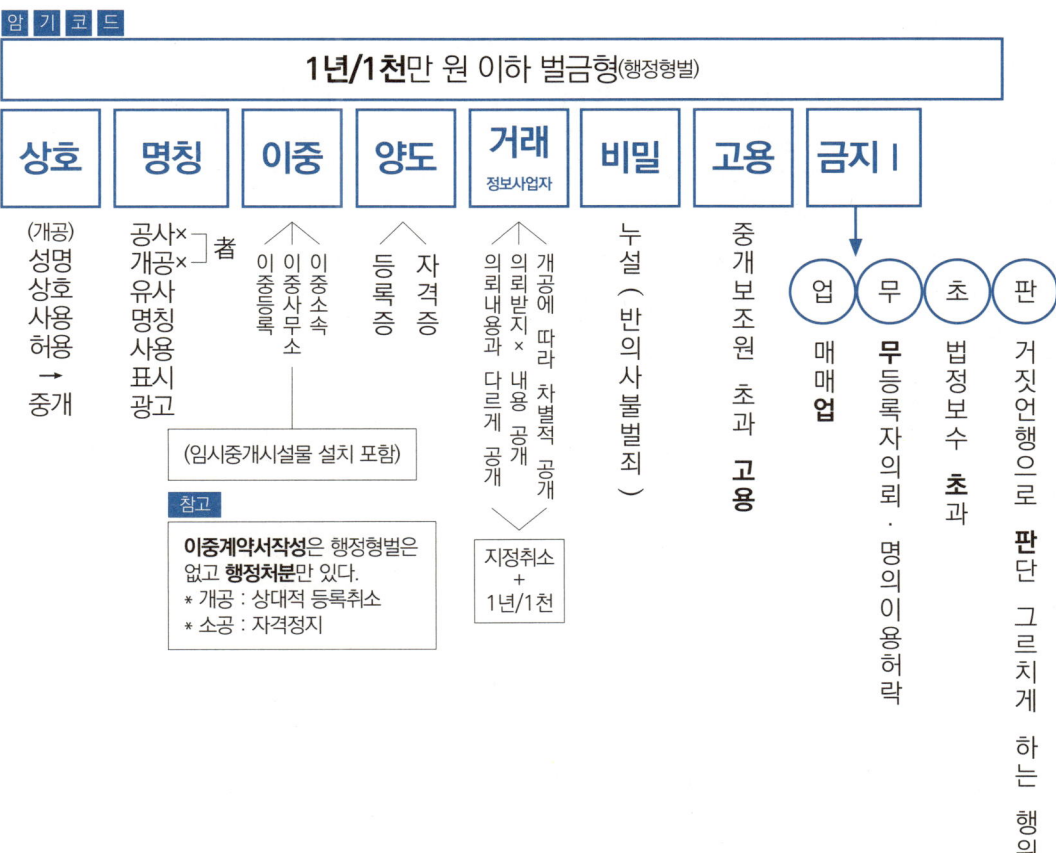

🙂 **상호 명칭 이중 양도 거래**와 **비밀 고용**은 **금지 I** (1/1)이다 ~

3. 양벌규정

(1) 원칙	소속공인중개사 · 중개보조원 또는 개업공인중개사인 법인의 사원 · 임원이 중개업무에 관하여 행정형벌(3/3 또는 1/1)에 해당하는 위반행위를 한 때에는 그 행위자를 벌하는 외에 그 **개업공**인중개사에 대하여도 해당 조에 규정된 **벌금형**을 과한다. ※ 해당 조에 규정된 형벌(×), 행위자와 동일한 벌금형(×), 과태료는 양벌규정 적용(×)
(2) 예외	다만, 그 개업공인중개사가 그 위반행위를 방지하기 위하여 해당 업무에 관하여 상당한 주의와 감독을 게을리하지 아니한 경우에는 그러하지 아니하다(**벌금형을 받지 않는다**).
(3) 효과	① 해당 조에 규정된 벌금형은 개업공인중개사의 직원에 대한 지도 · 감독상 책임을 규정한 것으로 **징역형**은 해당 **안 됨** ② 개업공인중개사는 양벌규정으로 인하여 300만원 이상의 벌금형을 선고받더라도 **결격사유**에 **해당하지 않**으므로, 등록이 취소되거나 공인중개사자격이 취소되지 않는다. ③ 개업공인중개사는 납부한 벌금에 대하여 고용인에게 **구상권**을 행사할 수 **없다**. ④ 행정처분과 행정형벌은 병과 · 부과할 수 있으나, 행정처분과 행정질서벌은 병과 · 부과할 수 없다. ⑤ 징역형과 벌금형은 병과할 수 없다.

> 보충

[벌칙정리]

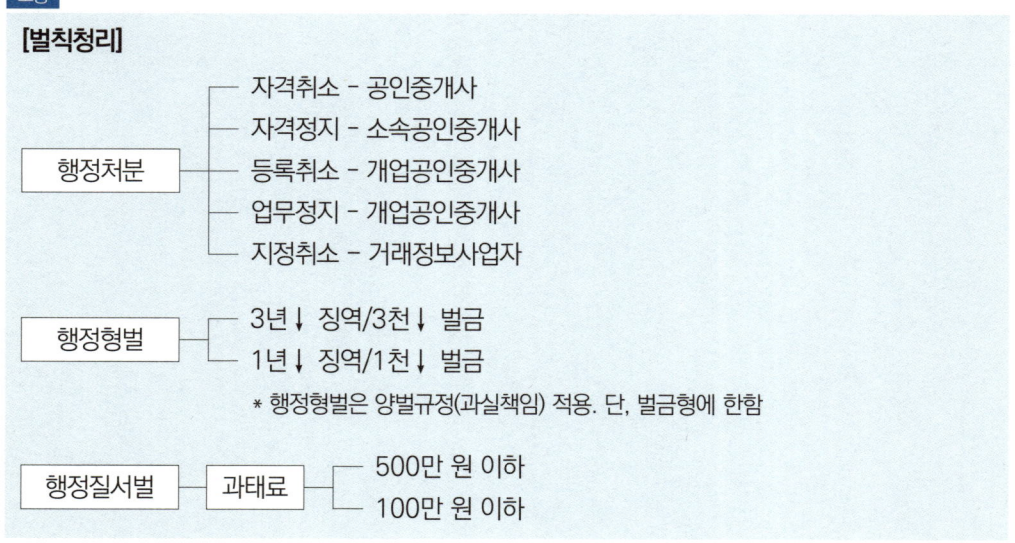

4 행정질서벌

1. 500만 원 이하의 과태료

(1) 개업 공인중개사	① 개업공인중개사가 다음의 **부당한 표시 · 광고** 행위를 한 경우 　㉠ 중개대상물이 **존재하지 않아서** 실제로 **거래를 할 수 없는** 중개대상물에 대한 표시 · 광고 행위를 한 경우 　㉡ 중개대상물의 가격 등 내용을 **사실과 다르게** 거짓으로 표시 · 광고하거나 사실을 과장되게 하는 표시 · 광고를 한 경우 　㉢ 그 밖에 표시 · 광고의 내용이 부동산거래질서를 해치거나 중개의뢰인에게 피해를 줄 우려가 있는 것으로서 대통령령으로 정하는 내용의 표시 · 광고를 한 경우 　　▶ 중개대상물이 존재하지만 **중개의 대상이 될 수 없는** 중개대상물을 광고한 경우 　　▶ **중개의 의사가 없는** 중개대상물을 광고한 경우 　　▶ 중개대상물에 대하여 **은폐**하거나 **축소**하여 광고한 경우 ② 성실 · 정확하게 중개대상물의 **확인 · 설명**을 하지 **아니하거나** 설명의 **근거자료**를 제시하지 아니한 경우
(2) 개업 · 소속 공인중개사	실무교육을 받은 후 2년마다 시 · 도지사가 실시하는 **연수교육**을 받아야 한다는 규정을 **위반**한 경우
(3) 개공 및 중개보조원	현장안내 등 중개업무를 보조함에 있어서 중개의뢰인에게 본인이 **중개보조원**이라는 사실을 **미리 알리지 아니한** 중개보조원 및 그가 소속된 개업공인중개사. 다만, 개업공인중개사가 그 위반행위를 방지하기 위하여 해당 업무에 관하여 상당한 주의와 감독을 게을리하지 아니한 경우에는 제외함
(4) 정보통신 서비스 제공자	① 표시 · 광고가 관련 규정을 준수하였는지 여부를 모니터링하기 위한 국토교통부장관의 관련 자료의 제출을 요구받고도 관련 **자료**를 **제출**하지 **아니**한 경우 ② 모니터링 결과에 따른 국토교통부장관의 필요한 조치를 요구받고도 법 위반 광고에 대한 확인 또는 추가정보의 게재 등 **필요한 조치**를 하지 **아니**한 경우
(5) 거래정보 사업자	① **운영규정**의 승인(변경승인)을 얻지 아니하거나 운영규정의 내용을 위반하여 부동산거래정보망을 운영한 경우 ② 보고, 자료의 제출, 조사 또는 검사를 거부 · 방해 또는 기피하거나 그 밖의 **명령을 이행**하지 **아니**하거나 거짓으로 보고 또는 자료제출을 한 경우

(6) 협회	① 공제사업 **운용실적**을 공시하지 **아니**한 경우 ② 공제업무의 **개선명령**을 이행하지 **아니**한 경우 ③ **임원**에 대한 **징계·해임**의 요구나 **시정명령**을 이행하지 **아니**한 자 ④ 국토교통부장관의 요청이 있는 경우로서 **금융감독원장**의 공제사업에 관한 **조사** 또는 검사에 **불응**한 경우 ⑤ 보고, 자료의 제출, 조사 또는 검사를 거부·방해 또는 기피하거나 그 밖의 **명령**을 **이행**하지 **아니**하거나 거짓으로 보고 또는 자료제출을 한 경우

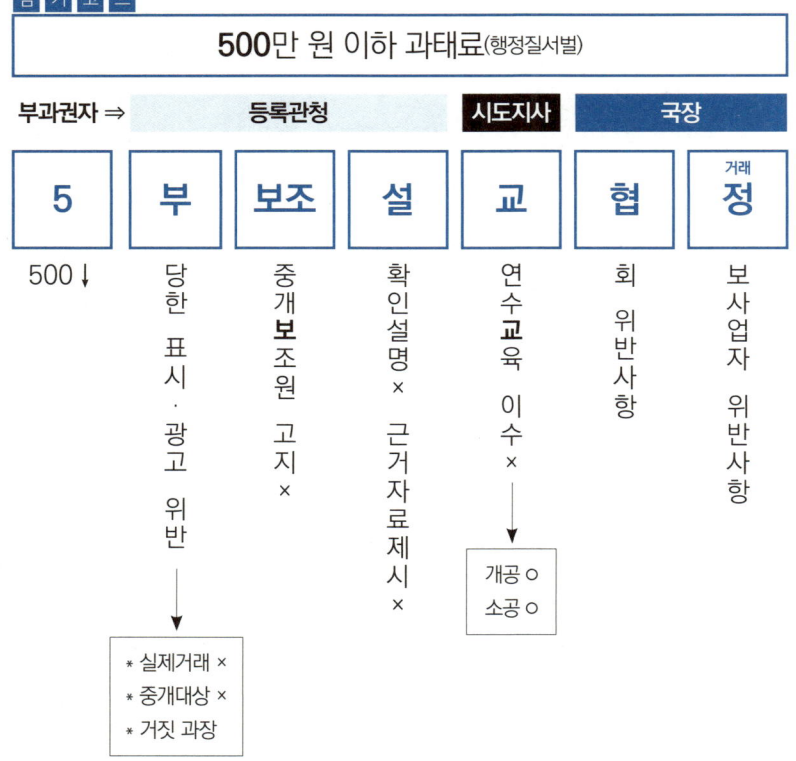

 5부 보조 설교 협정 ~

2. 100만 원 이하의 과태료

(1) 개업 공인 중개사	① 중개사무소등록증 등을 **게시**하지 아니한 자 ② 사무소의 **명칭**에 '공인중개사사무소', '부동산중개'라는 문자를 사용하지 아니한 자 또는 옥외광고물에 **성명**을 표기하지 아니하거나 거짓으로 표기한 자 ③ 의뢰받은 중개대상물에 대하여 표시·광고를 하는 경우로서 중개사무소, 개업공인중개사에 관한 사항 등을 명시하여야 하며, 중개보조원에 관한 사항은 명시해서는 아니 된다는 **규정을 위반**하여 **표시·광고**한 경우 ④ 인터넷을 이용하여 중개대상물에 대한 표시·광고를 하는 때에는 중개대상물의 종류별로 소재지, 면적, 가격 등의 사항을 명시하여야 한다는 **규정을 위반**하여 **표시·광고**한 경우 ⑤ 중개사무소의 이전신고를 하지 아니한 자 ⑥ 휴업, 폐업, 휴업한 중개업의 재개 또는 휴업기간의 변경신고를 하지 아니한 자 ⑦ 손해배상책임에 관한 사항을 설명하지 아니하거나 관계 증서의 사본 또는 관계증서에 관한 전자문서를 교부하지 아니한 자 ⑧ 중개사무소등록증을 **반납**하지 아니한 자 ⑨ **부칙** 규정에 의한 **개업공**인중개사가 사무소의 명칭에 '**공인중개사사무소**'의 문자를 사용한 경우
(2) 공인 중개사	자격취소처분을 받고 공인중개사**자격증을 반납**하지 아니하거나 공인중개사자격증을 반납할 수 없는 사유서를 제출하지 아니한 자 또는 거짓으로 공인중개사자격증을 반납할 수 없는 사유서를 제출한 자

> **보충**

과태료 처분 권한 및 제재

부과권자	대상자	제재
국토교통부 장관	공인중개사협회	500만 원 이하 과태료
	거래정보사업자	500만 원 이하 과태료
	정보통신서비스제공자	500만 원 이하 과태료
시·도지사	개업공인중개사, 소속공인중개사	500만 원 이하 과태료(연수교육 이수 ×)
	공인중개사	100만 원 이하 과태료(자격증 반납 ×)
등록관청	개업공인중개사	500만 원 이하 과태료(확인·설명 ×, 부당 광고)
	개업공인중개사, 중개보조원	500만 원 이하 과태료(중개보조원 고지 ×)
	개업공인중개사	100만 원 이하 과태료 (등록증 반납 ×, 중개사무소 신고 관련 위반)

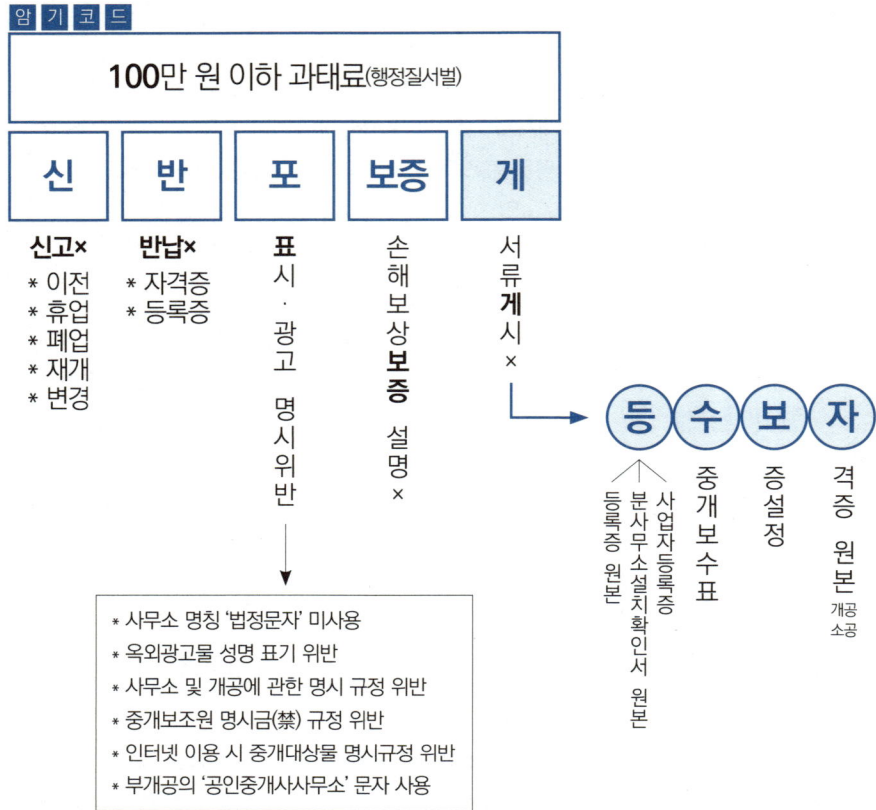

😊 **신 반포(표) 보증 게는 100만 원**이다 ~

제 2 편
부동산 거래신고 등에 관한 법률

제 1 장 | 부동산 거래신고 등에 관한 법률
제 2 장 | 주택임대차계약의 신고
제 3 장 | 외국인 등의 부동산 취득 등에 관한 특례
제 4 장 | 토지거래허가제도
제 5 장 | 벌칙 및 무허가 계약의 효력
제 6 장 | 포상금 등

제1장 ｜ 부동산 거래신고 등에 관한 법률

1 「부동산 거래신고 등에 관한 법률」의 제정 목적 등

(1) 제정 목적	① 1차 목적 : 부동산거래 등의 신고 및 허가에 관한 사항을 정함 ② 2차 목적 : 건전하고 투명한 부동산거래질서 확립 ③ 궁극 목적 : 국민경제에 이바지함
(2) 용어의 정의	① 부동산 : 토지 또는 건축물 ② 부동산 등 : 부동산 또는 부동산을 취득할 수 있는 권리 　▶「택지개발촉진법」,「주택법」 등 대통령령으로 정하는 법률에 따른 부동산에 대한 **공급계약**을 통하여 부동산을 공급받는 자로 선정된 지위(**분양권**) 　▶「도시 및 주거환경정비법」 제48조에 따른 관리처분계획의 인가로 취득한 입주자로 선정된 지위(**조합원 입주권**) ③ 거래당사자 : 부동산 등의 매수인과 매도인(외국인 등 포함) ④ 임대차계약당사자 : 부동산 등의 임대인과 임차인(외국인 등 포함) ⑤ 외국인 등 : 다음의 개인 · 법인 또는 단체 　　㉠ 대한민국의 국적을 보유하고 있지 아니한 개인 　　㉡ 외국의 법령에 따라 설립된 법인 또는 단체 　　㉢ 사원 또는 구성원의 2분의 1 이상이 대한민국의 국적을 보유하고 있지 아니한 법인 또는 단체 　　㉣ 업무를 집행하는 사원이나 이사 등 임원의 2분의 1 이상이 대한민국의 국적을 보유하고 있지 아니한 법인 또는 단체 　　㉤ 대한민국의 국적을 보유하고 있지 아니한 개인이나 외국의 법령에 따라 설립된 법인 또는 단체가 자본금의 2분의 1 이상이나 의결권의 2분의 1 이상을 가지고 있는 법인 또는 단체 ⑥ 국제기구 : 국제연합과 그 산하기구 · 전문기구 등

2 부동산거래 신고제도

(1) 신고대상	부동산 등	부동산 또는 부동산을 취득할 수 있는 권리 ① 부동산(토지 또는 건축물) ② 「택지개발촉진법」, 「주택법」 등 대통령령으로 정하는 법률에 따른 부동산에 대한 **공급계약**을 통하여 부동산을 공급받는 자로 선정된 지위(**분양권**) ③ 「도시 및 주거환경정비법」 제48조에 따른 관리처분계획의 인가로 취득한 입주자로 선정된 지위(**조합원 입주권**) ※ 입목 · 광업재단 · 공장재단 등은 신고대상 아님
	매매계약	① **매매계약**에 한정 ② 거래계약서 **검**인 받은 매매계약, 토지거래**허**가를 받은 토지, 외국인 등이 토지취득허가를 받은 토지일지라도 매매일 경우에는 부동산거래신고를 하여야 함 ※ 교환계약, 증여계약, 임대차계약, 저당권설정계약, 판결, 경 · 공매, 상속 등은 신고대상 아님
(2) 신고기한 및 신고관청		① 신고기한 : 계약체결일부터 **30일** 이내, 위반시 500만 원 이하 과태료 ② 신고관청 : 부동산 소재지 관할 시장 · 군수 · 구청장
(3) 신고의무자		① 거래당사자 : 거래당사자가 **직접 거래**한 경우는 공동신고(원칙) (단, 일방이 신고 거부 경우 단독신고 可) ② 국가 등 : 거래당사자 중 일방이 **국가, 지방자치단체, 공기업**의 경우에는 **국가 등**이 신고 要 ③ **개업공인중개사**가 거래계약서를 작성 · 교부한 경우(거래당사자는 신고의무 없음) 　　┌─────────────────────────────────┐ 　　│ ㉠ 단독중개 - 해당 개업공인중개사가 신고 要, │ 　　│ ㉡ 공동중개 - 해당 개업공인중개사 공동신고(원칙) │ 　　│ 　　(단, 일방이 신고 거부 경우 단독신고 可) │ 　　└─────────────────────────────────┘ ＊ 단독신고 시 제출서류 : 신고서 + 부동산거래계약서 사본 + 단독신고사유서

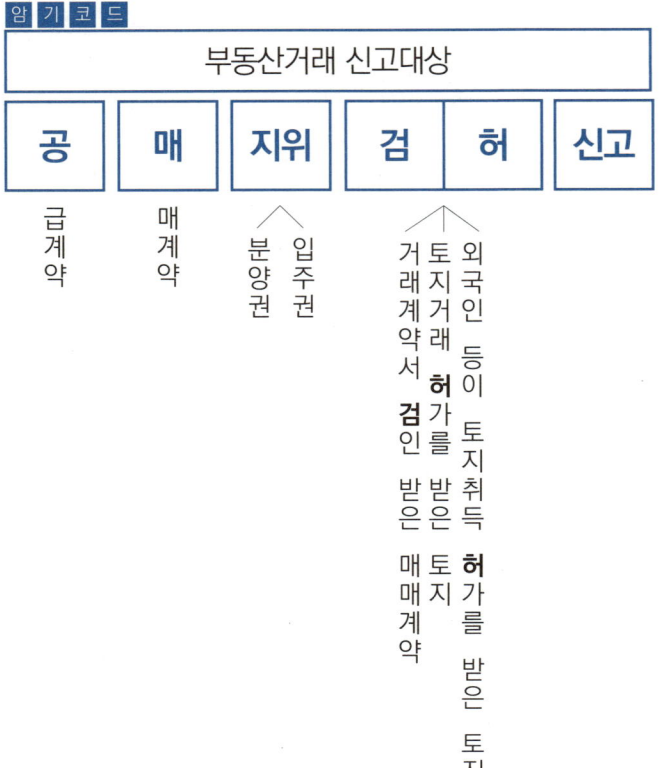

> 주의
* 신고대상 × : 입목, 공장 및 광업재단, 교환, 증여, 임대차
* 개공 중개 시 : 무조건 개공이 신고 要
* 투과 · 조정지역은 거래가격 상관없이 입주여부 신고 要
* 비규제지역 6억 이상 신고 要

😊 **공매 지위**는 **겸허**히 **거래신고**를 해야 한다 ~

(4) 신고
사항
	공통	① 거래**당**사자의 인적사항
		② 계약체결**일**, 중도금 및 잔금 지급일
		③ 거래대상 부동산에 관한 사항(종류, 소재지 · 지번 · 지목 및 면적)
		④ 실제 거래가격
		⑤ 개업공인중개사가 거래계약서를 작성 · 교부한 경우
		  ㉠ **개업공**인중개사의 **인적사항**
		  ㉡ **중개사무소**의 상호 · 전화번호 및 소재지
		⑥ 계약의 **조건**이나 기한이 있는 경우에는 그 조건이나 기한
		⑦ 위탁관리인의 인적사항(매수인이 국내에 주소 또는 거소를 두지 않은 경우)

	주택	실제 거래가격 6억 원 이상 주택, 투기과열지구(조정대상지역) 주택, 법인이 주택을 매매한 경우(단, 매수인이 국가등인 경우는 제외) ① 주택취득에 필요한 자금의 **조달계획** 및 지급방식 ② 주택의 **이용계획**(매수자 본인 입주 여부 및 입주 예정 시기 등)
	토지	실제 거래가격이 **수도권 등** 소재 **토지 1억 원**(지분매수는 금액불문) **이상**, 수도권 등 외 지역 소재 **토지 6억 원**(지분매수 포함) **이상**인 토지를 매수하는 경우 (단, 매수인이 국가등이 포함된 경우나 토지거래허가를 받아야 하는 경우는 제외) ① 토지취득에 필요한 자금의 조달계획 ② 토지의 이용계획

(5) 법인신고		① 부동산거래계약신고서(공통신고사항)
		② 법인주택거래계약신고서
		  ㉠ 법인의 등기현황
		  ㉡ 법인과 거래상대방 간의 관계(법인의 임원 및 친족관계 여부 등)
		③ 자금조달계획 및 입주계획서
		  ㉠ 주택의 취득목적
		  ㉡ 주택취득에 필요한 자금의 조달계획 및 지급방식
		  ㉢ 임대 등 주택의 이용계획
		④ 자금조달계획 증명서류 첨부(투기과열지구 내 주택의 경우)
		⑤ 자금조달계획 및 입주계획서를 법인주택거래계약신고서와 분리하여 제출하고자 하는 경우에는 거래계약 체결일부터 **30일 이내 별도 제출 可**
		⑥ 법인 또는 매수인 외의 자가 자금조달계획 및 입주계획서 또는 법인주택거래계약신고서를 제출하는 경우 법인 또는 매수인은 거래계약 체결일부터 **25일 이내에 제공하여야** 하며, 이 기간 내에 제공하지 않은 경우에는 법인 또는 매수인이 직접 제출 要

암기코드
부동산거래 신고사항

개공 / **당**사자 / **일** / **부** / **조** / **금** / **조**달 / **계**획

- 개공: 인적사항 ← 사무소 사항
- 당사자: 인적 사항
- 일: 연월일
- 부: 동산 사항
- 조: 건/기한
- 금: 실제거래 **가격**
- 조달: 자금 **조달**
- 계획: 이용 **계획** (주택)(토지)

☺ **개공**은 **당일**에 **부조금 조달 계획**을 **신고**했다 ~

보충
부동산거래신고서 기재사항

* 외국인 – 국적표기 要
* 집합건물 – 전용면적 기재
* 그 밖의 건물 – 연면적 기재
* 종전부동산란 – 입주권매매 경우만 작성

(6) 신고방법	① 방문신고 및 신고대행 : 부동산거래계약신고서를 작성하여 신고관청에 직접 제출하는 방법, 신고서 제출 **대행 可** ┌───┐ │ ㉠ 거래당사자의 위임받은 자 │ : 제출 대행자 신분증 제시 + 거래당사자의 자필서명 위임장 · 신분증명서 사본 │ ㉡ 개업공인중개사의 위임을 받은 소속공인중개사 │ : 소속공인중개사 신분증 제시(개업공인중개사의 위임장 불필요) │ ㉢ **중개보조원**은 개업공인중개사의 위임을 받아 신고서 제출 **대행 不可** └───┘ ② 전자문서에 의한 신고 : 부동산거래 관리시스템을 이용하여 신고하는 방법, 신고서 제출 **대행 不可** ③ 전자계약시스템 : **부동산거래 전자계약시스템**을 통하여 부동산거래계약을 체결한 경우에는 부동산거래계약이 체결된 때에 부동산거래계약신고서를 제출한 것으로 봄
(7) 신고필증 발급	① 신고관청은 그 신고내용을 확인한 후 신고인에게 신고필증을 **지체 없이** 발급 要 ② 신고관청은 부동산거래계약신고서(법인의 경우 법인신고서 및 자금조달 · 입주계획서 포함)가 제출된 때에 신고필증을 발급함 ③ 매수인은 신고인이 신고필증을 발급 받은 때에는 「부동산등기 특별조치법」상 검인을 받은 것으로 봄(**검인의제**)
(8) 해제 등의 신고의무	① 부동산 거래신고 후 해제(무효, 취소)된 경우 : 해제 등이 확정된 날부터 30일 이내에 **공동신고 要** ② 개업공인중개사가 거래신고 후 해제(무효, 취소)된 경우 : 해제 등이 확정된 날부터 30일 이내에 신고 **可** ③ 단독신고 경우 : 신고서 + 단독신고사유서, 법원판결문 등 해제 등이 확정된 사실을 입증할 수 있는 서류

(9) 정정신청	① 정정신청사항 : 다음의 사항이 **잘못 기재된 경우**에는 신고내용의 정정을 신청 가	
	㉠ 거래당사자의 주소 · 전화번호 　(거래당사자의 성명 · 주민등록번호는 정정신청 불가) ㉡ 거래지분 및 거래지분 비율 　(거래가격은 정정신청 불가) ㉢ 중개사무소의 상호 · 전화번호 및 소재지 　(개업공인중개사의 성명 · 주민등록번호는 정정신청 불가) ㉣ 부동산 등의 지목 · 면적 및 대지권 비율 　(부동산 등의 소재지 · 지번은 정정신청 불가) ㉤ 거래대상 건축물의 종류(토지의 종류는 정정신청 불가)	
	② 정정신청방법 : 부동산거래신고필증에 정정사항 표시하고 정정부분에 서명 　또는 날인하여 신고관청에 제출 ③ 재발급 : 신고관청은 **지체 없이** 신고필증 재발급 要	
(10) 변경신고	① 변경신고사항 : 신고내용 중 다음의 사항이 **변경된 경우**에는 등기신청 전에 　신고내용의 변경을 신고 가	
	㉠ 거래지분 및 거래지분 비율 ㉡ 부동산 등의 면적 ㉢ 계약의 조건 · 기한 ㉣ 거래가격 ㉤ 대금 지급일 ㉥ 공동매수의 경우 **일부 매수인의 변경**(매수인 중 일부가 **제외**되는 경우만 해당) ㉦ 거래대상 부동산 등이 다수인 경우 **일부 부동산 등의 변경**(대상부동산 중 　일부가 **제외**되는 경우만 해당)	
	② 변경신고방법 : 변경신고서에 서명 또는 날인하여 신고관청에 제출 ③ 재발급 : 신고관청은 **지체 없이** 신고필증 재발급 要	
(11) 금지행위	① 개업공인중개사에게 부동산거래신고를 하지 아니하게 하거나 거짓신고 하도록 　요구하는 행위(500만 원↓ 과태료) ② 신고의무자가 아닌 자가 부동산거래신고를 거짓으로 하는 행위 　(취득가액의 10/100↓ 과태료) ③ 거짓으로 부동산거래신고 등을 **조장**하거나 **방조**하는 행위(500만 원↓ 과태료) ④ 신고대상에 해당하는 계약을 체결하지 아니하였음에도 거짓으로 부동산거래신고를 　하는 경우(3천만 원↓ 과태료) ⑤ 거래신고 후 해당 계약이 해제 등이 되지 아니하였음에도 거짓으로 해제 등의 　신고를 하는 경우(3천만 원↓ 과태료)	

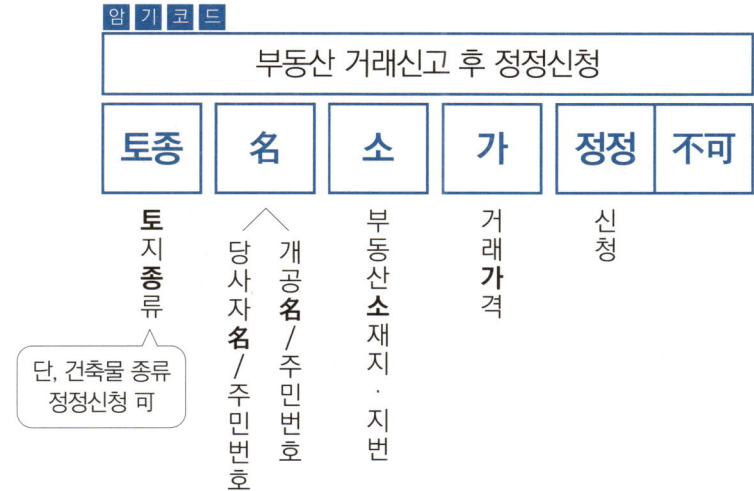

😊 **토종 명(名)소 가격**은 **정정**할 수 없다 ~

참고
부동산 거래신고 후 변경신고 可

* 거래가격, 지분, 면적, 조건, 중도금 · 잔금지급일
* 매수인(일부 **제외** 경우만 可, **추가 또는 교체는 不可**)
* 부동산(일부 **제외** 경우만 可, **추가 또는 교체는 不可**)

(12) 사후관리	신고내용조사	① 국토교통부장관은 신고내용조사를 직접 또는 신고관청과 공동으로 실시할 수 있음 ② 신고관청은 신고인에게 관련 자료의 제출을 요구할 수 있음 　㉠ 거래대금 지급증명자료 제출요구(불응 시 3천만 원↓ 과태료) 　㉡ 거래대금 지급증명자료 외의 자료 제출요구(불응 시 500만 원↓ 과태료)
	신고가격검증	① 부동산거래가격 **검증체계의 구축·운영 要** : **국토교통부장관** 　[참고] 부동산정보체계구축·운영 **可** : **국토교통부장관** ② 신고내용의 적정성 검증 要 : **신고관청**은 부동산거래가격 검증체계를 활용하여 그 적정성을 검증하여야 함 ③ 국토교통부장관은 부동산거래가격 검증체계의 구축·운영을 위하여 신고관청에 신고내용의 조사결과 및 신고가격의 적정성 검증결과 등에 관한 자료의 제출을 요구할 수 있음 ④ 검증 결과의 통보 要 : 신고관청 → 부동산 소재지 관할 세무관서의 장 ⑤ 과세자료 활용 : 세무관서의 장은 통보 받은 검증결과를 국세 또는 지방세 부과를 위한 자료로 활용 可
	검증결과보고	신고관청 → 시·도지사(**매월 1회**) → 국토교통부장관
(13) 의제규정		① **검인의제** : 매수인은 신고인이 신고필증을 발급 받은 때에는 「부동산등기 특별조치법」상 검인을 받은 것으로 봄 ② 외국인 등의 취득신고 면제 　(단, 부동산거래신고의 대상인 계약을 체결하여 부동산거래신고를 한 경우) ③ 부동산거래계약시스템을 통한 부동산거래계약 해제 등을 한 경우는 신고서를 제출한 것으로 봄

3 부동산거래 신고의무 위반에 대한 제재

(1) 3년↓ 징역/ 3천만 원↓ 벌금	부당하게 재물이나 재산상 **이득**을 **취득**하거나 제3자로 하여금 이를 취득하게 할 **목적**으로(계약을 체결하지 아니하였음에도 불구하고/해제 등이 되지 아니하였음에도 불구하고) **거짓으로 신고한 자**
(2) 3천만 원↓ 과	① 계약을 **체결하지 아니하였음**에도 불구하고 거짓으로 부동산거래신고를 한 자(벌칙 받은 경우는 제외) ② **해제 등이 되지 아니하였음**에도 불구하고 거짓으로 해제 등 신고를 한 자(벌칙 받은 경우는 제외) ③ 거래대금지급 **증명자료**를 제출하지 아니하거나 거짓제출 또는 그 밖의 필요한 조치를 이행하지 아니한 자
(3) 취득가액의 10/100↓ 과	부동산거래신고를 위반하여 **거짓으로 신고한 자**와 **신고의무자가 아닌 자**가 부동산거래신고를 거짓으로 하는 행위
(4) 500만 원↓ 과	① 부동산거래신고 또는 해제 등의 **신고를 하지 아니한 자**(공동신고 거부자 포함) ② **개업공인중개사에게** 부동산거래신고를 하지 아니하게 하거나 **거짓신고** 하도록 **요구**한 자 ③ 거짓으로 부동산거래신고 등을 **조장**하거나 **방조**한 자 ④ 거래대금지급 증명자료 **외의 자료**를 제출하지 아니하거나 거짓으로 제출한 자
(5) 통보의무	① 과태료 부과권자 : 신고관청 ② 과태료 부과사실 통보(신고관청 → 등록관청) : 개업공인중개사에게 과태료를 부과한 신고관청은 부과일로부터 **10일 이내**에 해당 중개사무소를 관할하는 등록관청에 그 사실을 **통보 要**

4 과태료의 감경 · 면제

(1) 과태료 면제	신고관청은 조사가 시작되기 전에 부동산거래신고의무 위반사실을 자진 신고한 자로서 다음의 요건을 모두 충족한 경우 과태료를 면제할 수 있다. ① 자진 신고한 위반행위(개업공인중개사에게 거짓신고하도록 요구, 거짓신고 조장 · 방조, 거짓신고)에 해당할 것 ② 최초의 단독 신고자일 것 ③ 위반사실 입증자료 제공 등 조사에 성실하게 협조하였을 것
(2) 과태료 100분의 50 감경	조사가 시작된 후 자진 신고한 자로서 다음의 요건을 모두 충족한 경우 과태료 100분의 50을 감경할 수 있다. ① 위 (1)의 3가지 요건을 갖출 것 ② 신고관청이 증거를 충분히 확보하지 못한 상태일 것
(3) 감경 · 면제 불가 사유	① 위반한 사실 등이 관계기관으로부터 신고관청에 통보된 경우 ② 과거 1년 이내에 자진 신고를 하여 3회 이상 과태료의 감경 또는 면제를 받은 경우 ③ 거래대금지급 증명자료 또는 거래대금지급 증명자료 외의 자료를 제출하지 아니하거나 거짓으로 제출한 자 ④ 계약을 체결하지 아니하였음에도 불구하고 거짓으로 신고한 경우 ⑤ 계약이 해제 등이 되지 아니하였음에도 불구하고 거짓으로 해제 등의 신고를 한 경우

> **보충**
>
> 과태료의 감경 · 면제 위한 조사
>
> 조사기관의 조사가 시작된 시점은 신고관청이 거래당사자 또는 개업공인중개사 등에게 관련 자료 제출 등을 요구하는 서면을 발송한 때로 한다.

😊 **전자**는 **과태료 면제**하고 **후자**는 **50% 감경**할 수 있다 ~
  * 조사시작 前   * 조사시작 後
    자진 신고한 자   자진 신고한 자

제2장 | 주택임대차계약의 신고

1 주택임대차계약의 신고의무

(1) 신고대상	① 주택 : 「주택임대차보호법」에 따른 주택을 말하며, 주택을 취득할 수 있는 권리를 포함한다.
	② 대상계약
	    ㉠ 사실상 주거용으로 사용하는 경우는 모두 신고대상에 포함됨
	    ㉡ 보증금이 6천만 원 초과하거나 월 차임이 30만 원을 초과하는 주택임대차계약(계약갱신 포함. 단, 보증금 및 차임의 증감 없이 주택임대차계약 기간만 연장하는 갱신은 제외)
	③ 대상지역(대통령령으로 정하는 지역) : 특별자치시(도)·도·시·군(광역시 및 경기도 관할 구역 군으로 한정)·구(자치구)

(2) 신고기한	임대차계약의 체결일로부터 30일 이내
(3) 신고관청	① 주택 소재지 관할 신고관청(읍·면·동장 또는 출장소장에게 사무의 위임 可) ② 신고를 받은 신고관청은 신고내용을 확인한 후 지체 없이 신고필증 교부 要
(4) 신고 의무자	① 공동신고(원칙) : 당사자(외국인 등 포함) 공동신고 ② 단독신고(예외) : 당사자 중 일방이 신고거부 하는 경우 (거부자 : 100만 원 이하 과태료) ③ 국가등이 신고 : 당사자 중 일방이 국가 등인 경우
(5) 신고사항	① 당사자의 인적사항 ② 목적물 현황(소재지, 종류, 면적 등) ③ 계약체결일 및 계약기간 ④ 보증금 또는 월 차임 ⑤ 계약갱신요구권의 행사 여부(갱신한 경우만) ⑥ 개업공인중개사의 등록정보

암기코드	주택임대차계약의 신고사항					
주택	**임**대	**금**보증	**당**사자	**일**계약	**갱**신	**개**공
임대차	대차 목적물	보증**금**/월차임	인적사항	계약**일** 및 계약기간	**갱**신요구권 행사 여부	사무소 사항 / 인적사항

☺ 주택**임금** 신고를 **당일**에 **갱신**한 **개공** ~

☺ **개공**은 주택**임금 신고**를 **당일**에 **갱신**했다 ~

참고	주택임대차계약의 신고대상 및 신고기한

* 주택(주택을 취득할 수 있는 권리 포함)
* 보증금 6천만 원 초과 또는 월차임 30만 원 초과
* 계약체결일로부터 30일 이내 신고 要
* 개업공인중개사 신고의무 無

2 주택임대차계약의 변경·해제신고 및 신고내용의 정정

(1) 변경·해제 신고	신고 사유	주택임대차계약 신고 후 임대차 가격이 **변경**되거나 임대차계약 **해제**가 확정된 날부터 **30일 이내**에 신고 要
	신고 의무 및 신고서 제출	① 공동신고(원칙) : 당사자 공동신고 경우 　- 신고서에 공동으로 서명 또는 날인하여 제출 要 ② 단독신고(예외) : 당사자 중 일방이 신고거부 하는 경우 　- 신고서(단독 서명 또는 날인) + 단독신고사유서 + 변경계약서 　 또는 해제합의서 첨부하여 제출 要 ③ 국가 등이 신고 : 당사자 중 일방이 국가 등인 경우 　- 신고서(단독 서명 또는 날인) 제출 要
	신고필증 교부	변경 또는 해제신고를 받은 신고관청은 지체 없이 신고필증 또는 해제확인서를 교부 要
(2) 신고내용 정정	정정신청 사유	주택임대차계약 당사자는 주택임대차 신고사항 등의 내용이 잘못 적힌 경우에는 신고내용의 정정을 신청할 수 있음
	신청 방법	임대차 신고필증에 정정사항을 표시하고 해당 정정 부분에 공동으로 서명 또는 날인 후 주택임대차계약서 또는 주택임대차 변경계약서를 첨부해 제출 要
	신고필증 교부	신고관청은 지체 없이 정정사항을 반영한 신고필증 교부 要
(3) 준용규정		주택임대차계약 신고에 대한 다음의 규정은 부동산거래신고 규정을 준용함 ① 부동산거래신고의 금지행위에 관한 규정 ② 부동산거래신고 내용의 검증에 관한 규정 ③ 부동산거래신고 내용의 조사 등에 관한 규정
(4) 의제사항		〈다른 법률에 따른 신고 등의 의제〉 ① **전입신고**를 한 경우 주택임대차계약의 신고를 한 것으로 봄 ② 주택임대차계약의 신고의 접수를 완료한 때에는 **확정일자**를 부여한 것으로 봄(임대차계약서 제출된 경우에 한정) ③ 주택임대사업자는 관련 법령에 따른 주택임대차계약의 신고 또는 변경신고를 하는 경우 주택임대차계약의 신고 또는 변경신고를 한 것으로 봄
(5) 위반 시 제재		100만 원 이하의 과태료 : 주택임대차계약의 신고, 변경 및 해제신고를 하지 아니하거나(공동신고 거부자 포함) 그 신고를 거짓으로 한 자

제3장 외국인 등의 부동산 취득 등에 관한 특례

1 부동산 소유권 취득·보유 신고의무

(1) 외국인 등	다음 어느 하나에 해당하는 개인·법인 또는 단체를 말한다. ① 대한민국의 국적을 보유하고 있지 아니한 개인 ② 외국의 법령에 따라 설립된 법인 또는 단체 ③ 사원 또는 **구성원의 2분의 1 이상**이 대한민국의 국적을 보유하고 있지 아니한 법인 또는 단체 ④ 업무를 집행하는 사원이나 이사 등 **임원의 2분의 1 이상**이 대한민국의 국적을 보유하고 있지 아니한 법인 또는 단체 ⑤ 대한민국의 국적을 보유하고 있지 아니한 개인이나 외국의 법령에 따라 설립된 법인 또는 단체가 **자본금의 2분의 1 이상**이나 **의결권의 2분의 1 이상**을 가지고 있는 법인 또는 단체 ⑥ 외국 정부 ⑦ 국제기구(국제연합과 그 산하기구·전문기구, 정부 간 기구, 준 정부 간 기구, 비정부 간 국제기구)
(2) 상호주의	**국**토교통**부장**관은 외국인 등 또는 정부에 대하여 상호주의에 의하여 대통령령으로 정하는 바에 따라 대한민국 안의 **토지**의 취득 또는 양도를 금지하거나 제한할 수 있다. 다만, 조약의 이행에 필요한 경우는 그러하지 아니하다.

(3) 적용대상	① 소유권 취득
	: 외국인 등이 대한민국 안의 부동산 등의 **소유권**을 **취득**하는 경우에 적용(원칙)
	② 신고대상
	   ㉠ 계약(교환, 증여)에 의한 부동산 등의 취득신고
	   ㉡ 계약 외의 원인
	     (상속, 경매, 확정판결, 환매권 행사, 법인의 합병, 건축물의 신축·증축·개축·재축)
	   ㉢ 외국인 등으로 변경

(4) 취득신고	① **계약**(교환 · 증여계약 등)으로 취득 : 외국인 등이 대한민국 안의 부동산 등을 취득하는 계약(부동산거래신고를 한 경우는 제외)을 체결하였을 때에는 계약체결일부터 **60일 이내**에 신고관청에 신고 要 – 위반 시 : 300만 원 이하 과태료 ② 계약 **외**의 원인으로 취득 : 외국인 등이 상속, 경매, 법원의 확정판결, 환매권의 행사, 법인의 합병, 건물의 신축 · 증축 · 개축 · 재축 등 계약 외의 원인으로 대한민국 안의 부동산 등을 취득한 때에는 취득한 날부터 6개월 이내에 신고 관청에 신고 要 – 위반 시 : 100만 원 이하 과태료
(5) 보유신고	대한민국 안의 부동산 등을 가지고 있는 대한민국 국민이나 대한민국의 법령에 따라 설립된 법인 또는 단체가 외국인 등으로 변경된 경우 그 외국인 등이 해당 부동산 등을 **계속 보유**하려는 경우에는 외국인 등으로 변경된 날부터 6개월 이내에 신고관청에 신고 要 – 위반 시 : 100만 원 이하 과태료

> 정리

외국인 등의 부동산 · 취득 보유 신고

구분	신고기한	위반시 제재
① 계약	계약체결일부터 60일 이내	300만 원 이하 과태료
② 계약 외의	취득한 날부터 6개월 이내	100만 원 이하 과태료
③ 계속 보유(국적변경)	국적 변경된 날부터 6개월 이내	100만 원 이하 과태료

☺ 증여 · 교환 **계약**을 **60일 내**에 신고 × 하면 **300과** ~

☺ **계약 외 계속 보유**를 **6월 내**에 신고 × 하면 **100과** ~

2 외국인 등의 토지취득 허가

(1) 허가대상 토지	외국인 등이 취득하려는 토지가 다음에 해당하는 구역·지역 등에 있으면 토지취득계약을 체결하기 **전**에 신고관청으로부터 토지취득의 허가를 받아야 한다. ① 「**군**사기지 및 군사시설 보호법」에 따른 군사기지 및 군사시설 보호구역 그 밖에 국방 목적을 위하여 외국인 등의 토지취득을 특별히 제한할 필요가 있는 지역으로서 대통령령으로 정하는 지역 ② 「**문**화재보호법」에 따른 지정문화재와 이를 위한 보호물 또는 보호구역 ③ 「**자**연환경보전법」에 따른 생태·경관보전지역 ④ 「**야**생생물 보호 및 관리에 관한 법률」에 따른 야생생물 특별보호구역 ⑤ 「자연**유**산의 보존 및 활용에 관한 법률」에 따라 지정된 천연기념물·명승 및 시·도자연유산과 이를 위한 보호물 또는 보호구역
(2) 허가신청	토지취득허가 신청서에 **토지취득 합의서**를 첨부하여 신고관청에 제출하여야 한다.
(3) 허가처분	① 신고관청은 관계 행정기관의 장과 협의를 거쳐 허가대상 지정목적 달성에 지장을 주지 아니한다고 인정되는 경우에는 허가해 주어야 함 ② 신고관청은 신청서를 받은 날부터 **15일**(군사시설 보호구역은 30일, 30일 범위 내 연장 可) 이내에 허가 또는 불허가 처분을 하여야 한다.
(4) 효력발생	토지취득허가규정을 위반하여 체결한 토지취득계약은 그 **효력이 발생하지 아니한다** (위반 시 : 2년/2천만 원 이하 + 그 계약은 **무효**).
(5) 허가증 교부	① 신고받은 신고관청은 「전자정부법」에 따라 행정정보의 공동이용을 통하여 건축물대장, 토지등기사항증명서 및 건물등기사항증명서를 확인 要 ② 신고관청은 신고확인증 또는 허가증을 발급 要
(6) 허가내용 제출	① 신고관청은 신고 및 허가내용을 **매 분기 종료일부터 1개월 이내**에 특별시장·광역시장·도지사 또는 특별자치도지사에게 제출 要 (단, 특별자치시장은 직접 국토교통부장관에게 제출) ② 신고 및 허가내용을 제출받은 특별시장·광역시장·도지사 또는 특별자치도지사는 제출받은 날부터 1개월 內 국토교통부장관에 제출 要

암기코드

외국인 등의 토지취득 허가

1. 토지취득 허가대상 구역

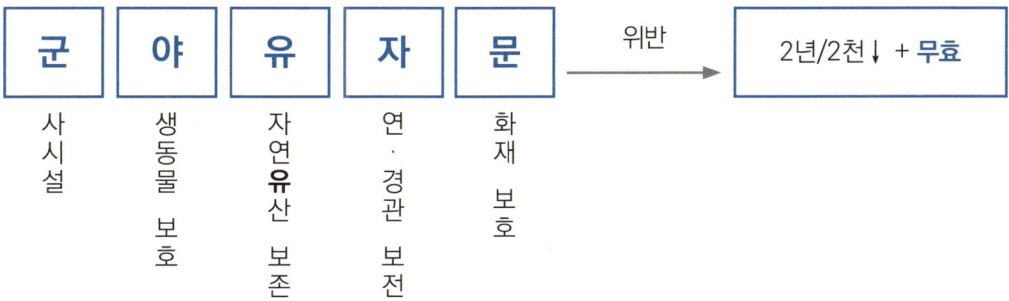

😊 **외국인**은 **군 야유**회 하려면 **자문** 받아라~

2. 허가 · 불허가 절차

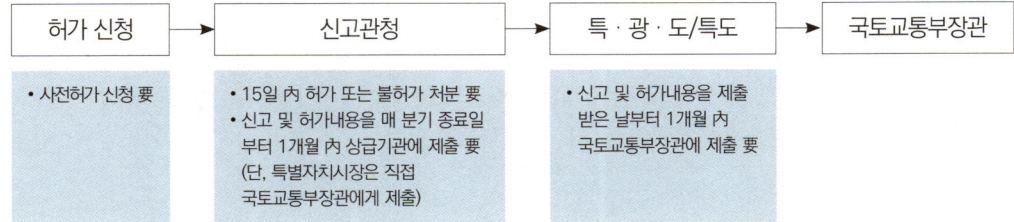

제4장 | 토지거래허가제도

1 토지거래허가구역의 지정

(1) 지정권자	① 국토교통부장관 　: 허가구역이 **둘 이상**의 시·도의 관할 구역에 걸쳐 있는 경우 ② 시·도지사 　: 허가구역이 **동일한** 시·도 안의 일부 지역인 경우. 　다만, 동일한 시·도 안의 일부 지역이더라도 **국가**가 **시행**하는 개발사업 등에 따라 **투기**적인 **거래**가 **성행**하거나 **지가**가 **급등**하는 지역과 그러한 우려가 있는 지역 등은 **국**토교통부**장**관이 **지정 가**
(2) 지정대상 지역	① 광역도시계획, 도시·군기본(관리)계획 등 **토지이용계획**이 **새로**이 **수립**되거나 **변경**되는 지역 ② 법령의 제정·개정 또는 폐지나 그에 의한 고시·공고로 인하여 토지이용에 대한 **행위제한**이 **완화**되거나 **해제**되는 지역 ③ 법령에 따른 **개발사업**이 **진행 중**이거나 **예정**되어 있는 지역과 그 인근지역 ④ 국토교통부장관 또는 시·도지사가 **투기 우려**가 있다고 **인정**하는 지역 또는 관계 행정기관의 **장**이 특별히 투기가 성행할 우려가 있다고 인정하여 국토교통부장관 또는 시·도지사에게 **요청**하는 지역
(3) 지정기간	**5년 이내**의 기간
(4) 지정의 효력발생	허가구역의 지정을 공고한 날부터 **5일 후**에 그 효력이 발생
(5) 지정의 해제/ 축소	국토교통부장관 또는 시·도지사는 허가구역의 지정사유가 없어졌다고 인정되거나 관계 시·도지사, 시장·군수 또는 구청장으로부터 받은 허가구역의 지정 해제 또는 축소요청이 이유 있다고 인정되면 지체 없이 허가구역의 지정을 해제하거나 지정된 허가구역의 일부를 축소**하여야 함**
(6) 재지정	국토교통부장관 또는 시·도지사는 허가구역을 재지정하려면 **심의 전**에 미리 시·도지사 및 시장·군수 또는 구청장의 **의견**을 **들어야 함**

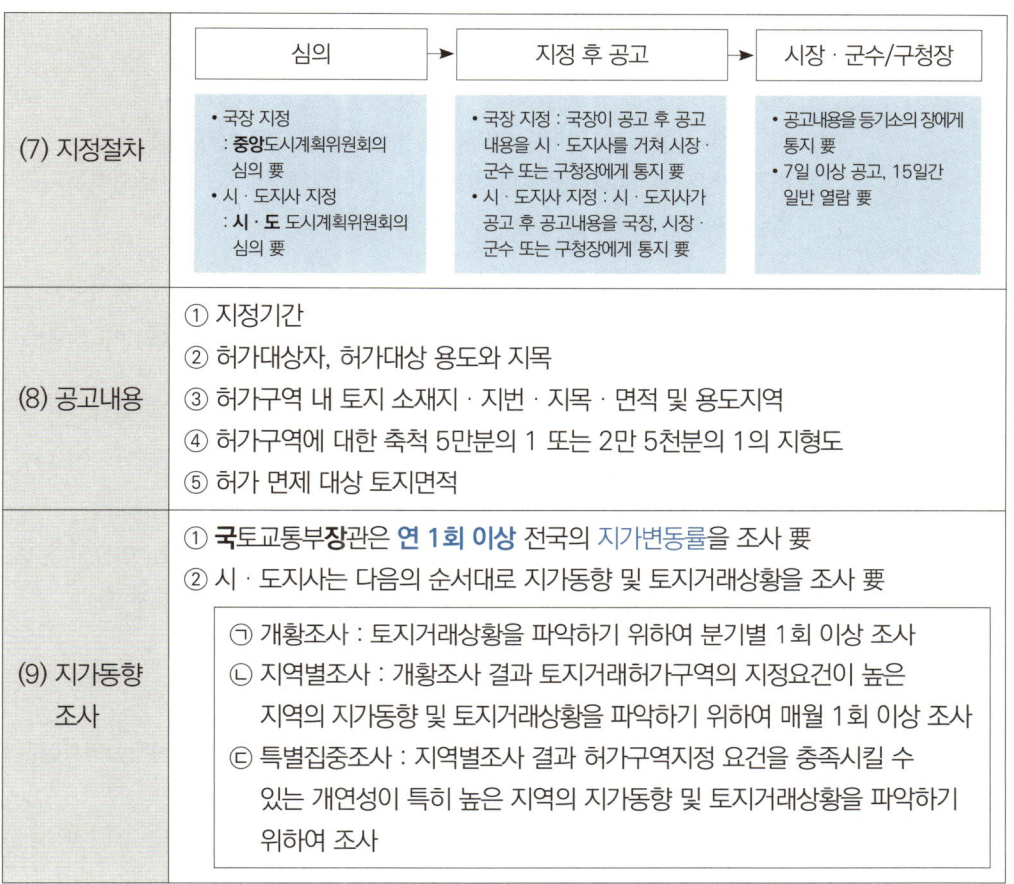

(7) 지정절차	심의 → 지정 후 공고 → 시장·군수/구청장 • 국장 지정 : **중앙**도시계획위원회의 심의 要 • 시·도지사 지정 : **시·도** 도시계획위원회의 심의 要 • 국장 지정 : 국장이 공고 후 공고내용을 시·도지사를 거쳐 시장·군수 또는 구청장에게 통지 要 • 시·도지사 지정 : 시·도지사가 공고 후 공고내용을 국장, 시장·군수 또는 구청장에게 통지 要 • 공고내용을 등기소의 장에게 통지 要 • 7일 이상 공고, 15일간 일반 열람 要
(8) 공고내용	① 지정기간 ② 허가대상자, 허가대상 용도와 지목 ③ 허가구역 내 토지 소재지·지번·지목·면적 및 용도지역 ④ 허가구역에 대한 축척 5만분의 1 또는 2만 5천분의 1의 지형도 ⑤ 허가 면제 대상 토지면적
(9) 지가동향 조사	① **국**토교통부**장**관은 **연 1회 이상** 전국의 지가변동률을 조사 要 ② 시·도지사는 다음의 순서대로 지가동향 및 토지거래상황을 조사 要 　㉠ 개황조사 : 토지거래상황을 파악하기 위하여 분기별 1회 이상 조사 　㉡ 지역별조사 : 개황조사 결과 토지거래허가구역의 지정요건이 높은 지역의 지가동향 및 토지거래상황을 파악하기 위하여 매월 1회 이상 조사 　㉢ 특별집중조사 : 지역별조사 결과 허가구역지정 요건을 충족시킬 수 있는 개연성이 특히 높은 지역의 지가동향 및 토지거래상황을 파악하기 위하여 조사

 허가구역 **면제 대기토지**는 공고해라 ~

 허가구역 **면제 대기토지** ~

2 토지거래계약에 대한 허가

(1) 허가신청	① 허가대상 거래계약을 체결하려는 **당사자 공동**으로 허가 得要 ② 허가받은 사항을 변경하려는 경우에도 당사자 공동으로 허가 得要 ③ 허가신청서에 **토지이용계획서**(농지는 농업경영계획서) 및 **토지취득자금 조달계획서**를 첨부하여 제출 要
(2) 허가권자	시장·군수 또는 구청장
(3) 허가대상	허가구역에 있는 일정 면적을 초과하는 토지에 관한 **소유권·지상권**(권리 포함)을 이전하거나 설정하는 **유상계약**(예약 포함) ※ 허가대상인 경우 : 매매, 교환, 부담부증여, 판결, 소유권(지상권) 보전가등기 ※ 허가대상이 아닌 경우 : 무상계약(증여, 상속, 사용대차), 경매, 지역권, 전세권, 임차권, 저당권
(4) 허가 또는 불허가 처분	① 허가신청서를 받은 허가관청은 지체 없이 토지거래계약에 관하여 필요한 조사를 하고, 신청서를 받은 **날부터 15일 이내**에 허가 또는 불허가 처분 **要** ㉠ 허가(변경허가) 시 - 허가증 발급 ㉡ 불허가 시 - 불허가 처분 사유 서면통지 ② 다만, 선매협의 절차가 진행 중인 경우에는 위의 기간 내에 **선매협의사실**을 신청인에게 알려야 함 ③ 위 ① 또는 ②의 통지가 없는 경우에는 처리기간이 끝난 날의 **다음 날**에 허가가 있는 것으로 봄 ④ 허가증을 발급한 경우에는 해당 토지의 소재지·지번·지목 및 이용목적을 인터넷 홈페이지에 게재 要
(5) 이의신청	① 처분에 의의가 있는 자는 처분을 받은 날부터 **1개월 이내**에 시장·군수 또는 구청장에게 의의 신청 可 ② 이의신청을 받은 시장·군수 또는 구청장은 시·군·구 도시계획위원회의 심의를 거쳐 그 결과를 의의신청인에게 통지 要
(6) 매수청구	① 불허가 처분을 받은 자는 그 통지를 받은 날부터 **1개월 이내**에 시장·군수 또는 구청장에게 해당 토지에 관한 권리의 매수를 청구 可 ② 시장·군수 또는 구청장은 국가, 지방자치단체, 한국토지주택공사 등 공공기관 (**지방공사 제외**) 중에서 매수할 자를 지정하여 **공시지가**를 기준으로 하여 해당 토지를 매수하게 하여야 함 ③ 다만, 허가신청서에 적힌 가격이 공시지가보다 낮은 경우에는 허가신청서에 적힌 가격으로 매수할 수 있음

(7) 허가대상 기준면적	① 다음에 정하는 용도별 면적 이하의 토지에 대한 토지거래계약에 관하여는 **허가가 필요하지 않다.**		
	구분		기준면적
	도시지역	주거지역	60㎡ 이하
		상업지역	150㎡ 이하
		공업지역	150㎡ 이하
		녹지지역	200㎡ 이하
		기타 미지정지역	60㎡ 이하
	도시지역 외	농지	500㎡ 이하
		임야	1,000㎡ 이하
		기타	250㎡ 이하
	② 국토교통부장관 또는 시·도지사가 상기 기준면적의 10% 이상 300% 이하의 범위에서 따로 정하여 공고한 경우에는 그에 의한다.		

(8) 면적산정 특례	① 일단의 토지거래
	  : 일단(一團)의 토지이용을 위하여 토지거래계약체결일로부터 **1년 이내**에 일단의 토지의 일부에 대하여 계약을 체결한 경우 일단의 토지 **전체**의 거래로 본다.
	② 토지의 분할 거래
	  : 허가구역 지정 당시 기준면적을 초과하는 토지가 허가구역 지정 후 분할(공공목적으로 인한 분할은 제외)되어 기준면적 이하가 된 경우, 분할 후 최초의 토지거래계약은 기준면적을 초과하는 계약으로 본다. 허가구역 지정 후 해당 토지가 공유지분으로 거래되는 경우에도 지분의 최초 계약은 기준면적을 초과하는 계약으로 본다.		

3 토지거래 허가기준

토지거래계약 허가기준 : 시장·군수 또는 구청장은 허가신청이 다음에 해당하는 경우 **허가하여야 한다**.	
(1) 실수요성	토지거래계약을 체결하려는 자의 토지 이용목적이 다음의 어느 하나에 해당할 것 ① 자기의 거주용 주택용지로 이용하려는 경우 ② 허가구역을 포함한 지역의 주민을 위한 복지시설 또는 편익시설로서 관할 시장·군수 또는 구청장이 확인한 시설의 설치에 이용하려는 경우 ③ 허가구역에 거주하는 농업인·임업인·어업인 또는 다음의 자(농업인 등)가 그 허가구역에서 농업·축산업·임업 또는 어업을 경영하기 위하여 필요한 경우 ㉠ 농업인 등이 본인이 거주하는 특별시·광역시·특별자치시(도)·시 또는 군에 소재하는 토지를 취득하려는 사람 ㉡ 농업인 등으로서 본인이 거주하는 주소지로부터 **30㎞ 이내**에 소재하는 토지를 취득하려는 사람 ㉢ 공익사업을 위한 협의양도 또는 수용으로 **대체농지**를 취득하려는 사람 (단, 3년 이내, 주소지로부터 80㎞ 안 소재 농지, 공시지가 기준 농지가액은 종전의 토지가액 이하) ④ 공익사업이나 법률에 따라 토지를 수용하거나 사용할 수 있는 사업을 시행하는 자가 그 **사업을 시행**하기 위하여 필요한 경우 ⑤ 허가구역을 포함한 **지역의 건전한 발전**을 위하여 필요하고 관계 법률에 따라 지정된 지역·지구·구역 등의 **지정목적**에 **적합**하다고 인정되는 사업을 시행하는 자나 시행하려는 자가 그 사업에 이용하려는 경우 ⑥ 허가구역의 **지정 당시** 그 구역에 속한 특별시·광역시·특별자치시·시 또는 군에서 **사업을 시행**하고 있는 자가 그 사업에 이용하려는 경우 ⑦ 허가구역이 속한 특별시·광역시·특별자치시·시 또는 군에 거주하고 있는 자의 일상생활과 통상적인 경제활동에 필요한 것 등으로서 다음의 용도에 이용하려는 경우 ㉠ 농지 **외**의 토지를 공익사업용으로 협의양도 또는 수용된 자가 3년 이내에 **대체농지**를 **취득하려는 경우**(대체 토지가액은 공시지가 기준으로 종전의 토지가액 이하이어야 함) ㉡ 관계 법령에 의하여 개발·이용행위가 제한 또는 금지된 토지로서 **현상보존의 목적**으로 토지를 취득하려는 경우 ㉢ 관계 법률에 의하여 임대사업을 할 수 있는 자가 **임대사업**을 위하여 건축물과 그에 딸린 토지를 취득하는 경우

(2) 이용목적의 적합성	① 도시·군계획이나 그 밖에 **토지의 이용** 및 관리에 관한 **계획**에 맞는 경우 ② 생태계의 보전과 주민의 건전한 **생활환경 보호**에 중대한 위해를 끼칠 우려가 없는 경우
(3) 면적의 적정성	그 면적이 그 토지의 이용목적에 적합하다고 인정되는 경우

오답노트

❶ 토지거래허가구역에 거주하는 농업인이 농업을 경영하기 위하여 농지를 취득하는 경우에는 관할 관청으로부터 토지거래계약허가가 필요하지 않다.* (×)
 * 토지거래계약허가를 받아야 한다. (○)
❷ 토지거래허가구역에 거주하는 자가 자기의 거주용 주택용지로 이용하려는 목적으로 토지를 매수하는 경우에는 관할 관청으로부터 토지거래계약허가가 필요하지 않다.* (×)
 * 토지거래계약허가를 받아야 한다. (○)

4 토지이용의무

(1) 이용 의무	① 토지거래계약을 허가받은 자는 취득일로부터 5년의 범위에서 그 토지를 허가받은 목적대로 이용하여야 한다. 　㉠ 자기의 거주용 주택용지로 이용 : 2년 　㉡ 주민을 위한 복지시설 또는 편익시설 설치에 이용 : 2년 　㉢ 허가구역에 거주하는 농업인 등이 농업 등의 경영에 필요 : 2년 　㉣ 대체토지 취득 : 2년 　㉤ 사업에 이용하는 목적으로 허가를 받은 경우 : 4년 　㉥ 현상보전 목적 및 그 이외 : 5년 ② 시장·군수 또는 구청장은 토지거래계약을 허가받은 자가 허가받은 목적대로 이용하고 있는지를 매년 1회 이상 조사해야 한다.
(2) 이행 명령	① 시장·군수 또는 구청장은 토지의 이용의무를 이행하지 아니한 자에 대하여는 상당한 기간(3개월 이내)을 정하여 토지의 이용의무를 이행하도록 명할 수 있다. ② 이행명령은 문서로 해야 한다. ③ 「농지법」을 위반하여 이행강제금을 부과받은 경우에는 이용의무의 이행을 명하지 아니할 수 있다.
(3) 이행 강제금	① 부과범위 : 시장·군수 또는 구청장은 이행명령이 정하여진 기간에 이행되지 아니한 경우에는 토지 취득가액(실제 거래가격, 실제 거래가격이 확인되지 아니한 경우에는 최근 개별공시지가 기준)의 100분의 10의 범위에서 이행강제금을 부과한다. 　㉠ 당초의 목적대로 이용하지 아니하고 방치한 경우 : 10/100 　㉡ 직접 이용하지 아니하고 임대한 경우 : 7/100 　㉢ 승인을 얻지 아니하고 당초의 이용목적을 변경하여 이용하는 경우 : 5/100 　㉣ 위 이외의 경우 : 7/100 ② 사전계고 : 이행강제금을 부과하기 전에 이행기간 내에 이행명령을 이행하지 아니하면 이행강제금을 부과 징수한다는 뜻을 미리 문서로 계고해야 한다. ③ 반복부과 : 시장·군수 또는 구청장은 최초의 이행명령이 있었던 날을 기준으로 1년에 한 번씩 그 이행명령이 이행될 때까지 반복하여 이행강제금을 부과·징수할 수 있다. ④ 부과정지 : 시장·군수 또는 구청장은 이용의무기간이 지난 후에는 이행강제금을 부과할 수 없다. ⑤ 신(新)부과중지 : 시장·군수 또는 구청장은 이행명령을 받은 자가 그 명령을 이행하는 경우에는 새로운 이행강제금의 부과를 즉시 중지하되, 명령을 이행하기 전에 이미 부과된 이행강제금은 징수하여야 한다. ⑥ 이의제기 : 이행강제금의 부과처분에 불복하는 자는 30일 이내에 시장·군수 또는 구청장에게 이의를 제기할 수 있다. ⑦ 강제징수 : 이행강제금을 납부기한 내에 납부하지 아니한 경우에는 국세 체납처분의 예 또는 「지방세외수입금의 징수 등에 관한 법률」에 따라 징수한다.

5 국가 등의 토지거래계약에 관한 특례

(1) 허가의제	① 토지거래허가 신청 당사자의 한쪽 또는 양쪽이 **국가 등**(국가, 지방자치단체, 한국토지주택공사, 공공기관 또는 공공단체)인 경우에는 그 기관의 장이 시장·군수 또는 구청장과 협의할 수 있고, 그 협의가 성립된 때에는 그 토지거래계약에 관한 허가를 받은 것으로 본다. ② 국유재산종합계획에 따라 허가기준에 적합하게 **국유재산**을 **취득**하거나 **처분**한 후 허가관청에 그 내용을 통보한 때에는 시장·군수 또는 구청장과 협의가 성립된 것으로 본다.
(2) 허가면제	다음의 경우에는 토지거래계약의 허가에 대한 규정을 적용하지 아니한다. ① 「**공**익사업을 위한 토지 등의 **취**득 및 보상에 관한 **법률**」에 따른 토지의 수용 ② 「**공**익사업을 위한 토지 등의 **취**득 및 보상에 관한 **법률**」에 따라 토지를 협의취득·사용하거나 환매하는 경우 ③ 「민사집행법」에 따른 경매 ④ 「국유재산법」에 따른 국유재산종합계획에 따라 국유재산을 일반경쟁입찰로 처분하는 경우 ⑤ 한국자산관리공사에 매각이 의뢰되어 3회 이상 공매하였으나 유찰된 토지를 매각하는 경우 ⑥ 국세 및 지방세의 체납처분 또는 강제집행을 하는 경우 ⑦ 법 제9조에 따라 외국인 등이 토지취득의 허가를 받은 경우 ⑨ 「택지개발촉진법」에 따라 택지를 공급하는 경우 ⑩ 「농어촌정비법」에 따른 환지처분 또는 농지 등의 교환·분할·합병을 하는 경우
(3) 다른 법률에 따른 인허가 등의 의제	① 토지거래허가를 받은 경우 「농지법」에 따른 농지취득자격증명을 받은 것으로 봄(**농지취득자격증명의 의제**) ② 토지거래허가증을 발급받은 경우 「부동산등기 특별조치법」에 따른 검인을 받은 것으로 봄(**검인의제**) * 토지거래허가를 받은 경우에도 별도로 부동산거래신고는 **하여야** 함

6 선매

(1) 선매대상	선매대상 토지 : 공익사업용 토지 또는 토지거래계약허가를 받아 취득한 토지를 그 이용목적대로 이용하고 있지 아니한 토지
(2) 선매절차	① 선매자 지정통지 : 시장·군수 또는 구청장은 토지거래계약 허가신청이 있는 날부터 **1개월 이내**에 국가, 지방자치단체, 한국토지주택공사 등 공공기관(지방공사 **제외**) 중에서 선매자를 지정하여 토지소유자에게 **통지**하여야 함 ② 선매협의 : 선매자로 지정된 자는 지정 통지를 받은 날부터 15일 이내에 선매조건 등을 토지소유자에게 서면통지하여 선매협의를 하여야 하며, 지정 통지를 받은 날부터 **1개월 이내에 선매협의를 끝내야 함** ③ 선매협의조서 제출 ④ 선매협의 불성립시 조치
(3) 선매가격	선매자가 토지를 매수할 때의 가격은 **감정가격**을 기준으로 하되, 허가신청서에 적힌 가격이 감정가격보다 **낮은** 경우에는 허가신청서에 적힌 **가격**으로 할 수 있음 * 선매가격 : 감정가(원칙) vs 낮은 가격 可(예외)

보충

선매절차도

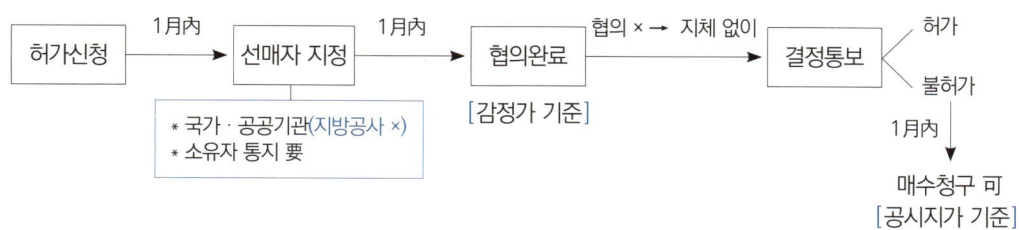

> 보충

토지거래허가구역의 지정 절차도

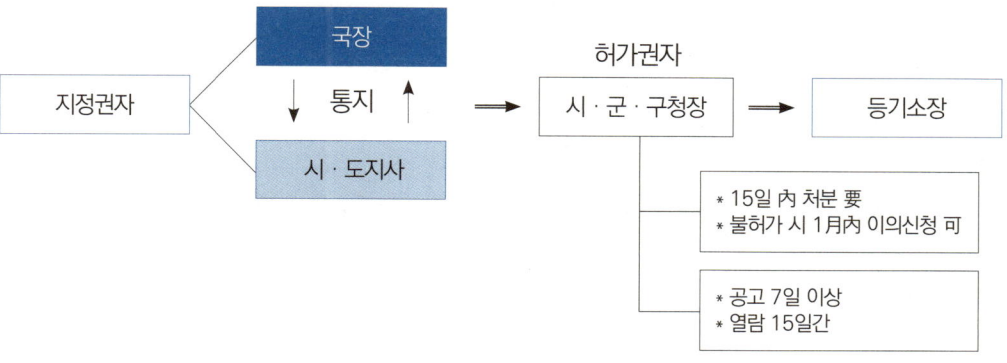

> 보충

토지거래허가제도

* 지정대상 : 투기적인 거래, 행위제한 완화 지역
* 지정기간 : 5년 內
* 효력발생 : 지정공고한 날부터 5일 후
* 허가대상 : 유상계약(예약) - (소유권, 지상권)매매 · 교환 · 설정 · 이전
  (But, 증여계약, 지료 無 지상권설정계약은 허가대상 ×)
* 허가를 전제로 한 거래계약 : 유동적 무효
* 허가 없이 체결된 거래계약 : 확정적 무효
* 위반 시 : 2년 이하 징역/토지가 30%↓ 벌금형 + 무효
* 인 · 허가의제 ┌ 토지거래허가를 받은 경우 농지취득자격증명의 의제(But, 부동산거래신고 要)
              └ 토지거래허가를 발급받은 경우 검인을 받은 것으로 봄

제5장 | 벌칙 및 무허가 계약의 효력

1 행정형벌

위반 시 형벌	위반내용
2년/2천만 원↓	**외국인 등**이 허가를 받지 아니하고 토지취득계약을 체결하거나 부정한 방법으로 허가를 받아 토지취득계약을 체결한 경우
2년/30%↓	토지거래허가구역 내에서 허가 또는 변경허가를 받지 아니하고 토지거래계약을 체결하거나, 속임수나 그 밖의 부정한 방법으로 토지거래계약허가를 받은 자는 2년 이하의 징역 또는 해당 토지가격의 100분의 30에 해당하는 금액 이하의 벌금에 처한다.
1년/1천만 원↓	토지거래허가구역 내에서 허가 취소, 처분 또는 조치명령을 위반한 자
양벌규정	고용인이 위의 위반행위를 하면 그 행위자를 벌하는 외에 피고용인(법인 또는 개인)에게도 해당 조문의 벌금형을 과한다. 다만, 피고용인이 그 위반행위를 방지하기 위하여 상당한 주의와 감독을 게을리하지 아니한 경우에는 그러하지 아니하다.

2 무허가 계약의 효력

(1) 유동적 무효	① 허가 받을 것을 전제로 하여 체결된 계약은 허가를 받을 때까지 **유동적 무효** ② 권리의 이전 또는 설정에 관한 **이행청구**할 수 **없음** ③ 허가받기 전에 매도인이 소유권이전을 위한 이행의 제공(등기서류 등)을 하였다고 하더라도 매수인은 **이행지체**에 빠지지 **않음** ④ 채무불이행을 이유로 거래계약을 **해제**하거나 **손해배상**을 청구할 수 **없음** ⑤ 상대방의 협력의무 불이행을 원인으로 **계약해제할 수 없음** ⑥ 매도인은 계약금의 **배액**을 **상환**하고 **계약을 해제할 수 있음** ⑦ 계약금 등을 부당이득을 이유로 **반환청구할 수 없음** ⑧ 사기·강박을 이유로 해서 **취소**하거나 허위표시 이유로 **무효를 주장할 수 있음**

(2) 확정적 무효	① 불허가처분이 **확정**된 때 ② 처음부터 허가를 배제하거나 잠탈할 목적으로 계약을 체결한 경우 ③ 중간생략등기의 합의하에 토지거래허가를 받아 경료한 소유권이전등기의 효력은 무효 ④ 당사자 쌍방이 허가신청협력의무의 이행거절의사를 명백히 표시한 경우 ⑤ 허가규정 위반한 자가 계약무효를 주장하는 것도 신의성실의 원칙에 반하지 않음 (귀책사유자도 무효 주장 可) ⑥ 매수인은 계약금 등을 부당이득을 이유로 **반환청구할 수 있음**
(3) 확정적 유효	① 허가 받은 경우 **소급**해서 계약 체결 시부터 **유효**하므로, 새로이 계약 체결할 필요 없음 ② 허가구역의 **지정**이 **해제**되거나 **재지정**을 하지 **않은** 경우

> **판례**
>
> 1) 협력이행 소송 可
>   허가를 전제로 한 거래계약을 체결한 당사자는 허가신청 절차에 협력하지 않은 상대방에 대하여 협력의무의 이행을 소송으로 구할 이익이 있다(90다12243).
> 2) 협력의무 불이행에 대한 손해배상액의 약정 可
>   계약을 체결할 당시 당사자 사이에 당사자 일방이 토지거래허가를 받기 위한 협력 자체를 이행하지 아니하거나 허가신청에 이르기 전에 매매계약을 철회하는 상대방에게 일정한 손해액을 배상하기로 하는 약정을 유효하게 할 수 있다(96다49933).
> 3) 토지와 건물 일괄 매매 시 건물만의 이전등기 不可
>   토지거래허가구역 내의 토지와 건물을 일괄 매매한 경우 특별한 사정이 없는 한 허가를 받기 전까지 매수인은 건물만의 이전등기를 청구하지 못한다(93다22043).

제6장 포상금 등

1 포상금

(1) 포상금
지급조건
	① 신고 등 대상자 : 시장·군수 또는 구청장은 다음의 어느 하나에 해당하는 자를 관계 행정기관이나 수사기관에 신고하거나 고발한 자에게 예산의 범위에서 포상금을 지급할 수 있다.
	   ㉠ 부동산 등의 실제 거래가격을 거짓으로 신고한 자
	   ㉡ 계약을 **체결**하지 아니하였음에도 불구하고 거짓으로 부동산 거래신고를 한 자
	   ㉢ 계약이 **해제** 등이 되지 아니하였음에도 불구하고 거짓으로 부동산거래의 해제 등 신고를 한 자
	   ㉣ 주택임대차계약의 신고, 변경 및 해제신고 규정을 위반하여 주택임대차 계약의 보증금·차임 등 계약금액을 거짓으로 신고한 자
	   ㉤ 허가 또는 변경허가를 받지 아니하고 토지거래계약을 체결한 자 또는 거짓이나 그 밖의 부정한 방법으로 토지거래계약허가를 받은 자
	   ㉥ 토지거래계약허가를 받아 취득한 토지에 대하여 허가받은 목적대로 이용 하지 아니한 자
	② 지급제외 : 다음의 경우에는 포상금을 지급하지 아니할 수 있다.
	   ㉠ 공무원이 직무와 관련하여 발견한 사실을 신고·고발
	   ㉡ 해당 위반행위를 하거나 위반행위에 관여한 자가 신고·고발
	   ㉢ 익명이나 가명으로 신고·고발
	③ 비용충당 : 포상금의 지급에 드는 비용은 시·군이나 구의 재원으로 충당한다 (**국고**에서 **충당×**).

(2) 포상금 지급절차	① 신고서 제출 : 신고서를 신고관청·허가관청 또는 수사기관에 제출해야 한다. ② 포상금 지급 여부 결정 및 통지 : 신고서를 제출받은 신고관청·허가관청은 포상금 지급 여부를 결정하고 이를 신고인·고발인에게 알려야 한다. ③ 포상금 지급신청서 제출 : 포상금 지급 결정을 통보받은 신고인·고발인은 포상금 지급신청서를 작성하여 신고관청·허가관청에 제출하여야 한다. ④ 포상금 지급 : 신고관청·허가관청은 포상금 지급신청서가 접수된 날부터 **2개월 이내**에 포상금을 지급하여야 한다.

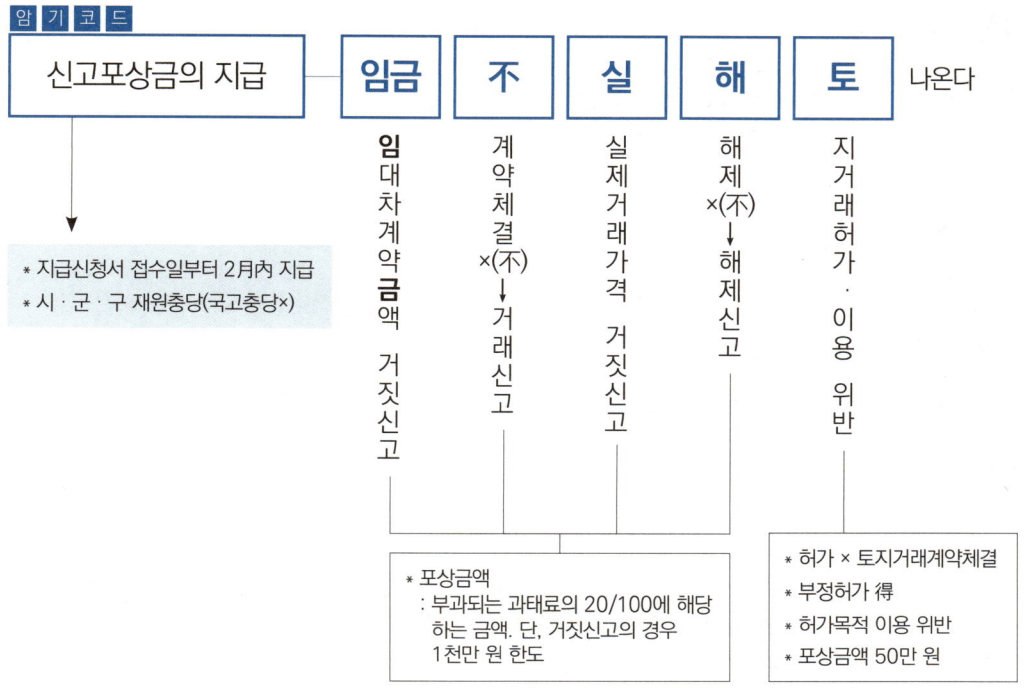

🙂 **임금**이 **부실해 토** 나온다 ~

🙂 **임금**이 **부실해 토** 나온다 신고해 포상금 받았다 ~

2 부동산 정보관리

(1) 부동산 정보체계의 구축·운영	① 정보체계 구축·운영 : **국**토교통부**장**관은 효율적인 정보의 관리 및 국민편의 증진을 위하여 부동산거래 및 주택임대차의 계약·신고·허가·관리 등의 업무와 관련된 정보체계를 구축·운영할 수 있음 ② 정보의 제공 : **국**토교통부**장**관은 정보체계에 구축되어 있는 정보를 수요자에게 제공할 수 있음
(2) 업무위탁	**국**토교통부**장**관은 다음의 업무를 한국부동산원에 위탁한다. ① 부동산거래가격 검증체계의 구축·운영업무 ② 부동산거래신고내용 조사업무 ③ 부동산정보체계의 구축·운영업무
(3) 업무의 전자적처리	다음에 해당하는 신고 또는 신청은 전자문서를 제출하는 방법으로 할 수 있다. ① 부동산거래(주택임대차)계약 신고서(신고거부로 인한 단독신고 제외) ② 부동산거래(주택임대차)계약·변경·해제 등 신고서 ③ 정정사항을 표시한 부동산거래(주택임대차)계약 신고필증 ④ 외국인 등의 부동산 취득·계속보유 신고서 또는 외국인 토지취득허가신청서 ⑤ 토지거래계약 허가(변경허가) 신청서 ⑥ 토지거래 허가(불허가) 이의신청서 ⑦ 토지거래 불허가 처분에 대한 토지매수청구서 ⑧ 취득토지의 이용목적 변경승인신청서

제 3 편

중개실무

제 1 장 | 중개실무 개요
제 2 장 | 중개대상물 조사·확인
제 3 장 | 중개활동
제 4 장 | 거래계약의 체결
제 5 장 | 개별적 중개실무
제 6 장 | 법원경매

제1장 중개실무 개요

1 중개실무

(1) 중개실무의 의의	중개의뢰(중개계약)로부터 거래계약(중개완성)까지 개업공인중개사의 중개업무 활동 일체. * 등기신청은 중개실무 ×
(2) 중개실무의 과정	상담 및 중개의뢰 접수 → 중개대상물 조사·확인 → 중개활동 → 거래계약의 체결(중개완성) * 개업공인중개사가 거래계약의 이행 업무에 관여한 경우 거래계약의 이행 업무(등기신청 등) 可
(3) 중개계약의 의의	개업공인중개사가 중개의뢰인으로부터 중개대상물의 매매·교환·임대차 그 밖의 권리의 득실·변경에 대하여 중개를 의뢰받아 이에 대한 중개서비스를 제공하고, 그 대가로 중개의뢰인이 보수를 지급하기로 하여 성립되는 계약
(4) 중개계약의 체결	① 통상 구두로 체결되지만, 서면화(유형화)의 필요성이 있음 ② 중개계약 서면화의 장점 　: 계약내용의 명확화, 분쟁의 예방, 초과 중개보수 요구 예방, 부동산 유통시장의 근대화, 자주적 통제기능의 강화(정부의 간섭 배제 기능 효과)
(5) 중개계약의 법적성질	① 민사중개계약 　: 부동산거래행위를 약정하는 민사중개계약. (상사중개×) ② 낙성·불요식계약 　: 당사자 간의 청약(중개의뢰)과 승낙(중개행위)에 의해 성립하며, 그 방식에는 제한이 없음 ③ 유상·쌍무계약 　: 중개보수를 받기로 한 중개완성과 그 대가에 대해 보수 지급의무가 있는 대가적인 관계 ④ 위임유사계약 　: 개업공인중개사의 선량한 관리자의 주의의무가 있음 ⑤ 비전형·혼합계약 　: 비전형계약(무명계약)이며, 전형계약의 성질이 혼합된 혼합계약의 성질을 갖음

2 중개계약의 종류 및 특징

(1) 일반(보통) 중개계약	① 중개의뢰인이 불특정 다수의 **개업공**인중개사에게 중개를 의뢰하는 형태 ② 우리나라에서 가장 보편화되어 있는 중개계약 형태 ③ 중개보수 확보가 보장되지 않아 적극적인 중개활동 및 책임중개 실현을 기대하기 어려운 계약 형태
(2) 독점중개 계약	① 특정 **개업공**인중개사에게 중개를 의뢰하고 계약기간 동안 독점권 인정 ② 계약기간 내에 거래계약을 누가 성립시키는가에 관계없이 개업공인중개사가 그 중개보수를 받게 되는 개업공인중개사에게 가장 유리한 계약 형태 ③ 보수청구권이 보장되므로 광고 등을 통한 적극적인 중개활동과 다른 **개공**과의 협업을 통해 중개업의 기업화를 촉진시킬 수 있음
(3) 전속중개 계약	① 특정 **개업공**인중개사에 한하여 중개하도록 하는 계약 형태 ② 독점중개계약과 달리 중개의뢰인이 스스로 발견한 상대방과 직접 거래를 성사시킨 경우에는 중개보수를 지불하지 않아도 됨 ③ 서면 계약 및 중개대상물에 관한 정보공개 의무로 책임 중개 실현을 기대할 수 있음
(4) 공동중개 계약	① 개업공인중개사 단체 또는 2인 이상의 개업공인중개사의 공동활동에 중개를 의뢰하는 형태 ② 개업공인중개사들 간 상호 협력을 통한 신속한 중개완성 및 중개업의 조직화와 능률화에 기여할 수 있음
(5) 순가중개 계약	① 중개의뢰인이 미리 가격을 제시하여 의뢰한 뒤, 그 가격을 초과하거나 미달하여 거래계약을 성립시킨 경우에는 그 차액을 중개보수로 취득하는 것을 인정하는 계약 형태 ② 순가중개계약 체결 자체가 금지되지는 않지만 **법정 보수 한도를 초과**해서 받으면 **금지행위**에 해당함

오답노트

❶ 중개계약은 낙성계약*이며 불요식계약**에 해당된다. (ㅇ)
  * 요물계약 (×) ** 요식계약 (×)
❷ 중개계약은 무상계약*이며 편무계약**에 해당된다. (×)
  * 유상계약 (ㅇ) ** 쌍무계약 (ㅇ)
❸ 중개계약은 전형계약*이며 상사중개계약**에 해당된다. (×)
  * 비전형계약 (ㅇ) ** 민사중개계약 (ㅇ)

제2장 중개대상물 조사 · 확인

1 공부를 통한 조사 · 확인방법

(1) 등기사항증명서 – 권리관계에 관한 사항
(2) 토지대장(임야대장) · 건축물대장 – 기본적(사실관계) 사항
(3) 지적도(임야도) – 토지의 지형 및 경계에 관한 사항
(4) 토지이용계획확인서 – 공법상 거래규제 및 제한사항
(5) 가족관계등록부 – 미성년자, 법정대리인 등에 관한 사항
(6) 후견등기사항증명서 – 피성년후견인, 피한정후견인 여부
(7) 환지예정지 지정증명원 – 환지예정지에 대한 지목 · 면적 등에 관한 사항
(8) 공부를 통한 확인사항 및 공부상 불일치의 경우

■ 공부를 통한 확인사항 및 공부상 불일치의 경우

공부의 종류	확인할 수 있는 사항
등기사항증명서	① 표제부 : 부동산의 표시사항 ② 갑구 : 소유권 및 제한사항 ③ 을구 : 제한물권 및 제한사항
토지 · 임야대장	소재지, 지목, 면적, 소유자
지적도 · 임야도	소재지, 지목, 경계, 지형
건축물대장	소재지, 건축면적, 건축연도, 용도, 구조, 건폐율 · 용적률, 소유자
토지이용계획확인서	용도지역 · 용도지구 · 용도구역 등 행위제한 • 건폐율 상한 · 용적률 상한은 해당 시 · 군 · 구의 조례로 확인 要

2 현장조사에 의한 조사·확인방법

(1) 공부로 확인할 수 없는 사항의 확인	① 공부로 확인할 수 없는 중개대상물의 기본적인 사항 및 상태는 현장조사를 통하여 조사·확인 要 ② 중개대상물의 상태를 확인·설명을 위하여 중개의뢰인에게 중개대상물의 내·외부상태, 벽면 및 도배의 상태, 환경조건 등에 관한 자료를 요구할 수 있음 ③ 지적공부로 확인할 수 없는 **지세**는 현장조사를 통해서 확인 要
(2) 미공시 권리 관계의 확인	① 법률의 규정에 의한 부동산에 관한 물권 변동의 효력이 발생하는 경우(상속, 공용징수, 판결, 경매 등)는 등기를 요하지 아니하므로 현장조사를 통해서 확인 要 ② 등기능력이 없는 권리(유치권, 점유권, 법정지상권, 분묘기지권, 특수지역권 등)는 현장조사를 통해서 확인 要 ③ 등기사항증명서를 통해서 확인이 불가능하지만, 우선적 지위가 보장되는 미등기 주택임차권은 현장조사를 통해서 조사·확인 要
(3) 공부상 내용과 실제의 일치 여부 확인	① 표시사항 등의 불일치는 **대장**(토지·건축물대장 등)을 **기준**으로 조사·확인 要 ② 대장 등과 등기사항증명서의 권리관계가 다를 경우에는 **등기사항증명서를 기준**으로 조사·확인 要 ③ 지적도 등 공부와 실제 경계가 다를 경우에는 지적도 등 **공부상의 경계를 기준**으로 조사·확인 要

오답노트

❶ 사실관계는 지적공부를 기준으로 하며, 권리관계는 등기사항증명서를 기준으로 조사 및 확인한다. (ㅇ)
❷ 토지대장의 면적과 등기사항증명서의 면적이 서로 다른 경우에는 토지대장의 기재사항을 기준으로 판단한다. (ㅇ)
❸ 토지소유자의 인적사항에 관하여 토지대장과 등기사항증명서가 일치하지 아니하는 경우에는 등기사항증명서를 기준으로 판단한다. (ㅇ)

3 권리관계 조사 · 확인

1. 분묘기지권

(1) 성격	① 분묘를 수호하고 봉제사하는 데 필요한 범위 내에서 타인의 토지를 사용할 수 있는 권리(관습법상 특수지상권) ② 타인 토지에 대한 소유의 의사는 추정되지 않음
(2) 성립조건	① 분묘의 설치시기 : 「**장사** 등에 관한 **법률**」 시행 **전**에 설치되었을 것 ② 분묘의 형태 : 내부에 **시신** 안장 + **봉분** 형태로 분묘가 설치되었을 것(가묘×, 평장×, 암장×) ③ 그 성립에 등기 不要
(3) 성립요건	① **승낙형** : 토지소유자의 **승낙**을 얻어 분묘를 설치한 경우 ② **시효취득형** : 토지소유자의 승낙 ×, 분묘를 설치한 후 **20년간 평온 · 공연**하게 **점유**한 경우 ③ **양도형** : 자기소유 토지에 분묘를 설치한 후에 **분묘의 이전** 등의 **특약 없이** 토지를 **처분**한 경우
(4) 효력범위	① 분묘의 기지뿐만 아니라 그 분묘의 수호 및 제사에 필요한 범위 내 주위의 공지까지 미침 ② 새로운 분묘(쌍분 · 단분형태 불문)의 설치 및 이장할 권능은 인정 ×
(5) 지료	① **승낙형**은 분묘기지권 성립 당시 지료 등에 관하여 약정을 하였다면 그 약정의 효력은 분묘기지의 **승계인에게도 미침** ② **시효취득** 시 토지소유자가 지료를 **청구한 날부터** 지료를 지급할 의무가 있음 ③ **분묘의 이전** 등의 **특약 없이** 토지를 **처분**한 경우는 **분묘기지권**이 **성립한 때부터** 지급의무 있음
(6) 존속기간	① 특약 있으면 특약에 따르고, 특약이 없으면 분묘가 존속하고 수호와 봉사를 계속하는 동안은 분묘기지권은 존속함 ② 일시적인 멸실에 불과한 경우로 **유골**이 **존재**하고 **원상회복**이 **가능**하면 분묘기지권은 존속함 ③ 분묘기지권의 포기는 **의사표시**만으로 충분하며, 점유까지 포기해야 소멸하는 것은 아님

2. 「장사 등에 관한 법률」 → 국립묘지에 대하여는 적용되지 않는다.

(1) 신고·허가	① 관청 : 해당 시설 및 장지를 관할하는 특자시·도, 시장·군수·구청장 ② 사전신고 : 화장·개장신고, 가족·종중 자연장지 조성 ③ 사후신고 : 매장, 개인묘지 설치, 개인 자연장지 조성 후 **30일 이내** ④ 허가 : 개인묘지 외 사설묘지 설치시와 종교단체·법인 자연장지 조성
(2) 설치기간	① **30년**(단, 1회에 한하여 30년 연장 可) ② 설치기간이 종료된 분묘는 종료된 날부터 **1년 이내**에 철거, 화장 또는 봉안하여야 함
(3) 사설묘지의 면적 제한	<table><tr><th>구분</th><th>개인묘지</th><th>가족묘지</th><th>종중·문중묘지</th><th>법인묘지</th></tr><tr><td>설치면적</td><td>30㎡ 이하</td><td>100㎡ 이하</td><td>1,000㎡ 이하</td><td>10만㎡ 이상</td></tr><tr><td>분묘 1기의 점유면적</td><td>30㎡ 이하</td><td colspan="3">10㎡(합장 경우 15㎡) 초과 금지</td></tr></table>
(4) 사설 자연장지의 조성기준	<table><tr><th>개인</th><th>가족</th><th>종중·문중</th><th>종교단체</th><th>공공·재단법인</th></tr><tr><td>30㎡ 미만</td><td>100㎡ 미만</td><td>2,000㎡ 이하</td><td>4만㎡ 이하</td><td>5만㎡ 이상</td></tr></table> * 용기는 생화학적으로 분해가 가능하며, 용기의 크기는 가로, 세로, 높이가 각각 30㎝ 이하이어야 한다. * 용기는 30㎝ 이상의 깊이에 묻되, 유품 등을 함께 묻어서는 아니 된다.
(5) 무단분묘의 처리	① 토지 소유자의 승낙 없이 설치한 분묘를 개장하려면 미리 **3개월 이상**의 기간을 정하여 연고자에게 통보하여야 하며, 연고자를 알 수 없는 경우는 그 뜻을 공고하여야 함 ② 타인의 토지에 설치된 무단분묘는 시장·군수·구청장의 **허가**를 받아 개장할 수 있음

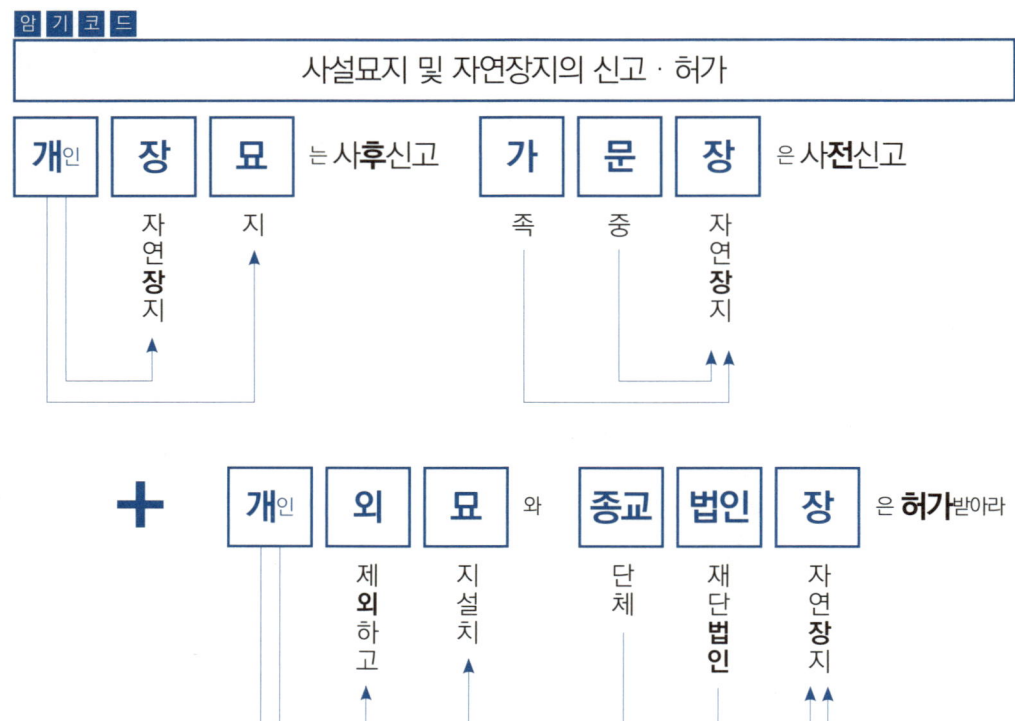

☺ **개인**은 사후 신고, **가문장**은 사전신고, **기타 장묘**(모)는 **허가**받아라 ~

☺ **가문장**은 사전 신고, **개인 장묘**(모)는 사후 신고,
(개인은 사후신고)

개인 외 묘지와 **종교**(법인) **장**은 **허가**받아라 ~

3. 법정지상권

1) 「민법」상 법정지상권

(1) 개념	① 토지와 건물(입목)의 소유자가 동일하다가 저당물의 경매나 기타 사유로 인하여 토지와 건물(입목)의 소유자가 달라지게 된 경우에는 토지소유자는 건물소유자에 대하여 지상권을 설정한 것으로 본다. ② 법정지상권에 관한 규정은 강행규정으로 당사자의 특약에 의하여 법정지상권의 성립을 배제할 수 없다.
(2) 목적	**건물**의 **철거**를 **방지**하고 건물소유자의 토지이용권을 현실화하기 위하여 인정되므로 법정지상권을 **취득하는 자**는 항상 **건물(입목)소유자**이다.
(3) 성립요건	① 저당권설정 당시에 **건물**이 **존재**할 것 ② 저당권설정 당시에 **토**지와 **건**물의 **소유자**가 **동일**할 것
(4) 지료	당사자의 청구에 의하여 법원이 정한다.
(5) 등기	법정지상권은 등기 없이 취득할 수 있지만, 처분 시에는 등기하여야 한다.
(6) 유형	「민법」 제305조, 「민법」 제366조, 「가등기담보 등에 관한 법률」 제10조, 「입목에 관한 법률」 제6조

> **보충**
>
> ### 「민법」상 법정지상권의 유형
>
> (1) 건물의 전세권과 법정지상권
> 　대지와 건물이 동일한 소유자에 속한 경우에 건물에 전세권을 설정한 때에는 그 대지소유권의 특별승계인은 **전세권설정자**에 대하여 지상권을 설정한 것으로 본다(「민법」 제305조).
>
> (2) 저당권 실행에 따른 법정지상권
> 　저당물의 경매로 인하여 토지와 그 지상건물이 다른 소유자에 속한 경우에는 토지소유자는 **건물소유자**에 대하여 지상권을 설정한 것으로 본다(「민법」 제366조).
>
> (3) 가등기담보권실행에 따른 법정지상권
> 　토지와 그 지상의 건물이 동일한 소유자에게 속하는 경우에 그 토지나 건물에 대하여 담보권의 실행을 통해 소유권을 취득하거나 담보등기에 기한 본등기가 행하여진 경우에는 그 **건물의 소유를 목적**으로 그 토지 위에 지상권이 설정된 것으로 본다(「가등기담보 등에 관한 법률」 제10조).
>
> (4) 입목 및 토지처분에 따른 법정지상권
> 　입목의 경매나 그 밖의 사유로 토지와 그 입목이 각각 다른 소유자에 속하게 되는 경우에는 토지소유자는 **입목소유자**에 대하여 지상권을 설정한 것으로 본다(「입목에 관한 법률」 제6조).

2) 관습법상의 법정지상권

(1) 개념	토지와 건물이 동일인에게 속하였다가 매매나 기타 원인으로 토지와 건물의 소유자가 달라지게 된 경우에는 그 **건물을 철거**한다는 등의 **특약이 없는** 한 건물소유자는 관습법에 의하여 **등기 없이도** 당연히 취득하는 지상권이다.
(2) 성질	① 관습법상의 법정지상권에 관한 규정은 **임의규정**이다. ② 관습법상의 법정지상권의 존속기간은 약정이 없는 경우의 예로 처리한다. ③ 환지처분 또는 환매의 경우에는 관습법상의 법정지상권이 성립하지 않는다.
(3) 성립요건	① **토지**와 **건물**(무허가건물, 미등기건물 포함)이 **동일인 소유**일 것 ② 토지와 건물 중 어느 하나가 매매나 기타 원인으로 **소유자가 달라질 것** ③ 당사자 사이에 건물을 **철거한다는 특약이 없을 것**
(4) 지료	당사자 사이의 협의 또는 법원의 결정에 의한다.
(5) 등기	관습법상의 법정지상권은 법률규정에 의한 물권변동이므로 등기 없이 취득할 수 있지만, 처분 시에는 등기하여야 한다.

4 공법상 제한에 관한 사항의 조사·확인

1.「농지법」관련 규정

(1) 농지의 개념	① 지목이 전·답, 과수원인 토지 ② 지목에 관계없이 **실제**로 **농작물 경작지** 또는 **다년생식물 재배지**로 이용된 기간이 **3년 이상**인 토지(3년 미만 제외, 임야 제외, 초지 제외) ③ 지목이 임야인 토지로서 **산지전용허가**를 받고 농작물의 경작 또는 다년생식물의 재배에 이용되는 토지 ④ 농지의 개량시설과 농지에 설치한 농축산물생산시설 부지
(2) 농지의 소유상한	① 경자유전의 원칙 : 농지는 자기의 농업경영에 이용하거나 이용할 자가 아니면 이를 소유하지 못함 ② **상속**으로 농지를 취득한 자로서 농업경영을 하지 않는 경우 : **1만㎡** 內 ③ 8년 이상 농업경영을 한 후 **이농**한 자 : **1만㎡** 內 ④ **주말·체험영농**을 하려는 자 : 세대원 전부 합산 **1천㎡ 미만**(농업진흥지역 내 농지 취득 ×)

> [보충]

농지의 소유 예외

다음의 어느 하나에 해당하는 경우에는 자기의 농업경영에 이용하지 아니할지라도 농지를 소유할 수 있다.
① 국가·지방자치단체가 농지를 소유하는 경우
② 시험지·연구지·실습지·종묘생산지로 농지를 취득하는 경우
③ 주말·체험영농을 하려고 농업진흥지역 외의 농지를 소유하는 경우
④ 상속·유증에 의한 취득에 의하여 농지를 소유하는 경우
⑤ 담보농지를 취득하여 소유하는 경우
⑥ 농지전용협의를 완료한 농지를 소유하는 경우
⑦ 농지전용허가를 받거나 농지전용신고를 한 자가 해당 농지를 소유하는 경우
⑧ 8년 이상 자경하던 사람이 이농한 후에도 이농 당시 소유농지를 계속 소유하는 경우
⑨ 토지수용으로 농지를 취득하여 소유하는 농지
⑩ 「공유수면 관리 및 매립에 관한 법률」에 따라 매립농지를 취득하여 소유하는 경우

> [암기코드]

농지의 소유 예외

국	시	8	주	매	수	상	담	전용
가·**지**자체	험지·실습지	년 이상 자경	말·체험영농	립농지	토지**수**용	속·유증	보농지	농지전용**협**의 / 농지전용**허**가 / 농지전용**신**고

협의허신 분은 농지소유 할 수 있다 ~

😊 **국가시험 8주 매수 상담 전용협의허신** 분은 **농지소유** 할 수 있다 ~

😊 **8주 매수 상담 전용 지(국)시** ~

2. 농지취득자격증명제

(1) 농지취득 자격증명	① 발급대상 : 농지를 취득하려는 자는 **농지 소재지를 관할**하는 **시·구·읍·면의 장(군수×)**에게서 농지취득자격증명을 발급받아야 함(단, 일부 경우 제외) ② 발급신청 　㉠ 신청서에 **농업경영계획서**(주말·체험영농계획서)를 첨부하여 발급 신청 要 　　(단, 일부 경우 농업경영계획서 작성 면제) 　㉡ 시·구·읍·면장은 농업경영계획서를 **10년간 보존** 要 ③ 발급기한 : 시·구·읍·면의 장은 그 신청을 받은 날부터 **7일**(농업경영계획서를 작성 면제의 경우 **4일**, 농지위원회의 **심의**대상 경우 **14일**) 이내에 신청인에게 농지취득자격증명을 발급 要
(2) 농지위원회의 심의대상	① 토지거래허가구역 내 농지를 취득하는 경우 ② 농업법인이 농지를 취득하는 경우 ③ 1필지의 농지를 3인 이상의 공유지분으로 취득하는 경우 ④ 농지 소재지에 거주하지 않으면서 해당 시·군·자치구에 소재한 농지를 처음으로 취득하는 경우 ⑤ 외국인이 농지를 취득하는 경우
(3) 발급제한	① 농업경영계획서(주말·체험영농계획서)에 누락사항이 있거나 첨부서류를 제출하지 아니한 경우 농지취득자격증명을 발급하여서는 아니 됨 ② **1필지를 공유로 취득**하려는 자가 시·군·구의 **조례로 정한 수를 초과**한 경우에는 농지취득자격증명을 **발급**하지 **아니할 수 있음** ③ 영농조합·농업회사법인이 해산명령 청구요건에 해당하는 경우 농지취득자격증명을 발급하지 아니할 수 있음

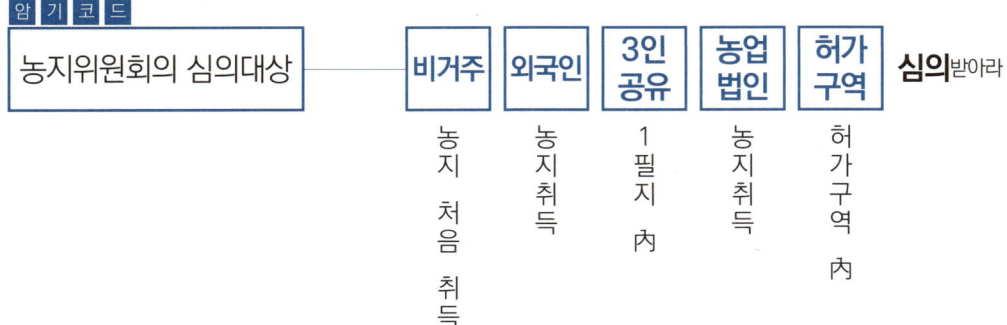

😊 **비거주 외국인**과 **3인공유 농업법인**은 **허가구역** 内 **농지취득 심의**받아라 ~

보충

농지취득자격증명 발급의 필요 여부

발급을 요하는 경우	발급을 요하지 아니하는 경우
① 매매·교환·증여계약에 의한 농지 취득 ② 경매·공매, 판결, 조서에 의한 농지 취득 ③ 주말·체험영농 ④ 농지전용신고를 한 농지 ⑤ 농지전용허가를 받은 농지 ⑥ 국가·지방자치단체의 농지를 사인이 취득하는 경우	① 국가·지방자치단체의 농지 취득 ② 상속·유증에 의한 취득 ③ 담보농지를 취득하는 경우 ④ 공유수면 매립, 환매권, 토지수용에 따라 농지를 취득하는 경우 ⑤ 농지전용협의를 완료한 농지 ⑥ 공유농지의 분할 또는 시효완성에 의한 농지 취득 ⑦ 농업법인의 합병 ⑧ 주·상·공업지역 내의 농지 ⑨ 토지거래허가를 받은 경우 ⑩ 농지이용증진사업에 따라 농지를 취득하는 경우

암기코드

농지취득자격증명 발급을 요하지 아니하는 경우

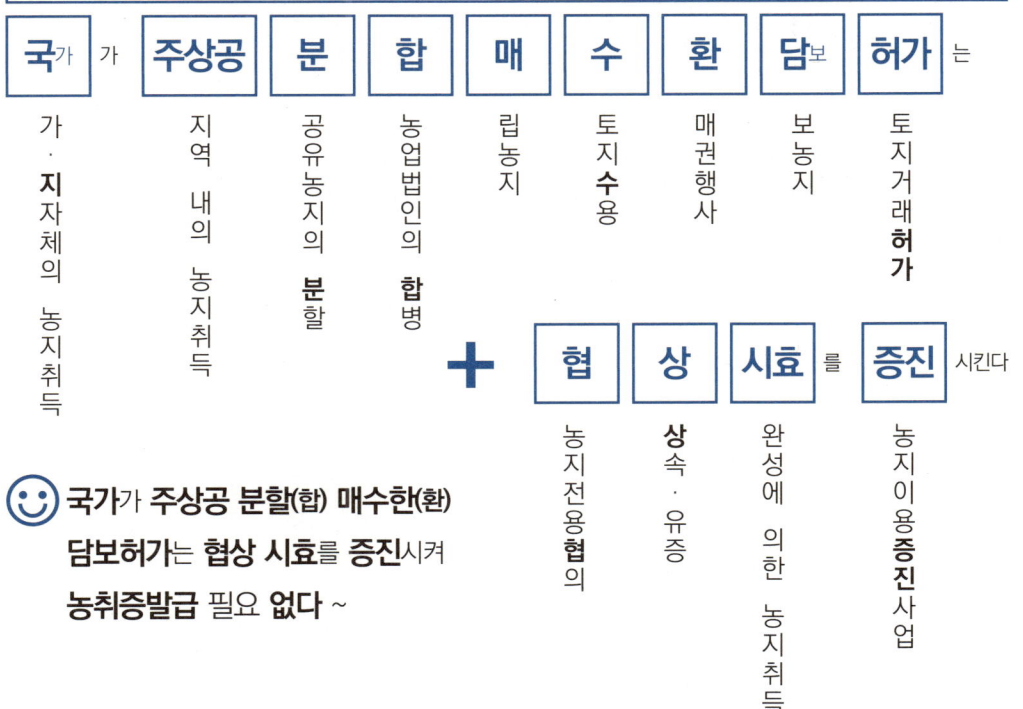

😊 **국가**가 **주상공 분할(합) 매수한(환) 담보허가**는 **협상 시효**를 **증진**시켜 **농취증발급** 필요 **없다** ~

> 보충

농업경영계획서 작성이 면제되는 경우

① 시험지·연구지·실습지·종묘생산지로 농지를 취득하는 경우
② 농지**전용허가**를 받거나 농지**전용신고**를 한 자가 그 농지를 소유하는 경우
③ 농지 개발사업지구에 있는 1,500㎡ 미만의 농지를 취득하는 경우
④ 농업진흥지역 밖의 평균경사율이 15% 이상인 농지를 소유하는 경우
⑤ 「공공토지의 비축에 관한 법률」에 관한 법률에 의하여 계획관리지역과 자연녹지지역 안의 농지를 한국토지주택공사가 취득하여 소유하는 경우

> 암기코드

농업경영계획서 작성 면제

경사 15도	비축	시험지	1,500㎡	전용	허	신
평균경사율 15% 이상 농지	공공 **비축** 농지	연구지 실습지	미만 농지	농지 전용	가	고

자는 작성 면제

😊 **경사 15도(%) 이상**의 **비축 시험지**를 **1,500 미만 전용허신** 자는
농업경영계획서 **작성 면제**다 ~

3. 농지의 처분의무 등

(1) 농지의 처분의무	① 처분대상 농지
	   ㉠ 정당한 사유 없이 **농업경영**에 **이용하지 않는 경우**
	   ㉡ 농지전용**허**가(**신**고)에 따라 농지취득 후 그 농지를 **취득한 날부터 2년 이내**에 그 목적사업에 **착수하지 아니한 경우**
	   ㉢ **농업회사법인**이 **농업인** 요건(3분의 1 이상)에 맞지 아니하게 된 후 **3개월이 지난 경우**
	   ㉣ **농지소유상한**을 **초과**하는 **면적**에 해당하는 농지
	② 처분의무 기간 : 처분사유가 발생한 날부터 **1년 이내**에 그 사유 발생 당시 세대를 같이하는 세대원이 아닌 자에게 처분 要
	③ 처분명령 : 시장·군수·구청장은 다음의 어느 하나에 해당하는 경우 농지소유자에게 **6개월 이내**에 그 농지를 처분할 것을 명할 **수 있다**.
	   ㉠ 거짓이나 **부정**한 방법으로 **농지취득자격증명**을 **발급**받아 농지를 취득한 경우
	   ㉡ 처분의무 기간에 농지를 처분하지 아니한 경우
	   ㉢ **농업법인**이 **부동산업**을 **영위**한 경우

(2) 매수신청	① 처분명령을 받은 농지소유자는 **한국농어촌공사**에 그 농지의 매수청구 可 ② 한국농어촌공사는 **공시지가**를 **기준**으로 매수 可(단, 인근지역의 실제 거래가격이 공시지가보다 낮으면 실제 거래가격을 기준으로 매수 可)

(3) 이행 강제금	① 부과 대상자 : 농지처분명령이나 원상회복명령을 이행하지 아니한 자
	② 이행강제금 : 감정가격 또는 개별공시지가 중 **더 높은** 가액의 **100분의 25**
	③ 부과·징수
	   ㉠ 최초의 처분명령이 있는 날 기준으로 이행될 때까지 **매년 1회** 부과·징수 **可**
	   ㉡ 처분명령을 이행하면 새로운 이행강제금의 부과는 중지하되, 이미 부과된 이행강제금은 징수 要
	④ 이의제기
	   ㉠ 부과처분을 고지받은 날부터 **30일 이내**에 시장·군수·구청장에게 이의를 제기 可
	   ㉡ 이의제기를 받은 시장·군수·구청장은 지체 없이 관할 법원에 그 사실을 통보 要
	⑤ 강제징수 : 이의제기 하지 아니하고 납부기한까지 납부하지 아니하면 「지방행정제재·부과금의 징수 등에 관한 법률」에 따라 징수함

4. 농지의 위탁경영 및 임대차 등

(1) 농지의 위탁경영	농지소유자는 다음의 어느 하나에 해당하는 경우 외에는 위탁경영을 할 수 없다. ① 「**병역법**」에 따라 징집 또는 소집된 경우 ② **3개월 이상 국외** 여행 중인 경우 ③ 농업법인이 **청산** 중인 경우 ④ 질병, 취학, **선거에 따른 공직 취임**, 부상(3개월 이상 치료), 수감, 임신 중이거나 분만 후 6개월 미만인 경우 ⑤ 농지이용증진사업 시행계획에 따라 위탁경영하는 경우 ⑥ 농업인이 자기 노동력이 부족하여 농작업의 일부를 위탁하는 경우
(2) 농지의 임대차	① 서면계약 원칙 : 임대차계약과 사용대차계약은 서면계약을 원칙으로 한다. ② 임대차기간 　㉠ 임대차기간은 **3년**(다년생식물 재배지는 **5년**) **이상**으로 하여야 한다. 　㉡ 임대차기간을 정하지 아니하거나 3년 미만으로 정한 경우에는 3년으로 약정된 것으로 본다. 단, 임차인은 3년 미만으로 정한 임대차 기간이 유효함을 주장할 수 있다. 　㉢ 임대인은 징집 등 대통령령으로 정하는 불가피한 사유가 있는 경우 임대차기간을 3년 미만으로 정할 수 있다. 　㉣ 임대인이 임대차기간 끝나기 **3개월 전까지** 임차인에게 갱신거절이나 조건변경의 통지를 하지 아니한 경우 전 임대차와 동일한 조건으로 다시 임대차한 것으로 본다. ③ 임대차계약에 관한 조정 　: 임대차계약의 당사자는 임대차계약에 관하여 서로 협의가 이루어지지 아니한 경우에는 농지소재지 관할 시장·군수 또는 자치구청장에게 조정을 신청할 수 있다. ④ 임대인 지위의 승계 　: 임대농지의 양수인은 「농지법」에 따른 임대인의 지위를 승계한 것으로 본다.

☺ 농지 임대는 **3년 이상 다오(5)** ~

암 기 코 드

농지의 위탁경영

😊 **위탁경영**으로 **취질병**과 **3國 여행**비, **3月 치료**비, **6月 분만**비 **일부**를 **공직취임** 후 **청산**했다 ~

😊 **취질병**때문에 **위탁경영**하여 **3國 여행**비, **3月 치료**비, **6月 분만**비 **일부**를 **공직취임** 후 **청산**했다 ~

보충

농지 임대차 등을 할 수 있는 경우

① 국가나 지방자치단체의 소유 농지
② 상속(유증), 이농(8년 자경) 후 소유하는 농지
③ 60세 이상인 자 소유의 자경 5년이 넘는 농지
④ 농지를 주말·체험영농을 하려는 자에게 임대하거나 무상사용하게 하는 경우
⑤ 질병, 취학, 선거에 따른 공직 취임, 그 밖에 부득이한 사유로 인하여 일시적으로 농업경영에 종사하지 아니하게 된 자가 소유하고 있는 농지
⑥ 농지이용증진사업 시행계획에 따라 농지를 임대하거나 무상사용하게 하는 경우
⑦ 상속이나 이농자 등이 소유상한을 초과하여 소유하고 있는 농지를 한국농어촌공사나 그 밖에 대통령령으로 정하는 자에게 위탁하여 임대하거나 무상사용하게 하는 경우

암기코드

농지 임대차기간을 3년 **미만으로 정할 수 있는 경우**

① 징집, 질병, 취학의 경우
② 선거에 따른 공직 취임, 부상(3개월 이상 치료), 수감 중인 경우
③ 농업법인이 청산 중인 경우
④ 농지전용허가 또는 농지전용신고를 한 자가 그 농지를 전용목적사업에 착수하지 않은 경우

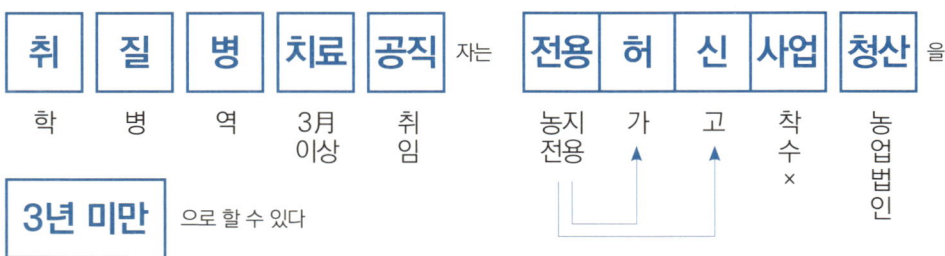

😊 **취질병 치료 공직자**는 **전용허신 사업 청산**을 **3년 미만**으로 할 수 있다 ~

5 중개대상물 확인 · 설명서의 작성

1. 확인 · 설명서의 종류 및 구성

(1) 확인 · 설명서 작성	① 작성 및 교부의무 　: 개업공인중개사가 중개를 완성하여 거래계약서를 작성하는 경우 확인 · 설명사항을 서면(표준서식)으로 작성하여 거래당사자 쌍방에 교부 要 ② 작성의 의의 　: 확인 · 설명의무 이행여부를 확인하고 후일 분쟁의 발생을 대비하여 그 책임관계를 명확히 하기 위한 것임
(2) 서식의 종류	**국토교통부령**에 규정되어 있는 중개대상물 확인 · 설명서 서식(별지 제20호) ① 중개대상물 확인 · 설명서[Ⅰ] **(주거용 건축물)** : 13가지 항목 기재 ② 중개대상물 확인 · 설명서[Ⅱ] **(비주거용 건축물)** 　: 13가지 항목 中 비선호시설, 환경조건란 등 비기재 ③ 중개대상물 확인 · 설명서[Ⅲ] **(토지)** 　: 관리에 관한 사항, 내 · 외부의 시설물 상태, 벽면 및 도배상태, 환경조건란 등 비기재 ④ 중개대상물 확인 · 설명서[Ⅳ] **(입목 · 광업재단 · 공장재단)** 　: 입지조건, 관리에 관한 사항, 내 · 외부의 시설물 상태, 벽면 및 도배상태, 환경조건란 등 비기재
(3) 서식의 구성	(1) 개업공인중개사의 기본 확인사항 (2) 개업공인중개사의 세부 확인사항 (3) 중개보수 등에 관한 사항 (4) 중개대상물 확인 · 설명서 및 증명서류 수령 년월일 (5) 확인란 　① 거래당사자 서명 **또는** 날인란 　② **개업공**인중개사의 서명 **및** 날인란(공동중개 참여자 전부 + 해당 중개업무 수행한 소속공인중개사)

2. 주거용 건축물 확인·설명서의 기재사항 및 작성방법

(1) 개업공인중개사의 기본 확인사항	
① 대상물의 표시	㉠ 토지란 : 소재지, 면적, 지목을 기재한다. 공부상지목과 실제 이용상태가 다르면 둘 다 기재한다. ㉡ 건축물란 : 준공년도(증개축년도), 전용면적, 대지지분, 구조, 용도, 방향, 내진설계 적용 여부, 내진능력, 위반 건축물 여부·위반내용을 확인하여 기재한다. ▶ 작성방법 : 토지대장등본, 건축물대장등본 등을 확인하여 기재한다.
② 권리관계	㉠ 등기부기재사항 : 등기사항증명서를 확인하여 기재한다. ㉡ 민간임대등록 여부 : 주택정보체계에 접속하여 확인하거나 임대인에게 확인하여 기재한다. ㉢ 계약갱신요구권 행사 여부 : 매도인(임대인)에게 확인하여 확인(확인서류 첨부) 또는 미확인을 표시한다. ㉣ 다가구주택 확인서류 제출 여부 : 다가구주택 확정일자 부여현황 서류 제출(확인서류 첨부), 미제출 또는 해당 없음을 표시한다.
③ 토지이용계획, 공법상 이용제한 및 거래규제에 관한 사항	㉠ 건폐율 상한 및 용적률 상한 등은 시·군의 **조례**에 따라 기재한다. ㉡ 도시·군계획시설, 지구단위계획구역 그 밖의 도시·군관리계획 등은 개업공인중개사가 확인하여 기재한다. ㉢ 용도지역·용도지구·용도구역, 허가·신고구역·투기지역 여부, 그 밖의 이용제한 및 거래규제 사항 등은 토지이용계획확인서를 확인하여 기재한다. 공부에서 확인할 수 없는 사항은 **부동산종합공부시스템** 등에서 확인하여 기재한다.
④ 입지조건	도로, 대중교통, 주차장, 교육시설, 판매 및 의료시설 등은 개업공인중개사가 조사하여 기재한다.
⑤ 관리에 관한 사항	경비실의 유무와 관리주체 등은 개업공인중개사가 조사하여 기재한다.
⑥ 비선호 시설	**1km 이내**에 비선호시설(공동묘지, 장례식장 등)의 존재 유무, 종류 및 위치 등은 개업공인중개사가 확인하여 기재한다.
⑦ 거래예정금액 등	㉠ 거래예정금액, 개별공시지가, 건물(주택)공시가격 등은 중개가 완성되기 전 거래**예정**금액 등을 기재한다. ㉡ 임대차의 경우에는 개별공시지가, 건물(주택)공시가격의 기재를 생략할 수 있다.

⑧ 취득 시 부담할 조세의 종류 및 세율	㉠ 취득세(%), 농어촌특별세(%), 지방교육세(%) 등 중개대상물에 대한 권리취득 시에 부담하여야 할 조세의 종류 및 세율을 「지방세법」의 내용을 확인하여 기재한다(임대차의 경우는 제외한다). ㉡ 재산세는 6월 1일 기준 대상물건 소유자가 납세의무를 부담한다.	

(2) 개업공인중개사의 세부 확인사항

⑨ 실제 권리관계 또는 공시되지 않은 물건의 권리에 관한 사항	등기되지 않은 임차권, 유치권, 법정지상권, 분묘기지권, 토지에 부착된 조각물 및 정원수 등의 소유권 귀속에 관한 사항, 임대차계약에 관한 사항 등은 매도(임대)의뢰인이 고지한 사항을 기재한다.
⑩ 내·외부 시설물의 상태(건축물)	수도, 전기, 가스, 소방(주택의 경우 단독경보형 감지기), 난방방식, 연료공급, 승강기, 배수, 그 밖의 시설물에 관한 사항 등은 개업공인중개사가 매도(임대)의뢰인에게 자료를 요구하여 확인한 사항을 기재한다.
⑪ 벽면·바닥면 및 도배의 상태(건축물)	벽면의 균열이나 누수 유무 여부, 도배의 상태 등은 개업공인중개사가 매도(임대)의뢰인에게 자료를 요구하여 확인한 사항을 기재한다.
⑫ 환경조건	일조량, 소음, 진동 등은 개업공인중개사가 매도(임대)의뢰인에게 자료를 요구하여 확인한 사항을 기재한다.

(3) 중개보수 등에 관한 사항

⑬ 중개보수 및 실비 금액과 그 산출내역	㉠ 중개보수 및 실비는 협의하여 결정하되, 중개보수는 거래**예정**금액을 **기준**으로 계산하고, 부가가치세는 별도로 청구할 수 있다. ㉡ **산출내역 = 거래예정금액(임대보증금 + 월 단위의 차임액 × 100) × 중개보수 요율** 다만, 임대차로서 거래예정금액이 5천만 원 미만인 경우에는 '**임대보증금 + 월 단위의 차임액 × 70**'을 거래예정금액으로 한다.

> 보충

「공인중개사법」 공인중개사법 시행령·시행규칙 개정안의 주요 내용

(2024. 07. 10.부터 시행)

□ **임대차 확인정보 설명의무 신설**

공인중개사는 등기사항증명서·토지대장·건축물대장 등을 통해 확인 가능한 정보 외에도 임대인이 제출하거나 열람 동의한 확정일자 부여현황 정보, 국세 및 지방세 체납 정보, 전입세대 확인서를 확인한 후, **임차인에게 본인의 보증금과 관련된 선순위 권리관계를 설명하여야** 한다. **공인중개사가 확인·설명한 내용은 '중개대상물 확인설명서'에 명기하고, 공인중개사·임대인·임차인이 같이 확인·서명하여야** 한다.

□ **임차인보호제도 설명 신설**

공인중개사는 계약 대상 임대차 주택의 소재지, 보증금 규모 등을 살펴, 주택임대차보호법령에 따라 담보설정 순위에 관계없이 보호받을 수 있는 **소액 임차인의 범위 및 최우선 변제금액을 임차인에게 설명하여야** 한다. 또한 계약 대상 임대차 주택이 「민간임대주택에 관한 특별법」 제49조에 따른 민간임대주택일 경우에는 임대보증금에 대한 보증에 가입할 의무가 있음을 설명하여야 한다.

□ **중개보조원 고지·확인 설명 신설**

중개보조원이 현장안내를 할 경우에는 중개의뢰인에게 본인이 중개보조원이라는 사실을 알려야 하며 공인중개사는 '중개대상물 확인설명서'에 **중개보조원의 신분고지 여부를 표기하여야** 한다.

□ **주택 관리비 설명의무 신설**

공인중개사는 임대인으로부터 확인한 **관리비 총액과 관리비에 포함된 비목 등을 임차인에게 설명하고, 계약서뿐만 아니라 '중개대상물 확인설명서'에 명기해야** 한다.

> 보충
> ## 중개대상물 확인·설명서 공통 기재사항

주거용 건축물, **비**주거용 건축물, **토**지, **입**목·광업재단·공장재단 **확인·설명서 공통 기재사항**
① 대상**물**건의 표시
② **권**리관계(등기부 기재사항만 해당)
③ 거래예정금**액** 등
④ 취득 시 조**세**종류 및 세율
⑤ **실제**권리 관계 또는 공시되지 아니한 물건의 권리
⑥ 중개**보**수 및 실비의 금액과 산출내역

> 암 기 코 드
> 중개대상물 **확인**·설명서 공통 기재사항

😊 **실제 물권**(건) 금**액**을 확인해 **보세** ~

암기코드

주거용 건축물 확인·설명서 기재사항 — **기본 + 세 + 수** 기재

(1) (**기본**적인 사항(개공이 확인한 사항 기록))

| 물 | 권 | 공 | 조 | 관리 | 비 | 세 | 금 | + | 중개보조원 고지 |

- 물: 건의 표시
- 권: 리관계 + **선순위 권리관계**
- 공: 법상 규제
- 조: 입지조건
- 관리: 경비실 / 관리주체 + **주택관리비**
- 비: 선호시설 〈주거·토지〉
- 세: 조세율 + **세금 체납 여부**
- 금: 거래예정금액

입지조건: 판 / 교 / 주 / 대 / 로
- 판: 매 및 의료시설
- 교: 육시설
- 주: 차장 유무
- 대: 중교통
- 로: 도로와의 관계

(2) (**세부**확인 사항(자료요구하여 기록))

| 실제 | 환경 | 상태 |

- 실제: 권리관계 → 공시되지 × 물건 → 유치권 / 법정지상권
- 환경: 조건 → 소음·진동 / 일조량
- 상태: 내·외부 시설물상태 / 벽면·바닥면 / 도배상태

→ * 수도·가스, 승강기, 배수 등
  * 주택 – 단독 경보형 감지기 설치개수

(3) (**중개보수** 등에 관한 사항)

- 중개보수 : 시·도 조례로 정한 요율한도 內 협의 결정
- 부가가치세는 별도 부과될 수 있음
- 거래예정금액 기준
- 거래 당사자 서명 또는 날인
- 개공 서명 및 날인(소공 수행 시는 소공 서명 및 날인)

제3장 중개활동

1 AIDA의 원리(구매고객의 심리적 발전단계)

(1) 주목단계 (**A**ttention)	매각광고 등 판매활동을 통하여 고객의 주목을 끄는 단계
(2) 흥미단계 (**I**nterest)	복수의 중개대상물의 특징과 장점 등을 비교·설명하며 고객의 흥미를 유발시키는 단계
(3) 욕망단계 (**D**esire)	고객의 구매욕망을 촉구시키며 계약체결을 유도하는 단계
(4) 행동단계 (**A**ction)	고객의 거래의사를 확정하고 거래계약을 체결하는 단계

2 부동산의 셀링포인트(Selling Point)

(1) 의의	① 구매자에게 만족을 줄 수 있는 부동산의 특징과 장점으로 판매소구점이라고도 함 ② 셀링포인트는 부동산의 개별성, 부동산시장의 여건변화, 정부의 부동산정책 등에 따라 달라질 수 있음
(2) 유형	① 기술적(기능적) 측면의 셀링포인트 　: 부동산의 기능(설비, 구조, 동선 등)을 중시하는 것으로, 기술적 측면의 셀링포인트는 시간이 경과하면서 감소하는 경향이 있음 ② 경제적 측면의 셀링포인트 　: 부동산의 가격이나 임료, 개발계획, 투자가치, 부동산의 수요·공급 등 ③ 법률적 측면의 셀링포인트 　: 소유권의 하자 및 사법상 권리의 제한 여부, 토지이용의 공법상의 규제 여부 등 ④ 사회·문화·환경적 측면의 셀링포인트 　: 교통, 생활편의시설, 학군, 쾌적한 환경 등

3 클로징(Closing)

(1) 의의	① 부동산중개과정의 가장 최종적인 단계로 개업공인중개사가 당사자로 하여금 부동산 매매계약서에 서명·날인하게 하는 행위 또는 부동산소유권을 현실적으로 이전시키는 행위 ② 클로징 기회는 부동산중개과정에서 수회에 걸쳐 반복될 수 있음

(2) 방법	① 점진적 확인법
	   : 고객이 안심하고 동의할 수 있는 질문부터 하면서 클로징을 유도하는 방법
	② 계약전제법
	   : 고객이 구매를 결정 했다고 판단될 때 계약조건 등을 제시하며 클로징을 유도하는 방법
	③ 부분선결법
	   : 구매를 결정하지 못하는 고객으로 하여금 작은 결단부터 내리게 유도하여 결국은 거래를 결단하도록 유도하는 방법
	④ 장단비교법
	   : 대상 부동산의 장점을 다른 부동산과 비교·설명하며 구매를 결정하도록 유도하는 방법
	⑤ 결과강조법
	   : 실제 투자성공사례를 제시하는 등 부동산 구입에 의한 결과를 강조하며 구매를 결정하도록 유도하는 방법
	⑥ 만족강조법
	   : 지금 대상 부동산을 구입한다면 장래의 만족이 얼마만큼 될지를 강조함으로써 클로징을 유도하는 방법

오답노트

❶ 부동산시장은 개별성이 강하기 때문에 셀링포인트가 다양화되지 못하다.* (×)
   * 다양화된다. (○)
❷ 클로징이란 부동산매매계약서에 서명날인시키는 행위를 말하며, 클로징 기회는 1회에 한정된다.* (×)
   * 여러 번 있을 수 있다. (○)

제4장 거래계약의 체결

1 거래계약서 작성 시 주의사항

(1) 당사자의 확인	① **개업공**인중개사는 신의성실과 선량한 관리자의 주위로써 부동산을 처분하려는 자가 진정한 권리자인지를 등기사항증명서, 주민등록증, 등기권리증 등에 의하여 조사·확인하여야 한다. ② **개업공**인중개사는 부동산을 처분하려는 자의 처분권한 및 처분능력의 유무 등을 조사·확인하여야 한다.

(2) 처분능력의 확인		구분	확인방법
	자연인 (제한 능력자)	미성년자	주민등록증 또는 가족관계증명서·기본증명서
		피성년후견인	후견등기사항증명서
		피한정후견인	
	법인	법인의 법인격 유무, 대표자의 처분권한 유무	법인의 등기사항증명서
		사립학교법인의 기본재산처분	관할청의 허가 여부 확인
		종교법인·종중	총유물의 처분 절차 확인 (규약·정관 또는 사원총회의 결의)
	대리인	법정대리인	가족관계증명서·후견등기사항증명서
		임의대리인	인감증명서 첨부한 위임장과 등기필정보 확인

(3) 공동소유 재산의 처분	구분	결합의 형태	지분의 처분	공유물의 처분·변경	(부동산) 등기방식
	공유	우연한 인적결합	각자 자유로이 처분 가능	전원의 동의로만 가능	공유등기, 지분 기재
	합유	조합	전원의 동의로만 처분 가능	전원의 동의로만 가능	합유자 전원의 명의로 등기, 합유의 취지 기재
	총유	권리능력 없는 사단	지분 없음	총회의 결의로만 가능	단체 자체 명의로 등기

2 거래계약서의 기재사항

(1) 거래당사자 인적사항	① 본인과 계약을 체결할 때 : 매도인의 경우는 등기사항증명서와 주민등록증 및 등기필증에 의하여, 매수인의 경우는 주민등록증에 의하여 성명·주소 등을 기재한다. ② 대리인과 계약을 체결할 때 : 본인의 인감증명서를 첨부한 위임장 확인 후 대리인의 성명·주소 등과 본인의 인적사항을 각각 기재한다.
(2) 물건의 표시	① 토지 : 토지대장을 통하여 소재지·지목·면적을 기재한다. ② 건물 : 건축물대장을 통하여 소재지·가옥번호·구조·면적 등을 기재한다.
(3) 계약일	실제 거래계약이 체결된 날을 기재하여야 한다.
(4) 거래대금· 계약금의 지급방법	계약금·중도금·잔금의 지급시기와 지급방법을 명백히 기재하여야 한다.
(5) 물건의 인도일시	물건의 인도일시를 명확히 기재하여야 한다.(ex 주거용 건물의 경우에는 이사일 등의 시간까지 기재하는 것이 타당함.)
(6) 권리이전의 내용	설정된 권리 중에서 이전되는 권리와 이전되지 않는 권리를 명백히 기재하며, 특히 제한물권을 인수하기로 한 경우에는 이를 분명히 기재하여야 한다.
(7) 계약의 조건이나 기한	거래당사자 간에 조건이나 기한을 정한 경우에는 이러한 사항을 기재하여야 한다.

(8) 중개대상물 확인·설명서 교부일자	중개대상물 확인·설명서를 작성한 후 교부일자를 거래계약서에 기재한다.
(9) 그 밖의 약정내용	당사자 간에 합의한 약정사항이 있으면 그 약정내용을 계약서에 기재한다.

암기코드
거래계약서 필요적 기재사항

* 개공은 중개의뢰인의 요구가 있다 하더라도 필요적 기재사항을 빠뜨리고 기재하여서는 아니 된다.

인	물	인도	조	권	금	확인	계	약
적사항	건의 표시	일시	건이나 기한	리이전내용	거래대**금** 및 지급방법	설명서 교부일자	약일	그 밖의 **약**정내용

☺ 인물 인도 조건(권) 금액 확인 약정 계약일 ~

☺ 인물 인도 조건(권) **거래**금액을 **확인**하여 **계약일**을 **약**정했다 ~

3 부동산거래 전자계약시스템

(1) 전자계약 시스템	전자계약시스템이란 온라인 서명으로 부동산 전자계약을 체결하는 경우 **실거래신고** 및 **확정일자 부여**가 자동처리되고, **계약서류**(거래계약서 · 확인설명서 등)는 공인전자문서센터에 **보관**되며, 24시간 열람 · 출력이 가능한 전자적 방식의 부동산 거래계약서 작성 및 체결 시스템이다.
(2) 전자계약 절차	① 회원가입 및 로그인 　　㉠ 개업공인중개사는 회원가입 및 인증서 등록 要 　　㉡ 거래당사자는 회원가입 不要 ② 계약서 작성 및 확인 · 설명서 작성 　　㉠ 개업공인중개사는 거래계약서를 작성함 　　㉡ 개업공인중개사는 확인 · 설명서 작성함 ③ 계약서 확인 및 서명 　　㉠ 개업공인중개사는 계약서의 계약내용을 거래당사자에게 확인시키고 설명함 　　㉡ 거래당사자는 계약서를 확인하고 본인 인증(휴대폰 본인 인증, 공인인증서 등)한 후 전자서명을 함 ④ 계약확정 　　개업공인중개사는 계약서를 확인하고 공인인증서를 이용하여 전자서명을 함 ⑤ 부동산 실거래가(매매계약 경우) · 확정일자(임대차계약 경우) 자동신고 　　㉠ 계약이 확정되면 부동산거래신고, 주택임대차계약신고는 자동신고로 간주됨 　　㉡ 임대차계약 시 확정일자 자동 부여됨 ⑥ 계약서 공전소(공인전자문서센터) 보관 　　계약이 완료된 전자계약문서(거래계약서 · 확인설명서 등)는 공인전자문서센터로 자동 보관됨

오답노트

❶ 부동산거래 전자계약시스템에 따른 공인전자문서센터에 중개대상물 확인 · 설명서, 거래계약서가 보관된 경우에도 개업공인중개사는 원본, 사본, 또는 전자문서를 일정 기간 동안 보존하지 않아도 된다. (○)

❷ 부동산거래 전자계약시스템을 이용하여 주택임대차 계약을 체결하고 전자계약증서에 확정일자 부여를 신청하는 경우 수수료를 면제할 수 있다. (○)

제5장 개별적 중개실무

1 「부동산등기 특별조치법」

1. 등기신청의무

(1) 소유권**보존**등기 신청의무	① 소유권보존등기가 가능함에도 보존등기를 하지 않고 매매한 경우
	  : **계약을 체결한 날부터 60일 이내**에 매도인이 먼저 소유권보존등기를 신청 要
	② 소유권보존등기가 불가능한 상태에서 매매한 경우
	  : 소유권보존등기를 **신청할 수 있게 된 날부터 60일 이내**에 소유권보존등기를 신청 要

(2) 소유권**이전**등기 신청의무	① 대가적 채무 부담 계약(매매계약, 교환계약 등)
	  : 반대급부의 **이행이 완료된 날부터 60일 이내**에 소유권이전등기를 신청 要
	② 일방만이 채무 부담하는 계약(증여계약 등)
	  : 계약의 **효력이 발생한 날부터 60일 이내**에 소유권이전등기를 신청 要

(3) **미등기전매** 시의 등기신청의무	① 소유권이전등기가 가능하게 된 후 다시 제3자에게 전매한 경우
	  : **먼저 체결된 계약에 따라** 소유권이전등기를 신청 要
	② 이전등기가 불가능한 상태에서 다시 제3자에게 전매한 경우
	  : **먼저 체결된 계약의 이행완료일 또는 효력발생일로부터 60일 이내**에 먼저 체결된 계약에 따라 소유권이전등기를 신청 要

(4) 위반 시 제재	등기신청의무자가 상당한 사유 없이 등기신청을 해태한 경우에는 부동산 취득세율에서 **1천분의 20을 뺀 세율을 적용하여 산출한 금액의 5배 이하**의 과태료에 처한다.

2. 계약서의 검인제도

(1) 개념	계약이나 판결 등을 원인으로 소유권이전등기를 신청할 때는 계약서에 시·군·구청장의 검인을 받은 '검인계약서'를 등기소에 제출하여야 함
(2) 검인대상 여부	① **계약**이나 **판결** 등을 **원인**으로 토지 및 건축물에 대한 **소유권이전 등기신청**인 경우에는 **검인** 要 ② 소유권이전과 관계없는 등기신청인 경우에는 검인 不필요 ③ 입목·광업재단·공장재단인 경우에는 검인 不필요 ④ 다른 법률의 규정에 의하여 검인을 받은 것으로 보는 경우에는 검인 不필요
(3) 검인계약서 기재사항	① 당사자 ② 목적부동산 ③ 계약연월일 ④ 거래대금 및 지급일자, 평가액 및 그 차액의 정산 사항 ⑤ 개업공인중개사(개업공인중개사가 있을 때) ⑥ 계약의 조건 또는 기한(조건이나 기한이 있을 때)
(4) 검인신청 절차	① 검인신청자 : 계약당사자 중 1인이나 그 위임을 받은 자, 계약서를 작성한 개업공인중개사 및 법무사 등 ※ 개업공인중개사가 토지 및 건축물에 관한 매매계약서를 작성한 경우 중개의뢰인의 요청이 있다 하더라도 검인신청을 하여야 할 의무가 없음 ② 검인기관 : 시·군·구청장 또는 그 권한을 위임 받은 자(읍·면·동장) ③ 제출서면 : 계약서 원본(판결서 정본) 제출 要 ④ 검인 및 교부 : 검인기관은 **형식적 요건의 구비 여부만을 심사**(실질적 내용의 적합 여부 심사 ×)한 후 지체 없이 계약서에 검인을 날인하여 교부 要
(5) 벌칙	① 전매(재매매) 시 검인신청 : 먼저 체결된 계약의 계약서에 검인을 받아야 하며, 이를 위반한 자는 1년/3천만 원↓ ② 미등기전매(중간생략등기) : 탈세·탈법 목적 등으로 미등기전매를 한 자는 3년/1억 원↓

😊 **계판소대**는 **검인 받아라** ~

검인대상 여부	
검인대상인 경우	검인대상이 아닌 경우
[계약 및 판결 원인에 의한 소유권이전등기] • 매매계약서 • 교환 · 증여 계약서 • 신탁계약 · 해지약정서 • 공유물분할 약정서 • 양도담보 계약서 • 가등기에 기한 본등기 • 이행판결서 및 조서(화해조서 · 인낙조서 · 조정조서)	① 계약이 원인이 아닌 소유권이전등기 　(경매 · 공매, 상속, 시효취득, 공용수용 등) ② 소유권이전과 관계없는 등기신청인 경우 　(전세권, 임차권, 저당권 등) ③ 다른 법률의 규정에 의하여 검인을 받은 것으로 보는 경우(부동산거래신고필증, 토지거래허가증을 교부받은 경우) ④ 입목 · 광업재단 · 공장재단 등기의 경우 ⑤ 가등기신청시의 원인증서 ⑥ 계약 당사자 일방이 국가 · 지방자치단체인 경우

암기코드

검인계약서의 필수적 기재사항

① 당사자
② 목적부동산
③ 계약연월일
④ 거래대금 및 지급일자, 평가액 및 그 차액의 정산 사항
⑤ 개업공인중개사(개업공인중개사가 있을 때)
⑥ 계약의 조건 또는 기한(조건이나 기한이 있을 때)

😊 **개공**은 **당일**에 **부조금**했다 ~

😊 **검인 계약 조건**으로 **부동산 대금**을 기재한 **개공**

2 「부동산 실권리자명의 등기에 관한 법률」

1. 부동산실명제 일반

(1) 원칙	누구든지 부동산에 관한 물권은 실권리자 명의로 등기하여야 하며, 명의신탁약정에 의하여 명의수탁자의 명의로 등기하여서는 아니 된다.
(2) 특례	종중, 배우자 및 종교단체의 경우에는 조세포탈, 강제집행의 면탈 또는 법령상 제한의 회피를 목적으로 하지 아니하는 경우에는 명의신탁의 효력규정 및 제재에 관한 규정을 적용하지 아니한다.
(3) 명의신탁 약정에서 제외되는 경우	명의신탁약정에서 제외되는 경우(「부동산 실권리자명의 등기에 관한 법률」상의 **명의신탁**약정에 **해당×**) ① **양도담보 및 가등기담보** : 채무 변제를 담보하기 위하여 채권자가 부동산에 관한 물권을 이전받거나 가등기하는 경우 ② **상호명의신탁**(구분소유적 공유관계) : 부동산의 위치와 면적을 특정하여 2인 이상이 구분소유하기로 하는 약정하고 그 구분소유자의 공유로 등기하는 경우 ③ **신탁재산등기** : 신탁재산인 사실을 등기하는 경우

2. 2자 간 등기명의신탁

(1) 유형	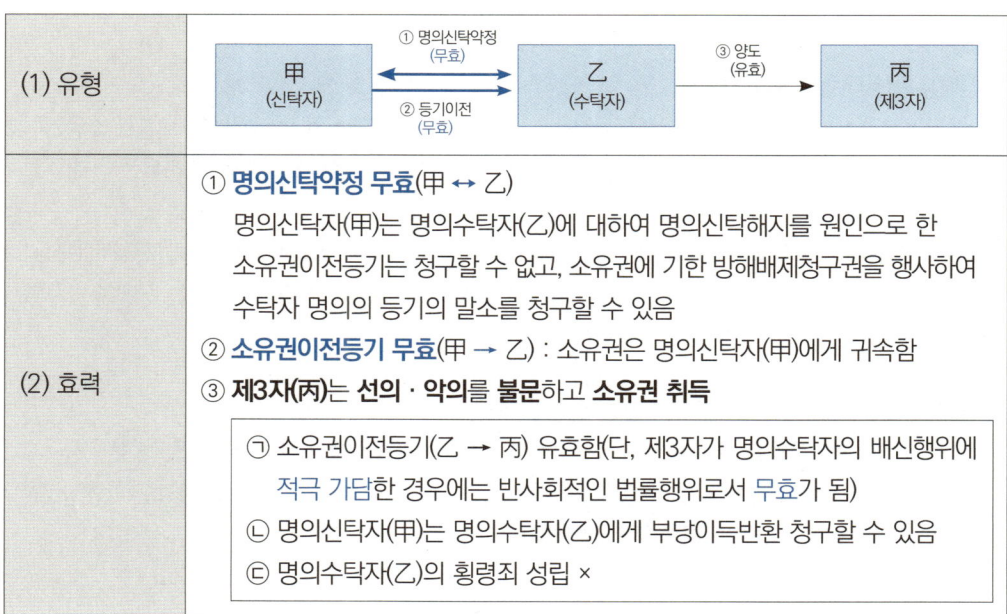
(2) 효력	① **명의신탁약정 무효**(甲 ↔ 乙) 명의신탁자(甲)는 명의수탁자(乙)에 대하여 명의신탁해지를 원인으로 한 소유권이전등기는 청구할 수 없고, 소유권에 기한 방해배제청구권을 행사하여 수탁자 명의의 등기의 말소를 청구할 수 있음 ② **소유권이전등기 무효**(甲 → 乙) : 소유권은 명의신탁자(甲)에게 귀속함 ③ **제3자(丙)는 선의·악의를 불문**하고 **소유권 취득** 　㉠ 소유권이전등기(乙 → 丙) 유효함(단, 제3자가 명의수탁자의 배신행위에 적극 가담한 경우에는 반사회적인 법률행위로서 무효가 됨) 　㉡ 명의신탁자(甲)는 명의수탁자(乙)에게 부당이득반환 청구할 수 있음 　㉢ 명의수탁자(乙)의 횡령죄 성립 ×

3. 3자 간 등기명의신탁(중간생략형 명의신탁)

(1) 유형	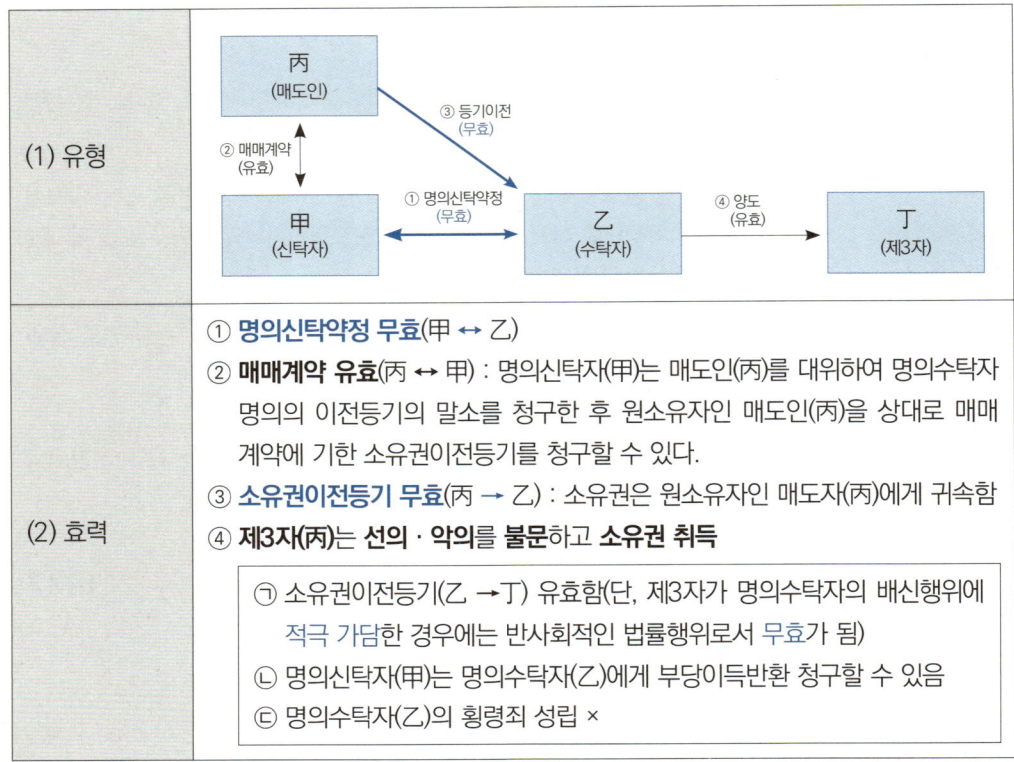

(2) 효력	① **명의신탁약정 무효**(甲 ↔ 乙)
	② **매매계약 유효**(丙 ↔ 甲) : 명의신탁자(甲)는 매도인(丙)를 대위하여 명의수탁자 명의의 이전등기의 말소를 청구한 후 원소유자인 매도인(丙)을 상대로 매매계약에 기한 소유권이전등기를 청구할 수 있다.
	③ **소유권이전등기 무효**(丙 → 乙) : 소유권은 원소유자인 매도자(丙)에게 귀속함
	④ **제3자(丙)는 선의·악의를 불문**하고 **소유권 취득**
	   ㉠ 소유권이전등기(乙 → 丁) 유효함(단, 제3자가 명의수탁자의 배신행위에 적극 가담한 경우에는 반사회적인 법률행위로서 **무효**가 됨)
	   ㉡ 명의신탁자(甲)는 명의수탁자(乙)에게 부당이득반환 청구할 수 있음
	   ㉢ 명의수탁자(乙)의 횡령죄 성립 ×

> **보충**
>
> **[신탁부동산 매수한 제3자 보호]**
> 신탁부동산은 내부적으로는 명의신탁자에게 소유권이 있고 **외부적으로는 명의수탁자에게 소유권**이 있는 것으로, 명의수탁자에게서 매수한 **제3자는 선의·악의를 불문**하고 **유효**하게 소유권을 취득할 수 있다.
> 그러나 제3자가 명의수탁자에게 매도를 적극 권유하는 등으로 명의수탁자의 배임행위에 적극 가담한 경우에는 반사회적인 법률행위로서 무효가 된다. 이 경우에 명의신탁자는 명의수탁자를 대위하여 제3자에게 등기의 말소를 청구할 수 있다.
>
> **[명의수탁자가 신탁부동산 처분 시 횡령죄 성립 여부]**
> 명의신탁자와 명의수탁자 사이의 위탁관계라는 것은 **부동산실명법에 반하는 불법적인 관계**에 지나지 아니하므로 형법상 보호할 만한 가치 있는 신임에 의한 것이라고 할 수 없으므로, 명의수탁자가 신탁부동산을 임의로 처분하여도 **횡령죄가 성립하지 않는다.**

4. 계약명의신탁(위임형 명의신탁)

(1) 유형	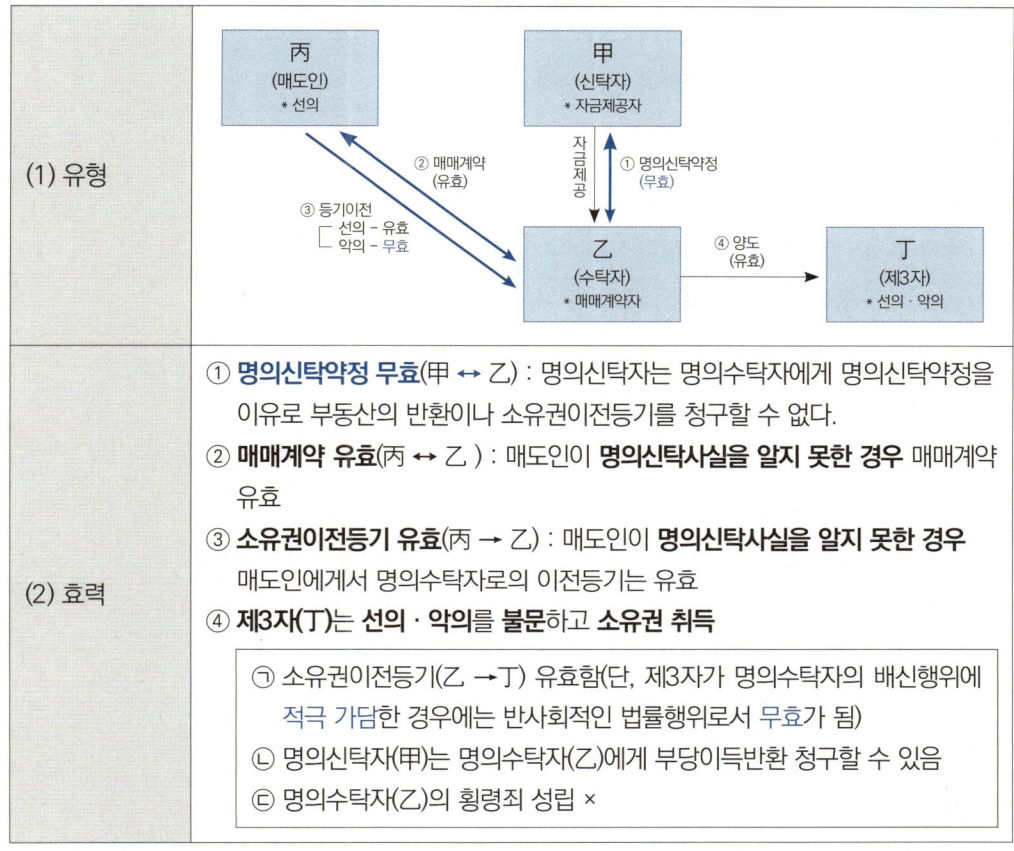
(2) 효력	① **명의신탁약정 무효**(甲 ↔ 乙) : 명의신탁자는 명의수탁자에게 명의신탁약정을 이유로 부동산의 반환이나 소유권이전등기를 청구할 수 없다. ② **매매계약 유효**(丙 ↔ 乙) : 매도인이 **명의신탁사실을 알지 못한 경우** 매매계약 유효 ③ **소유권이전등기 유효**(丙 → 乙) : 매도인이 **명의신탁사실을 알지 못한 경우** 매도인에게서 명의수탁자로의 이전등기는 유효 ④ **제3자(丁)**는 선의·악의를 불문하고 **소유권 취득** 　㉠ 소유권이전등기(乙 → 丁) 유효함(단, 제3자가 명의수탁자의 배신행위에 적극 가담한 경우에는 반사회적인 법률행위로서 무효가 됨) 　㉡ 명의신탁자(甲)는 명의수탁자(乙)에게 부당이득반환 청구할 수 있음 　㉢ 명의수탁자(乙)의 횡령죄 성립 ×

5. 위반 시 제재

(1) 벌칙	① 명의신탁자 등 : 5년 이하의 징역 또는 2억 원 이하의 벌금 ② 명의수탁자 : 3년 이하의 징역 또는 1억 원 이하의 벌금
(2) 과징금	명의신탁자 등에게 해당 부동산가액의 **100분의 30 이하**에 해당하는 금액의 범위 안에서 과징금을 부과한다.
(3) 이행강제금	과징금을 부과 받은 명의신탁자가 당해 부동산에 관한 물권을 자신의 명의로 등기하지 아니한 경우에는 이행강제금을 부과한다. ① 1차 이행강제금(과징금 부과일로부터 1년이 경과한 경우) 　: 부동산평가액의 10% ② 2차 이행강제금(1차 이행강제금 부과일로부터 다시 1년이 경과한 경우) 　: 부동산평가액의 20%

명의신탁 개요

(1) 명의신탁약정은 선·악 상관없이 무효(특례 제외)
(2) 제3자는 선·악 불문 권리 취득 可
(3) 단, 제3자가 배신행위에 적극 가담한 경우는 반사회적 법률행위 → 무효
(4) 수탁자 처분행위(유효) → 횡령죄 성립 ✕
(5) 수탁자가 처분한 경우만 부당이득반환청구 可
(6) 벌칙 : 신탁자 – 5년/2억↓, 수탁자 – 3년/1억↓
(7) 과징금 : (명의신탁자) 부동산가액의 30/100 內 부과
(8) 이행강제금 : 명의신탁자가 자신의 명의로 등기하지 아니한 경우 　① 1차(과징금 부과 ~ 1년 지난 때) – 부동산가액의 10/100 　② 2차(1차 과징금 부과 ~ 다시 1년 지난 때) – 부동산가액 20/100
(9) 양도담보 및 가등기담보, 상호명의신탁, 신탁재산등기는 명의신탁약정에 해당하지 않는다.

오답노트

❶ 명의신탁자와 명의수탁자 사이의 약정을 매도인이 안 경우, 명의수탁자로부터 부동산을 매수하여 등기한 제3자는 그 소유권을 취득하지 못한다.* (✕)
　* 소유권을 취득한다. (ㅇ)

❷ 3자 간 등기명의신탁의 경우 신탁자는 신탁부동산의 소유권을 가지지 아니하므로, 명의수탁자가 신탁받은 부동산을 임의로 처분하여도 횡령죄가 성립하지 아니한다. (ㅇ)

3 「주택임대차보호법」 → * 주거생활의 안정 보장 목적
* 편면적 강행규정

1. 적용범위

(1) 적용되는 경우	① 계약의 당사자 범위(인적 범위) 　㉠ 원칙 : 임차인이 자연인인 경우에 한하여 적용됨(내·외국인 모두 적용 ○, 법인은 적용 ×) 　㉡ 예외 : 한국토지주택공사 및 주택사업을 목적으로 설립된 지방공사, 「중소기업기본법」 규정에 의한 중소기업 법인 ② 계약의 목적물 범위(물적 범위) 　㉠ 주거용 건물의 전부 또는 일부의 임대차 　㉡ 임차주택의 일부가 주거 외의 용도로 사용되는 경우 　㉢ 「중소기업기본법」 규정에 따른 중소기업이 임차한 직원의 주거용 주택 (인도 + 주민등록) 　㉣ 미등기 주택의 전세계약 　㉤ 무허가건물이나 가건물의 임대차계약 　㉥ 비주거용 건물을 임대인의 동의하에 주거용으로 개조한 경우
(2) 적용되지 않는 경우	① 일시사용을 위한 임대차임이 명백한 경우 ② 사용대차계약 ③ 불법으로 개조한 주택인 경우 ④ 「중소기업기본법」 규정에 의한 중소기업을 제외한 법인이 임차한 경우 ⑤ 업무용 오피스텔, 콘도 등(비주거용 건물의 일부가 주거의 목적으로 사용되는 경우) ⑥ 채권담보 목적의 임대차

암기코드

「주택임대차보호법」이 적용되지 않는 경우

불	법	사	업	일	채
법으로 개조한 주택	중소기업을 제외한 **법**인	용대차계약	무용 오피스텔	시사용을 위한 임대차	권담보 목적의 임대차

☺ **불법사업 일채**는 주임법 적용되지 않는다 ~

2. 존속기간 및 묵시적갱신

(1) 존속 기간	① 임대차 기간을 정하지 않거나 2년 미만으로 정한 임대차는 그 기간을 **2년**으로 봄. 단, 임차인은 2년 미만으로 정한 기간의 유효함 주장 可 ② 임대차기간 종료 후에도 임차인이 보증금을 반환받을 때까지는 임대차관계는 존속되는 것으로 봄 ③ 임차권은 경매에 의해 소멸함. 단, 보증금이 전액 변제되지 아니한 대항력 있는 임차권은 그러하지 아니함
(2) 묵시적 갱신 (법정갱신)	① 갱신조건 : 갱신거절, 계약조건 변경 통지 안 하면 전 임대차와 동일한 조건으로 다시 임대차한 것으로 봄 ② 통지기간 ┌ 임대인 : 임대차기간이 끝나기 **6개월 전부터 2개월 전**까지 　　　　　　└ 임차인 : 임대차기간이 끝나기 **2개월 전**까지 ③ 묵시적으로 갱신된 임대차의 존속기간은 **2년**으로 봄 ④ 묵시적으로 갱신된 경우 **임차인**은 **언제든지** 해지통지 可(**3개월** 후 효력 발생함) ⑤ **2기의 차임액**에 달하도록 **연체**하거나 그 밖에 임차인으로서의 **의무를 현저히 위반**한 경우에는 묵시적 갱신을 적용하지 아니함

3. 계약갱신요구권

(1) 개념	임대인은 임차인이 임대차기간이 끝나기 **6개월 전부터 2개월 전**까지 계약갱신을 요구할 경우 정당한 사유 없이 거절하지 못한다.
(2) 거절사유	다만, 다음에 해당하는 경우에는 그러하지 아니하다. ① 임차인이 **2기의 차임액**에 해당하는 금액에 이르도록 차임을 **연체**한 사실이 있는 경우 ② 임차인이 거짓이나 그 밖의 **부정**한 방법으로 임차한 경우 ③ 서로 합의하여 임대인이 임차인에게 상당한 **보상**을 제공한 경우 ④ 임차인이 임대인의 동의 없이 목적 주택의 전부 또는 일부를 **전대**한 경우 ⑤ 임차인이 주택의 전부 또는 일부를 고의나 **중대한 과실**로 파손한 경우 ⑥ 임차한 주택의 전부 또는 일부가 **멸실**되어 임대차의 목적을 달성하지 못할 경우 ⑦ 임대인이 이 법에 규정된 사유로 목적 주택의 전부 또는 **대부분**을 **철거**하거나 **재건축**하기 위하여 목적 주택의 점유를 회복할 필요가 있는 경우 ⑧ 임대인(임대인의 **직계존속·**직계**비속**을 포함)이 목적 주택에 **실제 거주**하려는 경우 ⑨ 그 밖에 임차인이 임차인으로서의 **의무**를 **현저히 위반**하거나 임대차를 계속하기 어려운 중대한 사유가 있는 경우
(3) 갱신 내용	① 임차인은 계약갱신요구권을 **1회**에 한하여 행사 可 ② 갱신되는 임대차는 전 임대차와 **동일한 조건**으로 다시 계약된 것으로 봄. 단, 차임과 보증금은 **20분의 1** 범위에서 증감 可 ③ 갱신되는 임대차의 존속기간은 **2년**으로 보되, **임차인은 언제든지** 임대인에게 계약해지를 통지할 수 있고, 이 경우 해지는 임대인이 그 통지를 받은 날부터 **3개월**이 지나면 그 효력이 발생함
(4) 손해배상	① 임대인(임대인의 **직계존속·직계비속**을 포함)이 목적 주택에 **실제 거주**하려는 사유로 갱신을 거절하였음에도 불구하고 갱신요구가 거절되지 아니하였더라면 갱신되었을 기간이 만료되기 전에 정당한 사유 없이 **제3자에게 목적 주택을 임대한 경우** 임대인은 갱신거절로 인하여 임차인이 입은 **손해를 배상**하여야 함 ② 손해배상액은 거절 당시 당사자 간에 손해배상액에 관한 합의가 없으면 **환산월차임의 3개월분**이나 갱신거절 당시 **환산월차임 간 차액**의 **2년분** 또는 갱신거절로 인하여 임차인이 입은 **손해액** 중 **큰 금액**으로 함

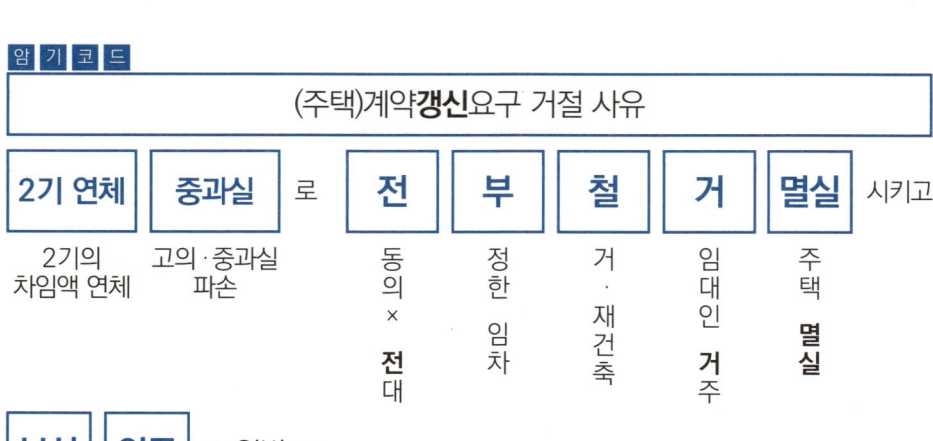

☺ 갱신 2기 연체 중과실로 전부 철거 멸실시키고 보상 의무를 위반했다 ~

☺ 중과실로 전부 철거 멸실시키고 보상 의무를 2기 연체했다 ~

☺ 갱신 2기 연체 중과실로 전대 거주주택을 철거 멸실시키고 보상 의무를 위반했다 ~

4. 대항력

(1) 개념	① 임차인이 주택의 인도와 주민등록(전입신고)을 마친 때에는 그 주택이 매매 또는 경매되어도 임대기간 중에는 계속 거주할 수 있고, 임대차기간이 종료되더라도 임차보증금 전액을 반환받을 때까지 퇴거하지 않을 수 있는 권리가 있음 ② 임차주택의 양수인(임대할 권리를 승계한 자 포함)은 **임대인의 지위를 승계**한 것으로 본다. 따라서 대항력 있는 임차인은 임대차계약이 종료 시 보증금은 양수인에게 청구하여야 함 ③ 다만, 임차인이 임차주택의 양도사실을 안 때로부터 상당한 기간 내에 이의를 제기함으로써 양도인의 임차인에 대한 보증금 반환채무는 소멸하지 않게 됨
(2) 대항력의 발생요건	① 대항요건 : 주택의 **인도** + **주민**등록(전입신고) ⇒ **그다음 날 0시부터** 효력 발생 ② 대항력 발생일 : 대항요건을 갖추면 **그다음 날 0시부터** 제3자에 대하여 대항할 수 있다. 그러므로 임차인의 **전입신고와 저당권 등기가 같은 날** 되었다면 **저당권이 선순위**가 되므로 임차인은 경락인에게 대항할 수 없음 ③ **채권회수** 등을 **목적**으로 기존 채권을 임대차보증금으로 하기로 하고 대항요건을 구비한 외관을 갖추었다고 하더라도 실제 주거할 목적이 아닌 경우에는 **대항력을 취득할 수 없음**
(3) 대항력의 존속요건	① 주택의 점유와 주민등록은 대항력 취득 시뿐 아니라 대항력 행사 시까지 계속 존속하고 있어야 함(**취득요건 & 존속요건**) ② 대항요건인 주민등록은 임차인 본인뿐 아니라 가족의 주민등록을 포함함 ③ 대항력 취득 후 가족의 주민등록은 그대로 둔 채 임차인의 주민등록만 일시 다른 곳으로 옮긴 경우 대항력은 상실되지 않음
(4) 주민등록 관련 판례 등	① **다세대주택**은 **동·호수 및 지번까지** 정확하게 기재하여야 대항요건에 유효한 전입신고가 됨 ② 다가구용 단독주택은 지번만을 표시하여도 대항력을 취득하고, 다가구용 단독주택이 다세대주택으로 변경되었다는 사정만으로 임차인이 이미 취득한 대항력을 상실하게 되는 것은 아님 ③ 임차인의 과실로 지번이 틀리게 전입신고한 경우에는 대항력을 갖지 못하며, 실제 지번에 맞게 **정정한 때부터** 대항력이 인정됨 ④ 임차인의 과실 없이 공무원의 착오로 인하여 지번이 틀리게 기재된 경우에는 대항력이 인정됨 ⑤ 주민등록은 행정청이 수리한 경우에 비로소 그 효력이 발생하므로, **담당공무원이 착오로 수정을 요구하여 잘못된 지번**으로 주민등록이 된 경우에는 **대항력이 인정되지 않음**

⑥ 행정청에 의하여 **주민등록**이 **직권말소**된 경우에는 원칙적으로 대항력은 **상실됨**
⑦ 행정청에 의하여 직권말소 후「주민등록법」소정의 이의절차에 의하여 회복된 경우에는 소급하여 대항력이 유지됨
⑧ 행정청에 의하여 직권말소 후「주민등록법」소정의 **이의절차**에 의하여 **회복**된 것이 **아닌 경우**에는 새로운 이해관계를 맺은 선의의 제3자에 대하여는 임차인은 대항력의 유지를 주장할 수 **없음**
⑨ 간접점유자인 임차인 자신의 주민등록으로는 대항요건을 갖추었다고 할 수 없고, **직접점유자**인 전차인이 주민등록을 마친 경우에 한하여 임차인이 적법하게 대항력을 취득할 수 있음
⑩ 주민등록이 임차인의 의사와 관계없이 제3자에 의하여 임의로 이전된 경우에는 대항력은 그대로 유지됨

5. 우선변제권

(1) 개념	임차인이 대항요건과 확정일자를 갖춘 경우에는 경매·공매 시에 임차주택(대지포함)의 환가대금에서 후순위권리자나 기타 채권자보다 우선하여 보증금을 변제받을 권리가 있음
(2) 확정일자 받는 방법	① 확정일자 받는 방법 　: 임차인 단독 신청 가(주민센터, 법원 및 등기소, 공증사무소 등에서 부여함) ② 확정일자를 받은 임대차계약서에 아파트의 명칭과 동·호수의 기재를 누락하였다는 사유만으로 확정일자의 요건을 갖추지 못하였다고 볼 수는 없음 ③ 보증금 변동 없이 임대차기간만을 변경하여 임대차계약이 갱신된 경우에는 확정일자를 다시 받을 필요가 없음
(3) 확정일자의 효력	① 보증금의 우선변제권 행사 　: 대항요건과 확정일자를 갖춘 임차인은 경매·공매 시에 임차주택(대지포함)의 환가대금에서 후순위권리자나 기타 채권자보다 우선하여 보증금을 변제받을 권리가 있음 ② 대항력 주장 or 계약해지에 의한 보증금의 우선변제권 선택적 행사 가 　: 확정일자를 갖춘 대항력 있는 임차인은 경락인에게 대하여 대항력과 우선변제권을 겸유하고 있으므로, 대항력과 우선변제권을 선택하여 행사할 수 있음
(4) 우선변제권의 요건	① 우선변제권의 발생요건 　: 대항요건 + 확정일자(주택의 인도와 주민등록을 마쳤어도 확정일자를 받지 않은 경우에는 우선변제권은 인정되지 아니함)

	② 우선변제권의 발생시기 : 주택의 **인도**와 **주민**등록을 마친 **다음 날** 　**ex 1** 주택의 인도와 주민등록(3월 5일) + 확정일자(3월 6일) 　　　⇒ 우선변제권 3월 6일에 발생함 　**ex 2** 확정일자(3월 5일) + 주택의 인도와 주민등록(3월 6일) 　　　⇒ 우선변제권 3월 7일 0시에 발생함 ③ 임대차계약이 갱신된 경우 : 종전 보증금의 범위 내에서는 종전 임대차계약에 의한 대항력과 우선변제권은 유지됨 ④ 증액 재계약 경우 : 보증금을 증액하여 재계약한 경우에는 확정일자를 다시 받아야 증액분에 대하여도 우선변제권을 주장할 수 있으며, 증액분에 대한 우선변제권은 확정일자를 다시 받은 날을 기준으로 발생함 ⑤ 전세권설정등기 경료한 경우 : 임차인이 그 지위를 강화하고자 별도로 전세권설정등기를 마쳤더라도 대항요건을 상실하면 이미 취득한 「주택임대차보호법」상의 대항력 및 우선변제권을 상실함 ⑥ 임차주택이 경매되는 경우 : 임차권은 그 임차주택의 경락에 따라 소멸한다. 다만, 보증금이 모두 변제되지 아니한 대항력 있는 임차권은 그러하지 아니함
(5) 강제경매의 신청	① 임대차기간이 만료되었음에도 보증금을 반환받지 못한 경우에도 (임의)경매신청권이 주어지지 않으므로, **경매를 신청**하기 위해서는 임차보증금반환소송을 제기하여 **확정판결**(상환급부판결)을 **받아야 함** ② 보증금반환청구소송의 확정판결이나 집행권원에 따라서 경매를 신청하는 경우에는 반대의무의 이행이나 이행의 제공(주택의 인도)을 집행개시의 요건으로 하지 않음 ③ 우선변제권을 행사하기 위해서는 배당요구의 종기까지 **배당요구**를 **하여야** 하며, 임차주택을 양수인에게 인도하지 아니하면 우선변제권 행사에 따른 보증금을 받을 수 없음
(6) 우선변제권의 승계	① 금융기관 등이 우선변제권을 취득한 임차인의 보증금반환채권을 계약으로 양수한 경우에는 양수한 금액의 범위에서 우선변제권을 승계함(금융기관이 아닌 일반채권자는 임차인의 우선변제권을 승계할 수 없음) ② 우선변제권을 승계한 금융기관 등은 임차인이 대항요건을 상실한 경우나 임차권등기명령에 따른 임차권등기 또는 민법 제621조에 따른 임대차등기가 말소된 경우에는 우선변제권을 행사할 수 없음 ③ 금융기관 등은 임차인을 대위하여 임차권등기명령을 신청할 수 있음 ④ 금융기관 등은 우선변제권을 행사하기 위하여 임차인을 대리하거나 대위하여 임대차를 해지할 수 없음

(7) 우선순위	① 임차인이 대항요건을 갖춘 경우에도 이미 설정된 선순위 저당권 등에 대해서는 대항할 수 없음 ② 임차인이 대항력을 갖춘 후 저당권이 설정되고, 그 후 보증금을 증액하여 재계약한 경우 그 증액된 부분에 대해서는 경락인에게 대항할 수 없음 ③ 임차인의 전입신고일과 저당권설정등기일이 같은 경우에는 임차인은 경락인에게 대항할 수 없음 　**ex** 우선변제권의 발생시기는 주택의 **인도**와 **주민**등록을 마친 **다음 날** 0시부터 이므로 전입신고와 저당권 등기가 같은 날 되었다면 **저당권이 선순위**가 되므로 임차인은 경락인에게 대항할 수 없음 ④ 임차인이 대항력을 갖춘 후(주택의 인도와 주민등록을 마친 다음 날) 확정일자를 받은 경우에 확정일자를 받은 날과 저당권설정등기일이 같은 경우에는 임차인과 저당권자는 배당에서 동순위로 안분배당을 받게 됨(대항력은 우선변제권의 발생시기와 마찬가지로 주택의 **인도**와 **주민**등록을 마친 **다음 날** 0시부터 발생함)
(8) 임대차 정보제공	① 주택임대차의 이해관계인 　: 확정일자부여기관에 해당 주택의 확정일자 부여일, 차임 및 보증금 등 정보의 제공을 요청할 수 있으며, 확정일자부여기관은 정당한 사유 없이 이를 거부할 수 없음 ② 임대차계약을 체결하려는 자 　: **임대인의 동의를 받아** 확정일자부여기관에 정보의 제공을 요청할 수 있음 ③ **인적사항**(성명)에 관한 정보는 해당 주택의 임대인(임대인의 직계존·비속 포함)이 **직접거주 사유**로 갱신요구가 거절된 **임차인이었던 자만 요청할 수 있음** ④ 확정일자를 부여받거나 정보를 제공받으려는 자는 법무부령으로 정하는 수수료를 내야 함
(9) 임대인의 정보 제시 의무	임대차계약을 체결할 때 임대인은 다음의 사항을 임차인에게 제시하여야 한다. ① 해당주택의 확정일자 부여일, 차임 및 보증금 등 정보. 다만, 임대인이 임대차계약을 체결하기 전에 정보열람에 동의함으로써 이를 갈음할 수 있음 ② 「국세징수법」에 따른 납세증명서 및 「지방세징수법」에 따른 납세증명서. 다만, 임대인이 임대차계약을 체결하기 전에 미납세액 등의 열람에 동의함으로써 이를 갈음할 수 있음

보충

[배당요구 필요 여부 구분]
배당요구를 하여야 배당받을 수 있는 채권자는 등기부에 **없는** 채권자(우선변제권 또는 최우선변제청구권이 있지만 등기하지 아니한 임차권자), 경매개시결정등기 **이후**에 등기한 임차권자 및 가압류한 채권자 등이다(제6장 법원경매 참조).

6. 최우선변제권

(1) 개념	「주택임대차보호법」상 경매개시결정등기 전에 대항요건을 갖춘 소액임차인은 경매 시 보증금 중 일정액을 다른 담보물권자보다 우선하여 변제받을 권리가 있음
(2) 최우선 변제권의 요건 및 행사	① 최우선변제권의 발생요건 : 대항요건(경매개시결정등기 전) + 소액보증금 　(단, 확정일자는 불필요) ② 배당요구의 종기까지 배당요구 하여야 함 ③ 임차인은 임차주택을 양수인에게 인도하지 아니하면 보증금을 받을 수 없음
(3) 소액임차인의 범위 및 최우선변제금	① 최우선변제를 받을 소액임차인 및 보증금 중 일정액의 범위는 주택임대차위원회의 심의를 거쳐 대통령령으로 정하며, 주택가액(대지가액 포함)의 2분의 1을 초과하지 못함 ② 임차인 2인 이상이 가정공동생활을 하는 경우에는 이들의 각 보증금을 합산하여 소액임차인에 해당하는지 여부를 판단함 ③ 소액임차인과 최우선변제의 범위 | 지역	소액임차인의 범위	최우선변제금
---	---	---
서울특별시	1억 6,500만 원 이하	5,500만 원까지
과밀억제권역 등	1억 4,500만 원 이하	4,800만 원까지
광역시 등	8,500만 원 이하	2,800만 원까지
그 밖의 지역	7,500만 원 이하	2,500만 원까지	

> **보충**
>
> **(주택)대항력 · 우선변제권 · 최우선변제권의 발생요건**

① **대항**요건
　: 주택의 **인도** + **주민**등록(전입신고) ⇒ **그다음 날 0시부터** 효력 발생
② **우**선변제권의 발생요건
　: **대항**요건 + **확정**일자 ⇒ 주택의 **인도**와 **주민**등록을 마친 **다음 날**
③ **최**우선변제권의 발생요건
　: **대항**요건(경매개시결정등기 전) + **소액**보증금 ⇒ 확정일자는 불필요

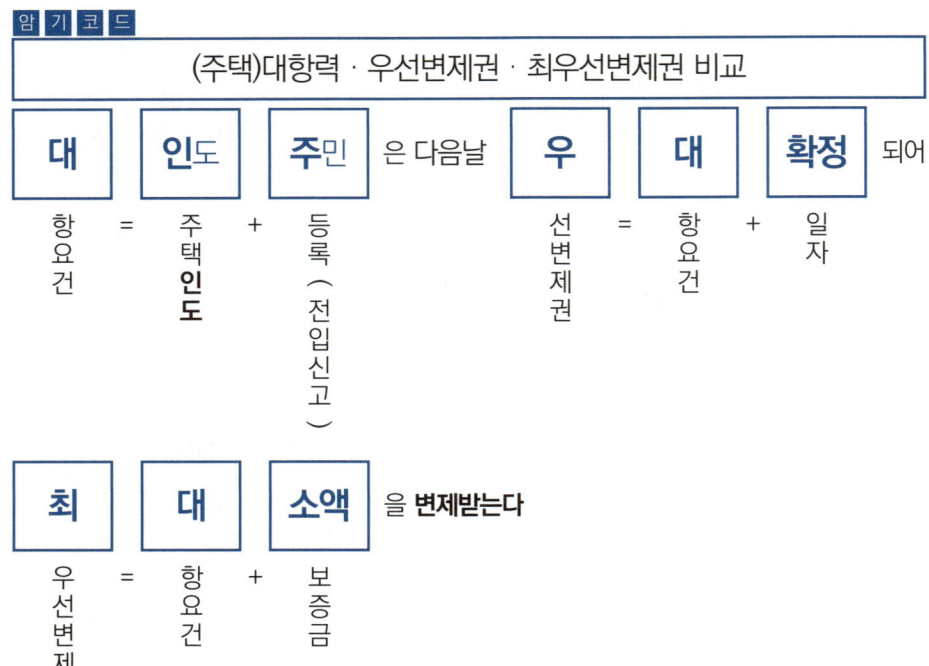

😊 **대인도 주민**은 **다음 날 우대확정**되어 **최대 소액**을 변제받는다 ~

7. 임차권등기명령

(1) 개념	임대차가 끝난 후 보증금을 반환받지 못한 임차인은 임차주택의 소재지를 관할하는 지방법원 등 법원에 임차권등기명령을 신청할 수 있음
(2) 임차권 등기의 효력	① 임차권등기명령의 집행에 의한 임차권등기가 경료되면 임차인은 **대항력 및 우선변제권**을 **취득**한다. 다만, 임차권등기 이전에 이미 대항력 및 우선변제권을 취득한 경우에는 그 대항력 및 우선변제권은 그대로 유지되며, 임차권등기 이후에는 대항요건을 상실하더라도 이미 취득한 대항력이나 우선변제권을 상실하지 아니함 ② 임차권등기명령신청을 기각하는 결정에 대하여 임차인은 항고할 수 있음 ③ 임차인은 임차권등기명령의 신청 및 그에 따른 임차권등기와 관련하여 소요된 비용을 임대인에게 청구할 수 있음 ④ 임차권등기명령의 집행에 의한 **임차권등기**가 **경료**된 주택을 그 **이후**에 임차한 임차인은 **최우선변제**를 **받을 권리가 없다**. 그러나 확정일자를 갖춘 임차인은 우선변제는 받을 수 있음 ⑤ 우선변제권을 승계한 금융기관 등은 임차인을 대위하여 임대차등기명령을 신청할 수 있음 ⑥ 임대인의 임대차보증금의 반환의무가 임차인의 임차권등기 말소의무보다 먼저 이행되어야 할 의무임

8. 차임증감청구권

(1) 개념	당사자는 약정한 차임이나 보증금이 임차주택에 관한 조세, 공과금, 그 밖의 부담의 증감이나 경제사정의 변동으로 인하여 상당하지 아니하게 된 때에는 **장래**에 대하여 그 증감을 청구할 수 있다.
(2) 증액청구	① **증액의 청구**는 약정한 차임이나 보증금의 **20분의 1의 금액**을 **초과하지 못한다**. 다만, 특별시·광역시·특별자치시·도 및 특별자치도는 관할구역 내의 지역별 임대차시장 여건 등을 고려하여 증액청구의 상한을 조례로 달리 정할 수 있다. ② 증액의 청구는 임대차계약 또는 약정한 차임이나 보증금의 증액이 있은 후 **1년 이내**에는 **하지 못한다**. ③ 차임이나 보증금의 증액제한 규정은 임대차계약이 **종료된 후 재계약**을 하거나 또는 임대차계약 종료 전이라도 **당사자의 합의**로 증액된 경우에는 **적용되지 않는다**.

(3) 감액청구	**감액청구**에는 **제한이 없다**. 감액청구는 20분의 1을 초과하여 청구할 수 있고 감액이 있은 후 1년 이내에 또다시 감액청구도 가능하다.
(4) 월차임 전환 시 산정률의 제한	보증금의 전부 또는 일부를 월 단위의 차임으로 전환하는 경우에는 **연 10%**와 한국은행에서 공시한 **기준금리에 2%를 더한 비율 중 낮은 비율**을 곱한 월차임의 범위를 초과할 수 없다. ex 보증금이 1억 원이었으나 보증금을 5천만 원으로 내리고 이 중 5천만 원을 임차인에게 반환하며 월차임으로 전환할 경우(한국은행의 기준금리 4%라고 가정함) 〈해설〉'연 10%(1할)' vs '기준금리+2%' 중에서 낮은 비율(%)을 곱한 월차임의 범위를 초과할 수 없으므로, '10%' 와 '4%+2%'를 비교해서 낮은 비율인 6%(4+2)를 곱하여 계산하고 12(개월)로 나눈다. $\begin{bmatrix} 5천만\ 원 \times 6\%(4\%+2\%) = 연\ 300만\ 원 \\ 300만\ 원 \div 12개월 = 25만\ 원(월차임) \end{bmatrix}$

9. 임차권의 승계 및 주택임대차표준계약서

(1) 임차권의 승계	① 임차인이 **상속권자 없이 사망**한 경우에 그 주택에서 가정공동생활을 하던 **사실상의 혼인관계에 있는 자**는 임차인의 권리와 의무를 **승계**한다. ② 임차인이 사망 당시 **상속권자**가 그 주택에서 가정공동생활을 하고 **있지 아니한 때**에는 그 주택에서 가정공동생활을 하던 **사실상의 혼**인관계에 있는 **자**와 **2촌 이내의 친족**은 **공동**으로 임차인의 권리와 의무를 **승계**한다. ③ 다만, 임차인이 사망한 후 **1개월 이내**에 임대인에게 임차권 승계에 대하여 반대의사를 표시하면 임차인의 권리와 의무를 승계하지 아니한다. ④ 임대차 관계에서 생긴 채권·채무는 임차인의 권리와 의무를 승계한 자에게 귀속된다.
(2) 주택임대차 표준계약서 사용	주택임대차계약을 서면으로 체결할 때에는 **법무**부장관이 국토부장관과 협의하여 정하는 주택임대차표준계약서를 우선적으로 사용한다. 다만, 당사자가 다른 서식을 사용하기로 합의한 경우에는 그러하지 아니하다.

10. 주택임대차 분쟁조정위원회

(1) 설치	① 주택임대차와 관련된 분쟁을 심의 · 조정하기 위하여 대한법률구조공단의 지부, 한국토지주택공사의 지사 또는 사무소, 한국부동산원의 지사 또는 사무소에 조정위원회를 **둔다**. ② 특별시 · 광역시 · 특별자치시 · 도 및 특별자치도는 그 지방자치단체의 실정을 고려하여 조정위원회를 **둘 수 있다.**
(2) 심의 및 조정사항	조정위원회는 다음의 사항을 심의 · 조정한다. ① 차임 또는 보증금의 증감에 관한 분쟁 ② 임대차 기간에 관한 분쟁 ③ 보증금 또는 임차주택의 반환에 관한 분쟁 ④ 임차주택의 유지 · 수선 의무에 관한 분쟁 ⑤ 그 밖에 대통령령으로 정하는 주택임대차에 관한 분쟁
(3) 구성 및 운영	① 조정위원회는 위원장 1명을 포함하여 5명 이상 30명 이하의 위원으로 성별을 고려하여 구성한다. ② 조정위원회 위원은 기관은 각 기관장이 임명 또는 위촉하고, 시 · 도는 지방자치단체의 장이 임명하거나 위촉한다. ③ 조정위원의 임기는 3년으로 하되 연임할 수 있으며, 보궐위원의 임기는 전임자의 남은 임기로 한다.
(4) 조정절차	① 조정위원회는 조정신청을 받은 날부터 60일 이내에 그 분쟁조정을 마쳐야 한다 (단, 30일 범위 내 연장 可). ② 조정안을 통지받은 날부터 14일 이내에 수락의사를 서면으로 표시하지 아니하면 조정을 거부한 것으로 본다. ③ 각 당사자가 조정안을 수락한 경우에는 조정안과 동일한 내용의 합의가 성립된 것으로 본다.

암기코드

주택임대차 **분쟁조정**위원회 심의 및 조정사항

수선	**증**	**반환**	**기간**	분쟁조정
임차주택 유지·**수선**의무	차임 or 보증금 **증감**	보증금 or 임차주택 **반환**	임대차 **기간**	

☺ (주택)**수선 증 반환 기간**을 **조정**하라~

☺ 분쟁조정 **기간**에 **수선 보증금**을 **반환**하라~

정리

주택임대차 분쟁조정위원회

법률구조공단
한국**토**지주택공사
한국**부**동산원
지방자치단체

→ 60일 內 조정완료 통지
(30일 內 연장 可)

→ 당사자 14일 內 수락의사 서면표시 有 → 조정성립
당사자 14일 內 수락의사 서면표시 無 → 조정거부

4 「상가건물 임대차보호법」 → *편면적 강행규정

1. 적용범위

(1) 적용범위	① 적용대상 　㉠ 인적범위 : 임차인이 개인·법인 불문하고 적용됨 　㉡ 대상건물 : **사업자등록의 대상**이 되는 **영업용 건물의 임대차**에 대하여 적용됨 ② 적용되지 않는 경우 　㉠ **일시사용**을 위한 임대차임이 명백한 경우 　㉡ 영업목적이 없는 **비영리단체의 건물**에 대한 임대차(예, 교회, 동창회 사무실 등)
(2) 적용금액	① 원칙 : 대통령령으로 정하는 보증금액(환산보증금액 포함) **이하**의 임대차에 대하여 적용 　㉠ 서울특별시 : 9억 원 이하 　㉡ 과밀억제권역(서울특별시는 제외) 및 부산광역시 : 6억 9천만 원 이하 　㉢ 광역시, 세종특별자치시, 파주시, 화성시, 안산시, 용인시, 김포시 및 광주시 : 5억 4천만 원 이하 　㉣ 그 밖의 지역 : 3억 7천만 원 이하 ② 예외 : 다음의 경우는 환산보증금액 범위를 **초과**하는 임대차의 **경우에도 적용** 　㉠ 대항력　　㉡ 계약갱신요구권　　㉢ 권리금 회수기회 보호 　㉣ 3기차임연체와 계약해지 　㉤ 계약갱신의 특례 : 계약갱신의 경우 보증금·차임의 증감청구 可 　㉥ 표준계약서 작성 권장 　㉦ 집합 제한(3개월 이상) 조치 등으로 폐업한 임차인의 해지권

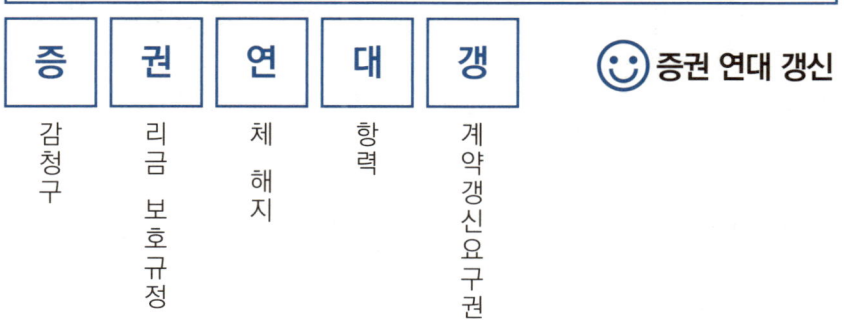

암기코드
환산보증금액 초과하는 경우에도 「상임법」 적용되는 사항

증	권	연	대	갱
감청구	리금 보호규정	체해지	항력	계약갱신요구권

☺ 증권 연대 갱신

암기코드

환산보증금액 **초과**하는 경우 「상임법」 적용되는 사항

대	권	연	폐	갱신	증	표
대항력 ⌐ 양수인의 임대인 지위승계 ⌙ 제3자에 대하여 효력	리금 회수기회 보호	차임 **연**체와 해지에 관한 규정	업으로 인한 임차인의 해지권	계약 **갱신** 요구권	차임 **증**감 청구 가	준계약서 작성 권장

* 감염병 3개월 조치 → 폐업
* 임대인 통고 수령 후 3개월 지나면 효력발생

☺ **대권 연패**(覇) 기록 **갱신 증표** ~   (대권에서 연달아 우승한 기록을 갱신한 증표 ~)

2. 존속기간 및 묵시적갱신

(1) 존속기간	① 임대차 기간을 정하지 아니하거나 1년 미만으로 정한 임대차는 그 기간을 **1년으로** 봄. 단, 임차인은 1년 미만으로 정한 기간의 유효함 주장 가 ② 임대차기간 종료 후에도 임차인이 보증금을 반환받을 때까지는 임대차관계는 존속되는 것으로 봄 ③ 임차권은 경매에 의해 소멸함. 단, 보증금이 전액 변제되지 아니한 대항력 있는 임차권은 그러하지 아니함
(2) 묵시적 갱신 (법정갱신)	① 갱신조건 : 갱신거절, 계약조건 변경 통지 안하면 전 임대차와 동일한 조건으로 다시 임대차한 것으로 봄 ② 통지기간 ┌ 임대인 : 임대차기간이 끝나기 **6개월 전부터 1개월 전**까지 └ 임차인 : 임대차기간이 끝나기 **2개월 전**까지 ③ 묵시적으로 갱신된 임대차의 존속기간은 **1년**으로 봄 ④ 묵시적으로 갱신된 경우 **임차인은 언제든지 해지통지 가**(3개월 후 효력 발생함)

3. 계약갱신요구권

(1) 개념	① 임차인(전차인 포함)은 임대인에게 임대차기간이 만료되기 **6개월 전**부터 **1개월 전**까지 사이에 계약갱신을 요구할 수 있고, 이 경우 임대인은 정당한 사유 없이 이를 거절하지 못한다. ② 임차인의 계약갱신요구권은 최초의 임대차기간을 포함한 전체 임대차기간이 **10년을 초과하지 아니하는** 범위에서만 행사할 수 있다. ③ 갱신되는 임대차는 전 임대차와 동일한 조건으로 다시 계약된 것으로 본다. 다만, 차임과 보증금은 **100분의 5**의 범위 내에서 **증액**할 수 있다. ④ 계약갱신요구권은 각 지역별 **환산보증금**액 범위를 **초과**한 임대차의 경우에도 **적용**되고, 이 경우 당사자는 차임과 보증금의 증감을 청구할 수 있다. ④ 임대인의 **동의**하에 **전대차**계약을 체결한 **전차인**은 임차인의 계약갱신요구권 행사 기간 내에서 **임차인**을 **대위하여** 임대인에게 **계약갱신요구권을 행사**할 수 있다.
(2) 거절사유	다만, 임대인은 다음의 어느 하나의 경우에는 임차인의 **갱신요구**를 **거절**할 수 있다. ① 임차인이 **3기**의 **차임액**에 달하도록 차임을 **연체**한 사실이 있는 경우 ② 임차인이 거짓이나 그 밖의 **부정**한 방법으로 **임차**한 경우 ③ 서로 **합의**하여 임대인이 임차인에게 상당한 **보상**을 제공한 경우 ④ 임차인이 **임대인의 동의 없이** 목적 건물의 전부 또는 일부를 **전대**한 경우 ⑤ 임차인이 건물의 전부 또는 일부를 고의나 **중대한 과실**로 **파손**한 경우 ⑥ 임차한 건물의 전부 또는 일부가 **멸실**되어 임대차의 목적을 달성하지 못할 경우 ⑦ 임대인이 이 법에 규정된 사유로 목적 건물의 전부 또는 대부분을 **철거**하거나 **재건축**하기 위하여 목적 건물의 점유를 회복할 필요가 있는 경우 ⑧ 그 밖에 임차인으로서의 **의무**를 현저히 **위반**하거나 임대차를 계속하기 어려운 중대한 사유가 있는 경우

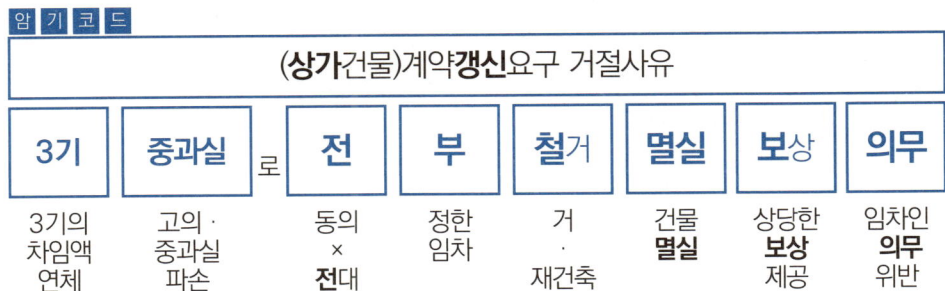

☺ **상가 갱신 3기 연체 중과실**로 **전부 철**거 **멸실**시키고 **보상 의무**를 위반했다 ~

☺ **중과실**로 상가 **전부**를 **철**거 **멸실**시키고도 **보상 의무**를 **3기 연체**했다 ~

4. 대항력 및 우선변제권

(1) 대항력의 발생요건	① 임대차는 그 등기가 없는 경우에도 임차인이 건물의 **인도**와 **사**업자등록을 신청하면 그 **다음 날부터** 제3자에 대하여 효력이 생긴다. ② 상가건물의 양수인은 임대인의 지위를 승계한 것으로 본다. ③ **임차권**은 임차건물에 대하여 경매가 행하여진 경우에는 그 임차건물의 **경락에 따라 소멸**한다. 다만, 임차보증금이 전액 변제되지 아니한 대항력 있는 임차권은 그러하지 아니하다. ④ 대항력은 각 지역별 **환산보증금액** 범위를 초과한 임대차의 경우에도 **적용된다**.
(2) 확정일자 받는 방법	① 확정일자는 상가건물의 소재지 관할 **세무서장**이 부여한다. ② 상가임대차에 이해관계가 있는 자는 관할 세무서장에게 해당 건물의 확정일자 부여일, 차임 등 정보의 제공을 요청할 수 있으며, 관할 세무서장은 정당한 사유 없이 이를 거부할 수 없다. ③ 임대차계약을 체결하려는 자는 **임대인**의 **동의**를 받아 관할 세무서장에게 정보의 제공을 요청할 수 있다.
(3) 우선변제권	① **대항요건**과 **확정일자**를 **갖춘** 임차인은 경매 · 공매 시에 임차건물(대지포함)의 환가대금에서 후순위권리자나 기타 채권자보다 **우선**하여 보증금을 **변제**받을 권리가 있다(법 적용 임차보증금 범위 內). 다만, 임차건물을 양수인에게 인도하지 아니하면 보증금을 받을 수 없다. ② 임차인은 배당요구의 종기까지 **배당**을 **요구하여야** 배당에 참가할 수 있다. ③ 임차인이 보증금반환소송의 확정판결(상환급부판결)이나 집행권원에 의하여 경매를 신청하는 경우에는 반대의무의 이행이나 이행의 제공(상가의 인도)을 집행개시의 요건으로 하지 아니한다. ④ 우선변제권을 승계한 금융기관 등은 임차인이 대항요건을 상실한 경우나 임차권등기명령에 따른 임차권등기가 말소된 경우 또는 민법 제621조에 따른 임대차등기가 말소된 경우에는 우선변제권을 행사할 수 없다. ⑤ 금융기관 등은 우선변제권을 행사하기 위하여 임차인을 **대리**하거나 **대위**하여 임대차를 **해지**할 수 **없다**.

5. 최우선변제권

(1) 개념	경매개시결정등기 **전**에 대항요건(건물의 인도 + 사업자등록 신청)을 갖춘 소액임차인은 경매 시 **보증금 중 일정액**을 다른 담보물권자보다 우선하여 변제받을 권리가 있음
(2) 최우선변제권의 요건 및 행사	① 최우선변제권의 발생요건 : **대항요건**(경매개시결정등기 전) + **소액보증금**(단, 확정일자는 불필요) ② 배당요구의 종기까지 배당요구 하여야 함 ③ 임차인은 임차건물을 양수인에게 인도하지 아니하면 보증금을 받을 수 없음
(3) 소액임차인의 범위 및 최우선변제금	① 최우선변제를 받을 소액임차인 및 보증금 중 일정액의 범위는 상가건물임대차위원회의 심의를 거쳐 대통령령으로 정하며, **임대건물가액**(대지가액 포함)의 **2분의 1**을 초과하지 못한다. ② 소액임차인의 보증금액의 범위 및 보증금 중에서 최우선변제를 받을 수 있는 한도는 다음과 같다.
(4) 상가건물 임대차위원회	① 최우선변제를 받을 소액임차인 및 보증금 중 일정액의 범위와 기준을 심의하기 위하여 **법무부**에 상가건물임대차위원회를 둔다. ② 위원회는 위원장(법무부차관) 1명을 포함한 10명 이상 15명 이하의 위원(임기 2년, 1회 한 연임 可)으로 성별을 고려하여 구성한다.

지역	소액임차인의 범위	최우선변제금액
서울특별시	6,500만 원 이하	2,200만 원까지
과밀억제권역 등	5,500만 원 이하	1,900만 원까지
광역시 등	3,800만 원 이하	1,300만 원까지
그 밖의 지역	3,000만 원 이하	1,000만 원까지

> **보충**
> ### 환산보증금액 초과하는 경우 「상임법」 적용되지 않는 사항

① 확정일자에 의한 우선변제권
② 최단기간 존속보장, 묵시적 갱신(법정갱신)
③ 임차권등기명령 신청
④ 차임증감청구권 – 100분의 5 금액청구 제한 적용
⑤ 월차임 전환 시 산정률 제한
⑥ 금융기관 우선변제권 승계

암기코드

(상가건물)대항력 · 우선변제권 · 최우선변제권 비교

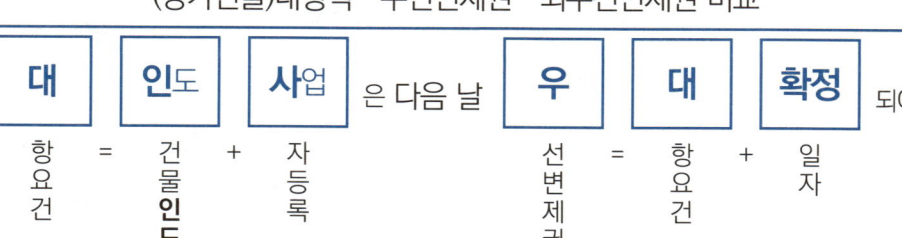

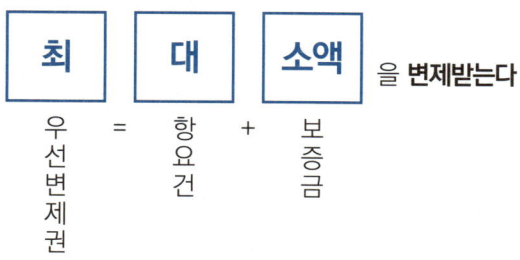

😊 대인도 사업은 다음 날 우대확정되어 최대 소액을 변제받는다 ~

정리

대항력과 우선변제권	
대항력	우선변제권

▶ **대항**요건
  : 건물의 **인도** + **사업**자등록의 신청
▶ 효력발생 : 그다음 날부터
▶ 최우선변제권의 행사
  : 경매신청기입등기 전까지 대항요건을 갖춘 경우 경락된 건물가액(대지가액 포함)의 2분의 1 범위 안에서 보증금 중 일정액을 다른 선순위담보물권자나 기타 권리자보다 우선하여 변제받을 권리가 있다.
	▶ **우**선변제권
	  : **대**항요건 + **확정**일자(관할 세무서의 장)
	▶ 우선변제권의 행사
	  : 대항요건과 확정일자를 갖춘 임차인은 경락된 임차건물(대지포함)의 환가대금에서 후순위권리자나 기타 채권자보다 우선하여 보증금(법 적용 임차보증금 범위 내)을 변제받을 권리가 있다.

6. 임차권등기명령

(1) 개념	① 임대차가 끝난 후 보증금을 반환받지 못한 임차인은 임차주택의 소재지를 관할하는 지방법원 등 법원에 임차권등기명령을 신청할 수 있다. ② 임차권등기명령은 각 지역별 **환산보증금액** 범위를 **초과**한 임대차의 경우에는 **적용**되지 **아니한다**.
(2) 임차권 등기의 효력	① 임차권등기명령의 집행에 의한 임차권등기가 경료되면 임차인은 **대항력 및 우선변제권**을 **취득**한다. 다만, 임차권등기 이전에 이미 대항력 및 우선변제권을 취득한 경우에는 그 대항력 및 우선변제권은 그대로 유지되며, 임차권등기 이후에는 대항요건을 상실하더라도 이미 취득한 대항력이나 우선변제권을 상실하지 아니한다. ② 임차권등기명령신청을 기각하는 결정에 대하여 임차인은 항고할 수 있다. ③ 임차인은 임차권등기명령의 신청 및 그에 따른 임차권등기와 관련하여 **소요된 비용**을 임대인에게 **청구**할 수 있다. ④ 임차권등기명령의 집행에 의한 **임차권등기**가 **경료**된 주택을 그 **이후**에 임차한 임차인은 **최우선변제를 받을 권리가 없다**. 그러나 확정일자에 의한 우선변제는 받을 권리가 있다. ⑤ 우선변제권을 승계한 금융기관 등은 임차인을 대위하여 임대차등기명령을 신청할 수 있다. ⑥ 임대인의 임대차보증금의 **반환의무**가 임차인의 임차권등기 말소의무보다 **먼저** 이행되어야 할 의무이다.

7. 차임증감청구권

(1) 개념	① 당사자는 약정한 차임이나 보증금이 임차건물에 관한 조세, 공과금, 그 밖의 부담의 증감이나 **제1급 감염병** 등 경제사정의 변동으로 인하여 상당하지 아니하게 된 때에는 **장래**에 대하여 그 증감을 청구할 수 있다. ② 차임증감청구권은 각 지역별 **환산보증금액** 범위를 **초과**한 임대차의 경우에는 **적용**되지 **아니한다**.
(2) 증액청구	① **증액**의 청구는 약정한 차임이나 보증금의 **100분의 5**의 금액을 **초과하지 못한다**. ② 증액의 청구는 임대차계약 또는 약정한 차임이나 보증금의 증액이 있은 후 **1년 이내**에는 **하지 못한다**. ③ **제1급 감염병**에 의한 경제사정의 변동으로 차임 등이 **감액된** 후 임대인이 증액을 청구하는 경우에는 감액 전 차임 등의 금액에 달할 때까지는 약정차임 또는 보증금의 100분의 5의 **제한**을 **적용**하지 **않는다**.

(3) 월차임 전환 시 산정률의 제한	보증금의 전부 또는 일부를 월 단위의 차임으로 전환하는 경우에는 **연 1할 2푼**과 한국은행에서 공시한 **기준금리**에 **4.5배**를 곱한 비율 중 **낮은 비율**을 곱한 월차임의 범위를 **초과할 수 없다**. **ex** 보증금이 1억 원이었으나 보증금을 5천만 원으로 내리고 이 중 5천만 원을 임차인에게 반환하며 월차임으로 전환할 경우(한국은행의 기준금리 4%라고 가정함) 〈해설〉'연 1할 2푼(12%)' vs '기준금리 × 4.5배' 중에서 낮은 비율(%)을 곱한 월차임의 범위를 초과할 수 없으므로, '12%'와 '4%×4.5'를 비교해서 낮은 비율인 12%를 곱하여 계산하고 12(개월)로 나눈다. ⎡ 5천만 원 × 12%= 연 600만 원 ⎣ 600만 원 ÷ 12개월 = 50만 원(월차임)

8. 권리금보호 규정

(1) 개념	① 권리금 : 임대차 상가건물에서 영업하는 자 또는 영업을 하려는 자가 영업시설 및 영업의 노하우, 위치에 따른 영업상의 이점 등 유형·무형의 재산적 가치의 양도 또는 이용대가로서 임대인, 임차인에게 보증금과 차임 이외에 지급하는 금전 등의 대가 ② 권리금 계약 : 신규임차인이 되려는 자가 임차인에게 권리금을 지급하기로 하는 계약 ③ 권리금보호 규정은 각 지역별 **환산보증금액** 범위를 **초과**한 임대차의 경우에도 **적용된다**.
(2) 방해금지	① 권리금 회수기회 방해금지 : 임대인은 임대차기간이 끝나기 **6개월 전**부터 **임대차 종료** 시까지 다음에 해당하는 행위로 임차인이 주선한 신규임차인이 되려는 자로부터 권리금을 지급받는 것을 방해하여서는 아니 된다. 　㉠ 임차인이 주선한 신규임차인이 되려는 자에게 권리금을 **요구**하는 행위 　㉡ 임차인이 주선한 신규임차인이 되려는 자로부터 권리금을 **수수**하는 행위 　㉢ 임차인이 주선한 신규임차인이 되려는 자로 하여금 임차인에게 권리금을 **지급하지 못하게** 하는 행위 　㉣ 임차인이 주선한 신규임차인이 되려는 자에게 **현저히 고액**의 차임과 보증금을 요구하는 행위 　㉤ 정당한 사유없이 임차인이 주선한 신규임차인이 되려는 자와 임대차**계약**의 **체결**을 **거절**하는 행위 ② 다만, 임대인이 임차인의 계약갱신 요구를 거절할 수 있는 사유에 해당하는 경우에는 그러하지 아니하다.

(3) 손해배상	① 임대인이 권리금보호 규정을 위반하여 임차인에게 손해를 발생하게 한 때에는 그 손해를 배상할 책임이 있다. ② 손해배상액은 신규임차인이 임차인에게 지급하기로 한 권리금과 임대차 종료 당시의 권리금 중 **낮은 금액**을 넘지 못한다. ② 임대인에게 손해배상을 청구할 권리는 **임대차가 종료한 날부터 3년 이내**에 행사하지 아니하면 시효의 완성으로 소멸한다.

(4) 권리금 보호제한	① **계약체결 거절사유** : 임대인은 다음의 어느 하나에 해당하는 경우에는 임차인이 주선한 신규임차인이 되려는 자와 임대차계약의 체결을 거절할 수 있다.
	    ㉠ 임차인이 주선한 신규임차인이 되려는 자가 보증금 또는 **차임을 지급할 자력이 없는 경우**
	    ㉡ 임차인이 주선한 신규임차인이 되려는 자가 임차인으로서의 **의무를 위반할 우려**가 있거나 그 밖에 임대차를 유지하기 어려운 상당한 사유가 있는 경우
	    ㉢ 임대차 목적물인 상가건물을 **1년 6개월 이상 영리목적으로 사용하지 아니한 경우**
	    ㉣ 임대인이 선택한 신규임차인이 임차인과 권리금계약을 체결하고 그 권리금을 **지급**한 경우
	② **정보제공 의무** : 임차인은 임대인에게 임차인이 주선한 신규임차인이 되려는 자의 보증금 및 차임을 지급할 자력 또는 그 밖에 임차인으로서의 의무를 이행할 의사 및 능력에 관하여 자신이 알고 있는 정보를 제공하여야 한다.

(5) 권리금 적용 제외	다음의 어느 하나에 해당하는 상가건물 임대차의 경우에는 권리금 회수기회 보호규정을 적용하지 아니한다. ① 임대차 건물이 대규모점포(대형마트, 백화점 등) 또는 준대규모점포(SSM-기업형 슈퍼마켓)의 일부인 경우(다만, 전통시장은 권리금 보호규정 적용함) ② 임대차 건물이 국유재산 또는 공유재산인 경우
(6) 표준권리 금계약서	① **국토교통부장**관은 법무부장관과 협의를 거쳐 **표준권리금계약서**를 정하여 그 사용을 권장할 수 있다. ② **국토교통부장**관은 **권리금**에 대한 감정**평가**의 절차와 방법 등에 관한 **기준**을 고시할 수 있다.
(7) 계약의 해지	① 임차인의 차임연체액이 **3기**의 차임액에 달하는 때에는 임대인은 계약을 해지할 수 있다. ② **감염병**에 따른 집합 제한 조치를 **3개월 이상** 받음으로써 폐업한 임차인의 해지권(임대인 통고 수령 후 3개월 지나면 효력발생) ③ 이는 각 지역별 **환산보증금액** 범위를 **초과**한 임대차의 경우에도 **적용된다**.

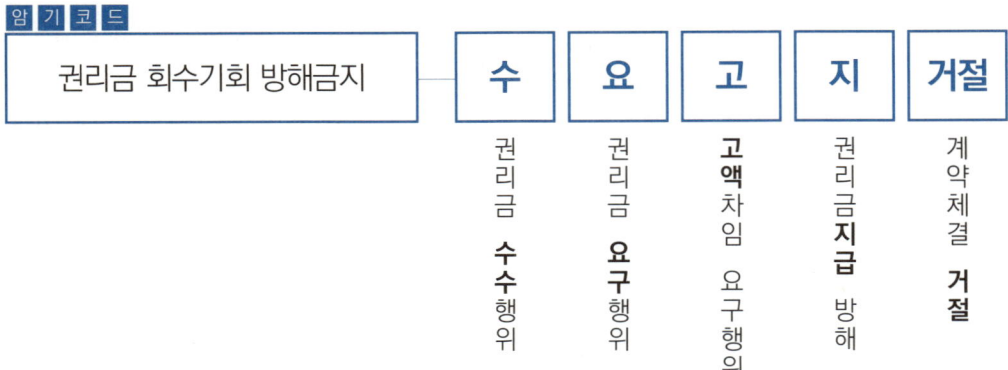

- 😊 **임대인**의 **권리금 고액 요구** 및 **수수, 지급방해** 및 **계약거절**은 **금지** ~

- 😊 **임대인**의 **수요 고지 거절**은 **권리금** 방해행위 ~

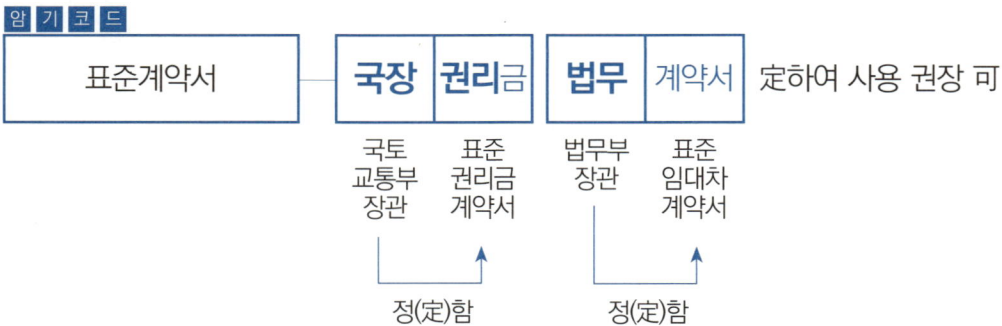

- 😊 **국장 권리금 / 법무 계약서**

- 😊 **국장 권리**와 **법무 계약서**는 **定**하여 사용을 **권장**할 수 있다 ~

- 😊 **국장**은 **권리금계약서**, **법장**은 **임대차계약서** **定**함

9. 상가건물임대차 분쟁조정위원회

(1) 조정위원회의 설치	① 상가임대차와 관련된 분쟁을 심의·조정하기 위하여 대한법률구조공단의 지부, 한국토지주택공사의 지사 또는 사무소, 한국부동산원의 지사 또는 사무소에 조정위원회를 **둔다**. ② 특별시·광역시·특별자치시·도 및 특별자치도는 그 지방자치단체의 실정을 고려하여 조정위원회를 **둘 수 있다**.
(2) 심의 및 조정사항	조정위원회는 다음의 사항을 심의·조정한다. ① 차임 또는 보증금의 **증감**에 관한 분쟁 ② 임대차 **기간**에 관한 분쟁 ③ 보증금 또는 임차상가건물의 **반환**에 관한 분쟁 ④ 임차상가건물의 유지·**수선** 의무에 관한 분쟁 ⑤ **권리금**에 관한 분쟁 ⑥ 그 밖에 상가임대차에 관한 분쟁
(3) 구성 및 운영	① 위원회는 위원장 1명을 포함한 5명 이상 30명 이하의 위원으로 구성한다. ② 조정위원회 위원은 기관은 각 기관장이 임명 또는 위촉하고, 시·도는 지방자치단체의 장이 임명하거나 위촉한다. ③ 조정위원의 임기는 3년으로 하되 연임할 수 있으며, 보궐위원의 임기는 전임자의 남은 임기로 한다.
(4) 조정절차	① 조정위원회는 조정신청을 받은 날부터 **60일** 이내에 그 분쟁조정을 마쳐야 한다 (단, 30일 범위 내 연장 가). ② 조정안을 통지받은 날부터 **14일** 이내에 수락의사를 **서면**으로 표시하지 **아니하면** 조정을 **거부**한 것으로 본다. ③ 각 당사자가 조정안을 수락한 경우에는 조정안과 동일한 내용의 합의가 성립된 것으로 본다.

오답노트

❶ 대통령령으로 정하는 환산보증금액 범위를 초과하는 임대차 경우, 임대차 기간의 정함이 없거나 1년 미만으로 정한 임대차는 그 기간을 1년으로 본다. (×)
⇒ 임대인과 임차인 모두 1년 미만으로 정한 기간이 유효함을 주장할 수 있다. (○)

❷ 대통령령으로 정하는 환산보증금액 범위를 초과하는 임대차 경우, 법정갱신이 된 경우 존속기간은 1년으로 본다. (×)
⇒ 「민법」상 묵시적 갱신규정을 적용하므로 기간의 정함이 없는 것으로 본다. (○)

암기코드

상가건물임대차 분쟁조정위원회 심의 및 조정사항

수선	권리	증	반환	기간	분쟁조정
상가유지·**수선**	**권리**금	차임 or 보증금 **증**감	보증금 or 상가 **반환**	임대차 **기간**	

☺ (상가)**수선 권리 증 반환 기간**을 **조정**하라 ~

☺ (상가)**수선 권리 · 보증금 반환 기간 조정** ~

정리

상가건물임대차 분쟁조정위원회

| **법**률구조공단
한국**토**지주택공사
한국**부**동산원
지방자치단체 | → 60일 內 조정완료 통지
(30일 內 연장 可) → | 당사자 14일 內 수락의사 서면표시 有 → 조정성립
당사자 14일 內 수락의사 서면표시 無 → 조정거부 |

> 정리

주택·상가건물 임대차보호법 비교

구분	「주택임대차보호법」	「상가건물임대차보호법」
적용범위	주거용 건물의 임대차	영업용 상가건물의 임대차
대항력	주택의 인도 + 전입신고 ⇒ 다음 날부터 효력 발생	건물의 인도 + 사업자등록신청 ⇒ 다음 날부터 효력 발생
우선변제권	대항요건 + 확정일자 (읍·면·동 주민센터 등)	대항요건 + 확정일자(세무서장)

최우선변제권	* 경매신청기입등기 전 대항요건 구비
	   + 소액임차인
	* 환가대금(대지가액 포함)의
	   2분의 1 內 우선 변제
		* 경매신청기입등기 전 대항요건 구비
		   + 소액임차인
		* 환가대금(대지가액 포함)의
		   2분의 1 內 우선 변제

최단기간의 보장	**2년** 계약갱신요구권(1회 한 행사 可)	**1년** 계약갱신요구권(10년 범위 內 행사 可)
증액청구 제한	증액은 5% 이내 (차임의 20분의 1의 금액 초과 ×)	증액은 5% 이내 (차임의 100분의 5의 금액 초과 ×)
월차임 전환율	연 10% vs 기준금리 + 2% 中 낮은 비율	연 12% vs 기준금리 × 4.5% 中 낮은 비율
법정갱신 (묵시적 갱신)	* 기간 만료 전 6개월 전부터 **2개월** 전까지 갱신거절·조건변경 통지 × * 갱신된 임대차 존속기간 : **2년**으로 봄 * 계약해지 통지 : 임차인은 언제든지 계약해지 통지 可, 임대인 통지받은 날부터 3개월 경과 시 효력 발생 * **2기** 차임액 연체 시 법정갱신 적용 ×	* 기간 만료 전 6개월 전부터 **1개월** 전까지 갱신거절·조건변경 통지 × * 갱신된 임대차 존속기간 : **1년**으로 봄 * 계약해지 통지 : 임차인은 언제든지 계약해지 통지 可, 임대인 통지받은 날부터 3개월 경과 시 효력 발생 * **3기** 차임액 연체 시 계약갱신요구 거절 및 계약해지 可

 주2 상1
(주임법은 2, 상임법은 1)

제6장 | 법원경매

1 법원경매의 종류

구분	강제경매 (집행권원에 기한 경매)	임의경매 (담보권 실행을 위한 경매)
경매신청자	채권자	담보물권자
집행권원 필요 여부	필요	불필요
집행대상물	채무자의 일반재산	채무자등의 특정재산
책임성	인적 책임의 구현	물적 책임의 구현

■ 집행권원 증서
① 확정된 이행판결
② 가집행선고부 판결
③ 확정된 지급명령
④ 이행집행권이 부여된 각종 조서(화해조서 · 조정조서 · 청구인낙서)
⑤ 강제집행의 허락을 기재한 공증된 금전채권문서

> **참고**
>
> **집행권원에 기한 강제경매**
>
> * 집행권원이란 채권자가 채무자에 대해 급부청구권을 가지고 있음을 표시하여 그 청구권을 강제집행할 수 있음을 인정한 공증문서이다.
> * 집행권원을 확보하여 경매를 실행시키는 경우를 강제경매라고 한다.

2 경매절차

(1) 경매개시 결정	① 부동산의 압류는 채무자에게 그 결정이 송달된 때 또는 경매개시결정등기가 된 때에 효력이 발생한다. 경매신청이 취하되면 압류의 효력은 소멸된다. ② 채무자 소유의 미등기 건물도 경매신청 할 수 있다. ③ 이중경매 : 경매개시결정을 한 부동산에 대하여 다른 강제경매의 신청이 있는 때에는 법원은 다시 경매개시결정을 하고, 먼저 경매개시결정을 한 집행절차에 따라 경매를 진행한다.
(2) 배당요구의 종기결정 및 공고	① 경매개시결정에 따른 압류의 효력이 생긴 때부터 **1주일 이내** ② 배당요구의 종기는 **첫 매각기일 이전**으로 정하여 공고한다. ③ **채권자**는 배당요구의 종기까지 **배당요구**를 하여야 배당을 받을 수 있다 (집행권원에 기한 채권자, 우선변제 또는 최우선변제청구권이 있지만 등기하지 아니한 임차권자, 경매개시결정등기 후에 가압류한 채권자 등). ④ 다만, **경매개시결정등기 전**에 등기한 권리자(저당권, 근저당권, 가압류, 전세권 등 담보권자 등) 및 **임차권등기명령에 의한 임차권자**는 배당요구를 하지 않아도 배당을 받을 수 있는 **당연배당 채권자**이다. ⑤ 배당요구에 따라 매수인이 인수하여야 할 부담이 바뀌는 경우 배당요구를 한 채권자는 **배당요구의 종기가 지난 뒤**에 이를 **철회하지 못한다**.
(3) 매각준비	① 현황조사 및 채권신고의 최고 ② 감정평가에 의한 최저매각가격의 결정 ③ 매각물건명세서의 작성 및 비치 : 매각기일의 1주 전까지 법원에 비치·열람
(4) 매각공고	① 매각공고 : 매각기일로부터 2주 전에 공고 ② 매각결정기일 : 매각기일로부터 1주 이내로 정함

(5) 매각기일
(매각실시)
	① 매각방법 : 호가경매, 기일입찰, 기간입찰의 세 가지 방법으로 집행법원이 정한 매각방법에 따른다.
	② 매수신청보증금 : **최저매각가격의 10분의 1**
	③ 최고가매수신고인 결정 : 최고가매수신고자가 2인 이상일 경우 그들만이 다시 입찰하여 최고가매수신고인을 정하되, 전의 입찰가격에 못 미치는 가격으로는 입찰할 수 없다.
	④ 차순위매수신고인 결정
	    ㉠ 차순위매수신고는 그 신고액이 **최고가매수신고액**에서 그 보증금을 뺀 금액을 **넘는** 때에만 할 수 있다.
	    ㉡ 차순위매수신고자가 2인 이상일 경우 신고가격이 높은 자로 정하고, 신고가격이 같은 때에는 추첨으로 정한다.
	    ㉢ 차순위매수신고인에 대한 매각허가결정이 있는 때에는 매수신청의 보증을 돌려줄 것을 요구하지 못한다.
	⑤ 공유자 우선매수신고 : 공유자는 **매각기일까지**(매각결정기일까지×) 보증을 제공하고 최고매수신고가격과 같은 가격으로 채무자의 지분을 우선매수신고 할 수 있다.

(6) 매각허가· 불허가결정 (매각결정 기일)	① 경매목적물이 농지인 경우에는 **농지취득자격증명원**을 매각결정기일까지 **제출해야** 매각허가가 결정된다. ② 매각허가·불허가결정에 대하여 이해관계인은 1주일 이내에 항고할 수 있다. ③ **매각허가**에 대하여 **항고** 시에는 **매각대금의 10분의 1**(최저매각 가격의 ×)에 해당하는 금전 또는 유가증권을 공탁하여야 한다. ④ 법원은 **매각불허가 결정** 시에는 직권으로 **저감률**의 적용 **없이** 새매각기일을 정한다.
(7) 매각대금의 납부	① 매각허가결정이 확정되면 법원은 **대금지급기한**(대금지급기일 ×)을 정하고, 이를 매수인과 차순위매수신고인에게 통지하여야 한다. ② 매수인은 대금지급기한에 매각대금을 납부하여야 하며, **매각대금을 완납한 때**에 소유권을 확정적으로 취득한다. ③ 차순위매수신고인은 매수인이 매각대금을 완납한 때(매각기일이 종결된 때 ×)에 매수의 책임을 벗게 되고, 즉시 매수신청의 보증을 돌려줄 것을 요구할 수 있다. ④ 매수인이 대금지급기한까지 의무를 이행하지 아니하였고, 차순위매수신고인이 없는 때에는 법원은 직권으로 재매각을 명해야 한다. ⑤ **재매각**은 종전에 정한 **최저매각가격** 및 매각조건을 적용한다. ⑥ 재매각에서 종전 매수인은 매수신청 할 수 없으며, 매수신청보증을 돌려줄 것을 요구하지 못한다.

(8) 배당 및 등기촉탁	① 매수인이 매각대금을 완납하면 법원은 배당기일을 지정·통지하고 권리순서에 따라 배당한다. ② 채권계산서를 배당요구의 종기일까지 제출하지 아니한 채권자는 채권액을 보충할 수 없다. ③ 매수인이 매각대금을 완납하고 소유권이전등기에 필요한 서류를 제출하면, 법원은 소유권이전등기 및 경매 종결 시 무조건 소멸되는 권리에 대한 말소등기를 촉탁한다.

(9) 인도명령	① 인도명령 신청의 대상자
	  : 채무자, 소유자, 경매개시결정기입등기 후에 점유를 시작한 점유자,
	    매수인에게 대항할 수 없는 권원에 의하여 부동산을 점유하고 있는 점유자
	② 매수인이 **대금완납 후 6개월 이내**에 인도명령을 신청하면 법원은 채무자·소유자 또는 부동산 점유자에 대하여 부동산을 매수인에게 인도하도록 명할 수 있다.
	③ 다만, 매수인에게 대항할 수 있는 점유자로 인정되는 경우에는 인도명령 대상자가 아니다.
	④ 매수인은 **대금완납 후 6개월**이 **경과**하면 인도명령을 신청할 수 **없다**.

(10) 명도소송	① 점유자가 여전히 부동산을 인도하지 않을 경우, 소유권에 따른 방해배제청구권을 행사하여 법원에 퇴거를 요청하는 소송 ② 명도소송의 대상자 　㉠ 낙찰대금 납부 후 6개월이 경과한 인도명령 대상자 　㉡ 배당을 받지 못한 확정일자를 갖춘 후순위 임차인 　㉢ 경매개시결정등기 이전에 전입한 후순위 임차인 　㉣ 경매개시결정등기 이전부터 점유한 자 　㉤ 인도명령 대상자가 아닌 자

배당요구 필요 여부 구분

채권자가 경매를 신청할 때는 경매신청대상 부동산의 등기부등본을 법원에 제출한다. 법원은 제출된 등기부로 확인된 채권자는 배당요구를 한것으로 간주하고 배당에 포함시킨다. 그러므로 등기부에 없는 채권자는 법원이 확인할 수 없으므로 배당요구를 하여야 배당을 받을 수 있다(원칙).

배당요구를 하여야 배당받을 수 있는 채권자	배당요구를 하지 않아도 배당받을 수 있는 채권자
① 등기부에 **없는** 채권자 　㉠ 우선변제권 또는 최우선변제청구권이 있지만 등기하지 아니한 임차권자 　㉡ 집행력 있는 정본에 기한 채권자 　㉢ 필요비·유익비 청구권을 갖는 제3취득자 ② 경매개시결정등기 **이후**에 등기한 채권자 　㉠ 경매개시결정등기 이후에 등기한 임차권자 　㉡ 경매개시결정등기 이후에 가압류한 채권자	① **경매신청** 채권자 ② 경매개시**결정**등기 **전**에 등기한 권리자로서 매각으로 인하여 소멸되는 권리자(저당권, 근저당권, 전세권 등 담보권자 등) ③ 경매개시**결정**등기 **전**에 등기된 임차권등기명령에 의한 임차권자 ④ 경매개시**결정**등기 **전**에 가압류한 채권자 ⑤ **체납**처분에 의한 **압류**등기권자

☺ **경매신청자**와 (결정)**前**에 **등기한 자**는 배당요구 안해도 된다 ~

☺ **등기부**에 **없거나** (결정)**後**에 **등기한 자**는 배당요구 하여야 한다 ~

> 정리
> ## 배당순서
>
> 0순위 : 경매집행비용 · 필요비 · 유익비
> 1순위 : 최우선변제권(소액임차인), 3년간 퇴직금 · 3개월 임금채권
> 2순위 : 목적물에 부과된 당해세(국세 · 지방세)
> 3순위 : 우선변제권(담보물권, 확정일자부 임차인, 등기된 임차권, 당해세 외 국세 및 지방세)
> 4순위 : 일반임금채권(3개월 임금채권 제외)
> 5순위 : 각종 공과금
> 6순위 : 일반채권(확정일자 받지 않은 임차인)

> 암기코드
> ## 배당순서

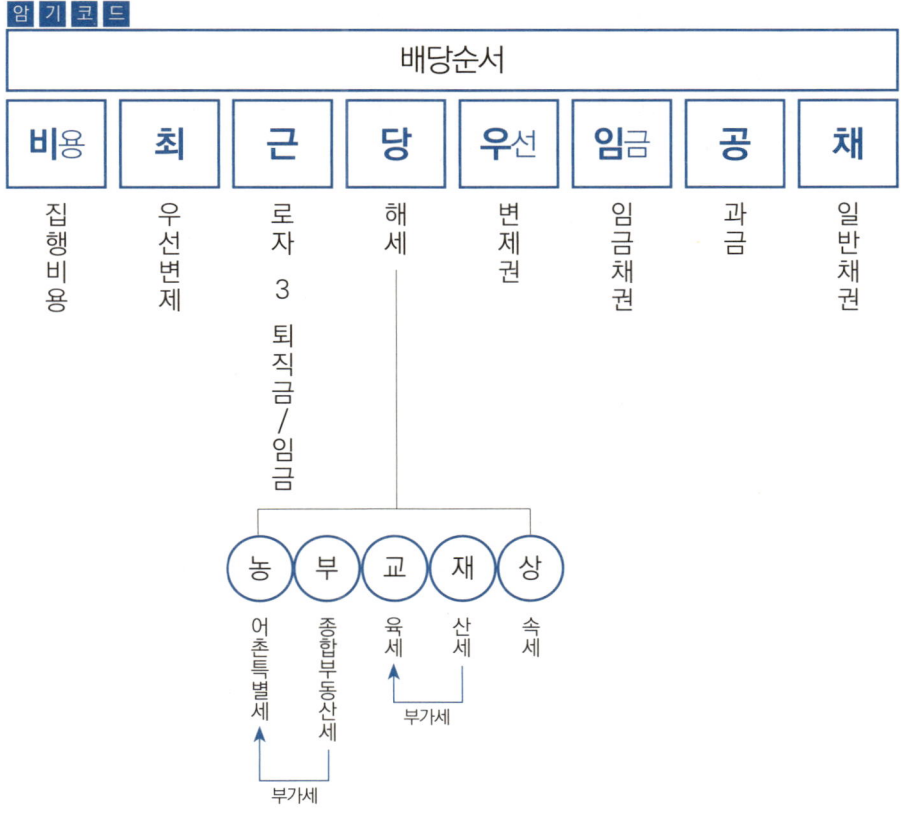

😊 **비용 최우선 근로자 당 우선 임금 공채** ~

😊 **비용 최우선 근로자**는 **올(당)해 우선 임금**과 **공과금 채권** 순서로 배당 ~

😊 **올(당)해 농부 교재상** ~

3 경매참가 전의 권리분석

(1) 권리분석	① 매수인(경락인)이 인수하여야 할 권리가 있는지 여부를 판별하는 것 ② 가장 먼저 설정된 기준권리를 말소기준권리라고 하며, 말소기준권리를 기준으로 소멸과 인수가 결정된다.
(2) 소멸되는 권리	① (근)**저당권, 담보가등기, 가압류, 경매개시결정등기,** (가)**압류**는 매각되면 설정순서와 상관없이 **항상 소멸**되는 말소권리다. ② 말소기준권리보다 **나중에** 설정된 권리(지상권·지역권·전세권·환매등기·등기한 임차권·대항요건을 갖춘 임차권·보전가등기·가처분)는 말소기준권리와 함께 **소멸**한다. ③ 다만, 말소기준권리보다 **먼저 설정된 권리** 등은 매수인이 **인수**하여야 한다. ④ **최선순위 전세권**은 배당요구의 종기까지 **배당요구**를 하면 매각으로 **소멸**되며, 배당요구를 **하지 않으면** 매수인이 **인수**하여야 한다.
(3) 인수되는 권리	① **경매개시결정의 등기**가 되기 **전**에 점유를 개시한 **유치권, 법정지상권, 분묘기지권**은 설정순서와 상관없이 매수인이 **인수**하여야 한다. ② 매수인은 유치권자에게 그 유치권으로 담보하는 채권을 변제할 책임이 있다 (즉, 매수인이 유치권을 소멸시키기 위해서는 경락대금 외에 추가로 유치권자의 채권금액을 유치권자에게 지급하여야 함). ③ 유치권자는 매수인의 변제가 있을 때까지 인도를 거절할 수 있을 뿐이고 **변제**를 청구할 수는 **없다**. ④ 보증금이 전액 변제되지 아니한 대항력 있는 임차권은 매각으로 소멸하지 아니한다.

암기코드

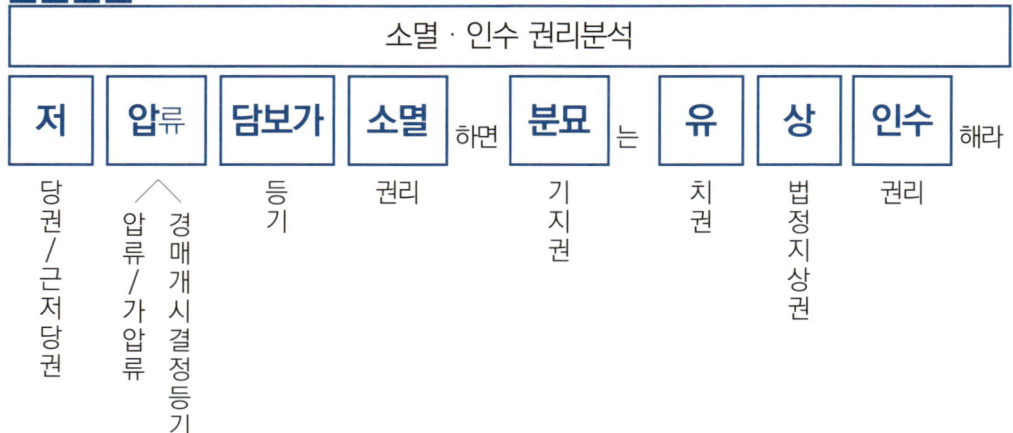

😊 **저압류 담보**가 **소멸**하면 **분묘**는 **유상**으로 **인수**해라~

4 매수신청대리인 등록

(1) 등록절차	① 등록신청 : 중개사무소(법인은 주된 사무소)가 있는 곳을 관할하는 **지방법원장** ② 첨부서류 : 공인중개사자격증 사본, 중개사무소등록증 사본(법인의 경우 법인등기사항증명서), 실무교육수료증 사본, 여권용 사진(2매), 보증설정서 사본 ③ 수수료납부(개공 - 2만 원, 법개공 - 3만 원, 정부수입인지로 납부 要) ④ 등록증 교부 : 신청일로부터 **14일 이내**에 개업공인중개사의 종별에 따라 구분하여 등록증을 교부
(2) 등록요건	① 공인중개사인 개업공인중개사이거나 법인인 개업공인중개사일 것 (부칙의 개업공인중개사×, 소속공인중개사×, 공인중개사×) ② 부동산경매에 관한 실무교육을 이수하였을 것 ③ 보증보험 또는 공제에 가입하였거나 공탁을 하였을 것 ④ 등록의 결격사유에 해당하지 않을 것 ※ 매수신청대리업을 영위하기 위하여 별도의 사무소를 둘 의무는 없음

(3) 등록신청 **전**의 조치사항	① 실무교육 이수의무
	  : 개업공인중개사(법인의 경우 **대표자**)는 등록신청일 전 1년 이내에 법원행정처장이 지정하는 교육기관에서 실무교육(교육시간 : 32시간 이상 44시간 이내)을 이수 要. 다만, 폐업신고 후 1년 이내에 다시 등록신청을 하고자 하는 자는 실무교육 이수의무 없음
	② 손해배상책임의 조치(업무보증설정)
	  ㉠ 중개법인 - **4**억 원 이상, 분사무소 - **2**억 원 이상
	  ㉡ 공인중개사인 개업공인중개사 - **2**억 원 이상
	  ㉢ 지역농협 - **2**천만 원 이상
	
	  ☺ **법4 분2 개공**으로 **2농**했다 ~ (법4 두분이 개공으로 2농)

(4) 결격사유	① 매수신청대리인 등록이 취소된 후 3년이 지나지 아니한 자(단, 중개업 폐업신고에 의한 경우 제외) ② 민사집행법절차에서의 매각에 관하여 유죄판결을 받고 그 판결확정일로부터 2년이 지나지 아니한 자 ③ 매수신청대리업무정지처분을 받고 폐업신고를 한 자로서 업무정지기간이 경과되지 아니한 자 ④ 매수신청대리업무정지처분을 받은 법개공의 업무정지 사유가 발생한 당시의 사원 또는 임원이었던 자로서 법개공에 대한 업무정지기간이 경과되지 아니한 자 ⑤ 위 결격사유에 해당하는 자가 사원 또는 임원으로 있는 법인인 개업공인중개사

☺ **교사 등록 자격 보증** 대리~   ☺ **교사 등 보자**~

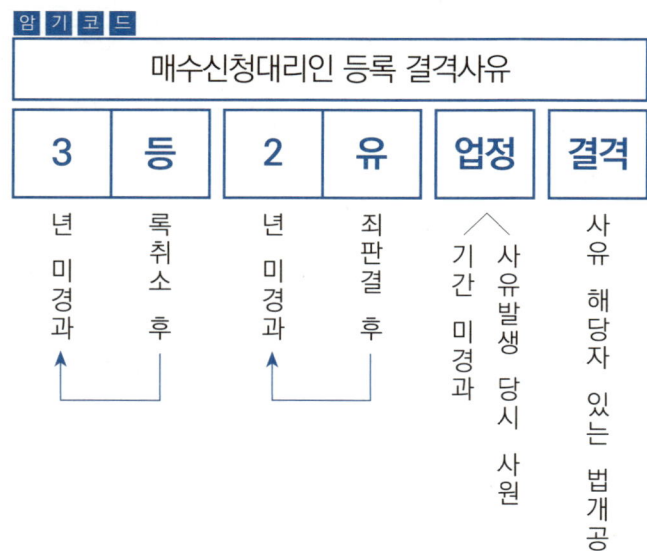

☺ **3등 2유**는 **업무 결격** 때문이다~

5 매수신청대리 업무

(1) 매수신청대리의 대상물	「공인중개사법」상 중개대상물과 매수신청대리 대상물은 다음과 같이 동일하다. ① 토지 ② 건물, 그 밖의 토지의 정착물 ③ 「입목에 관한 법률」에 따른 입목 ④ 「공장 및 광업재단 저당법」에 따른 공장재단, 광업재단
(2) 매수신청대리의 업무범위	① 매수신청대리인으로 등록된 개업공인중개사는 매수신청대리의 위임을 받은 경우 다음의 행위를 할 수 있다. 　㉠ 매수신청 보증의 제공 　㉡ 입찰표의 작성 및 제출 　㉢ 차순위 매수신고 　㉣ 매수신청의 보증을 돌려줄 것을 신청하는 행위 　㉤ 공유자의 우선매수신고 　㉥ 임차인의 임대주택 우선매수신고 　㉦ 위 ㉤, ㉥에 따른 차순위 매수인고인의 지위를 포기하는 행위 ② 매수신청대리인으로 등록된 개업공인중개사는 매수신청대리의 위임을 받은 경우라도 **항고제기 · 대금납부 · 인도명령 · 명도소송은 대리할 수 없다.**
(3) 대리행위	① 대리권 증명 문서 제출 　: **각** 대리행위**마다** 대리권을 증명하는 문서(본인의 인감증명서가 첨부된 위임장과 대리인등록증 사본, 중개법인의 경우 대표자 자격 증명 추가)를 제출하여야 한다. 다만, 같은 날 같은 장소에서 대리행위를 동시에 하는 경우에는 하나의 서면으로 갈음할 수 있다. ② 매각장소에 직접 출석 　: **개업공**인중개사(중개법인은 대표자)는 대리행위를 함에 있어서 매각장소 또는 집행법원에 **직접 출석**하여야 하며, 소속공인중개사가 대리하여 출석할 수 없다.

암기코드

매수신청대리의 업무범위

보증	반환	입찰	차	우선	포기
매수신청 **보증**제공	매수신청 보증**반환**신청	표의 작성 및 제출	순위 매수신고	매수신고 (공유자/임차인)	차순위 매수신고인 지위 **포기**

☺ **보증 반환 입찰 차 우선 포기** 대리업무 ~

암기코드

매수신청대리 不可 업무

명	인	대	항
도소송	도명령	금납부	고제기

☺ **명인 대항**은 대리할 수 없다 ~

오답노트

❶ 매수신청대리인인 개업공인중개사는 매수신청대리 대상물에 대한 인도명령신청행위를 대리할 수 있다.* (×)
  * 대리할 수 없다. (○)

❷ 매수신청대리인으로 등록된 개업공인중개사는 매수신청대리의 위임을 받은 경우, 법원의 부당한 매각허가결정에 대하여 항고할 수 있다.* (×)
  * 항고할 수 없다. (○)

6 매수신청대리인의 의무

(1) 업무상 의무	① **사건카드**의 **작성** 및 **보존의무** : 사건카드에 일련번호, 경매사건번호, 보수액 등을 기재하고, 서명·날인한 후 **5년간 보존**하여야 한다. ② **확인·설명** 등 **의무** ㉠ 매수신청대리의 위임을 받은 경우 매수신청대상물의 표시, 권리관계, 경제적 가치, 제한사항, 매수인이 부담·인수하여야 할 권리 등에 대하여 설명하고 설명의 근거자료를 제시하여야 한다. ㉡ 위임계약을 체결한 경우 확인·설명서 작성하여 **서명·날인한 후** 위임인에게 **교부**하고, 그 사본을 사건카드에 철하여 **5년간 보존**하여야 한다. ③ **등록인장**의 **사용의무** : 공인중개사법령상 등록관청에 등록한 인장을 사용하여야 한다.
(2) 명칭표시 제한	① 사무소의 명칭이나 간판에 고유한 지명 등 법원행정처장이 인정하는 특별한 경우를 제외하고는 **'법원'**의 **명칭**이나 **휘장** 등을 **표시**하여서는 **아니 된다**. ② 매수신청대리인 **등록**이 **취소**된 때에는 사무실 내·외부에 **매수신청대리업무**에 관한 **표시** 등을 **제거**하여야 하며, 업무정지처분을 받은 때에는 **업무정지사실**을 당해 중개사무소의 출입문에 **표시**하여야 한다.
(3) 매수신청 대리업 휴업 등	① 매수신청대리업을 휴업(3개월을 초과하는 경우), 폐업 또는 휴업한 매수신청대리업을 재개, 휴업기간을 변경하고자 하는 때에는 감독법원에 그 사실을 미리 신고하여야 한다. ② 휴업은 6개월을 초과할 수 없다.
(4) 신고의무	개업공인중개사는 다음의 어느 하나에 해당하는 경우에는 그 사유가 발생한 날부터 **10일 이내**에 지방법원장에게 그 사실을 신고하여야 한다. ① 중개사무소를 이전한 경우 ② 중개업을 휴업 또는 폐업한 경우 ③ 공인중개사자격이 취소된 경우 ④ 공인중개사자격이 정지된 경우 ⑤ 중개사무소 개설등록이 취소된 경우 ⑥ 중개업무가 정지된 경우 ⑦ 중개법인이 분사무소를 설치한 경우

(5) 금지행위	개업공인중개사는 다음의 행위를 하여서는 아니 된다. ① 이중으로 매수신청대리인 등록신청을 하는 행위 ② 매수신청대리인이 된 사건에 있어서 매수신청인으로서 매수신청을 하는 행위 ③ 동일 부동산에 대하여 이해관계가 다른 2인 이상의 대리인이 되는 행위 ④ 명의대여를 하거나 등록증을 대여 또는 양도하는 행위 ⑤ 다른 개업공인중개사의 명의를 사용하는 행위 ⑥ 경매·입찰방해죄에 해당하는 행위 ⑦ 사건카드 또는 확인·설명서에 허위 기재하거나 필수적 기재사항을 누락하는 행위

암기코드

매수신청대리 대상물의 확인·설명 사항

제한	물	권	인수	가치
사항	대상물의 표시	리관계	부담·인수권리	경제적 가치

☺ **제한 물권 인수 가치**를 설명해라 ~

7 매수신청대리인의 보수 및 지도·감독

(1) 보수	① 개업공인중개사는 매수신청대리의 위임을 받기 **전**에 매수대리**보수**에 대하여 **설명**하여야 한다. ② 개업공인중개사는 위임인으로부터 예규에서 정한 보수 이상을 받아서는 아니 된다. ③ 보수의 지급시기는 당사자의 약정에 따르며, 약정이 없을 때에는 **매각대금의 지급기한일**로 한다. ④ 보수를 받은 경우 예규에서 정한 **양식에 의한 영수증**을 작성하여 서명·날인한 후 교부하여야 한다. ⑤ 개업공인중개사는 매수신청대리의 실행과 관련하여 발생하는 실비를 받을 수 있다. 다만, 매수신청대리에 필요한 통상의 실비(확인·설명을 위한 등기사항증명서 열람비용 등)는 보수에 포함된 것으로 본다. ⑥ 실비는 30만 원의 범위 안에서 당사자의 합의로 결정한다.

(2) 지도·감독	① 감독상의 명령 : 지방법원장은 매수신청대리인 등록을 한 개업공인중개사에게 업무에 관한 사항 보고 요청, 자료의 제출 및 그 밖에 필요한 명령, 소속 공무원으로 하여금 중개사무소에 출입하여 장부·서류 등을 조사 또는 검사하게 할 수 있다.
	② 감독권자
	    ㉠ 협회 : 법원행정처장
	    ㉡ 협의의 지부 : 지방법원장(지원장과 협회의 시·도지부에 위탁 가능)
	    ㉢ 매수신청대리인 : 지방법원장
	③ **협회의 통지의무**
	  : 협회는 등록관청으로부터 중개사무소의 개설등록, 휴업·폐업의 신고, 자격의 취소, 자격의 정지, 등록의 취소, 업무의 정지 등에 관한 사항을 통보받은 후 **10일 이내**에 법원행정처장에게 통지하여야 한다.

8 행정처분

(1) 절대적 등록취소	지방법원장은 다음에 해당하는 경우에는 매수신청대리인 등록을 취소하여야 한다. ① 중개사무소 개설등록 등의 **결격사유**에 해당하는 경우 ② 중개업 또는 매수신청대리업의 **폐업**신고를 한 경우 ③ 공인중개사**자격**이 **취소**된 경우 ④ 중개사무소 개설**등록**이 **취소**된 경우 ⑤ 매수신청대리인 등록 **당시 등록요건**을 갖추지 않았던 경우 ⑥ 등록 **당시** 매수신청대리인 **등록의 결격사유**가 있었던 경우
(2) 상대적 등록취소	지방법원장은 다음에 해당하는 경우에는 매수신청대리인 등록을 취소할 수 있다. ① 등록 후 매수신청대리인 등록요건을 갖추지 못하게 된 경우 ② 등록 후 매수신청대리인 등록의 결격사유가 있게 된 경우 ③ 사건카드를 작성하지 아니하거나 보존하지 아니한 경우 ④ 확인·설명서를 교부하지 아니하거나 보존하지 아니한 경우 ⑤ 보수 이외의 명목으로 돈 또는 물건을 받은 경우, 예규에서 정한 보수를 초과하여 받은 경우, 보수의 영수증을 교부하지 아니한 경우 ⑥ 비밀누설금지의무 규정을 위반한 경우 ⑦ 「민사집행법」의 규정 및 집행관의 조치에 따르지 아니한 경우 ⑧ 개업공인중개사가 금지행위를 한 경우 ⑨ 감독상의 명령 위반이나 거짓 보고의 경우 ⑩ 최근 1년 이내 이 규칙에 따라 2회 이상 업무정지처분을 받고 다시 업무정지처분에 해당하는 행위를 한 경우
(3) 절대적 업무정지	지방법원장은 다음에 해당하는 경우에는 그 기간을 정하여 매수신청대리업무를 정지하는 처분을 **하여야 한다**. ① 중개업 또는 매수신청대리업을 **휴업**하였을 경우 ② 공인중개사**자격**을 **정지**당한 경우 ③ 중개**업무**의 **정지**를 당한 경우 ④ **상대적 등록취소 사유**에 해당하는 경우

(4) 상대적 업무정지	지방법원장은 다음에 해당하는 경우에는 그 기간을 정하여 매수신청대리업무의 정지를 **명할 수 있다**. ① 경매를 방해한 경우 ② 등록증 등을 게시하지 아니한 경우 ③ 사건카드, 확인·설명서, 영수증에 등록된 인장을 날인하지 아니한 경우 ④ 사무소 이전 등의 신고를 하지 아니한 경우 ⑤ 감독상 명령 등을 위반한 경우 ⑥ '**법원**'의 **명칭**이나 **휘장** 등을 **표시**하였을 경우 ⑦ 그 밖에 이 규칙에 따른 명령이나 처분에 위반한 경우
(5) 처분절차	① 등록취소 또는 업무정지처분 경우에는 **10일 이상 기간**의 **의견진술**의 기회를 주어야 한다. ② 등록취소 또는 업무정지처분한 때에는 등록취소·업무정지 **관리대장에 기재하여 5년간 보존**하여야 한다. ③ 등록취소처분을 받은 개업공인중개사는 처분을 받은 날부터 **7일 이내**에 관할 지방법원장에게 **등록증**을 **반납**하여야 한다. ④ 업무정지기간은 **1개월 이상 2년 이하**로 한다.

암기코드

절대적 등록취소·절대적 업무정지

폐업 **취소** **당시** **결격사유** 는 절대취소, **정** **상** **휴업** 은 절대정지

- 폐업: 중개업 매수대리업의 **폐업**
- 취소: 자격취소 → 등록취소
- 당시: 등록 **당시** 등록요건 ×
- 당시: 등록 **당시** 등록결격사유
- 결격사유: 중개사무소 개설등록 **결격사유**
- 정지: 업무정지 → 자격정지
- 상: 대적 등록취소 사유
- 휴업: 중개업 매수대리업의 **휴업**

😊 폐업 **취소** 당시 결격으로 **절대취소**되면 정상 휴업은 **절대정지**된다~

> 정리

개업공인중개사와 매수신청대리인 비교

구분	개업공인중개사	매수신청대리인
등록관할	등록관청 (법인의 경우 주된 사무소 관할)	지방법원장
등록처리기한	7일 이내에 서면통지	14일 이내에 등록증 교부
보증설정기한	등록 후 업무개시 전	등록신청 전
실무교육	시·도지사가 실시권자	법원행정처장이 실시권자
실무교육	중개법인의 경우 (대표자, 임원·사원 전원)	중개법인의 경우 대표자만
실무교육	28시간 이상 32시간 이하	32시간 이상 44시간 이하
실무교육	교육과목별 평가(×)	교육과목별 평가(○)
확인·설명서 보존	3년	5년
보수의 지급시기	당사자간 약정, 거래대금 지급 완료된 날	당사자간 약정, 매각대금의 지급기한일
영수증 교부	작성·교부의무(×), 지정 양식(×)	작성·교부의무(○), 지정 양식(○)
업무정지기간	6개월 이하	1월 이상 2년 이하